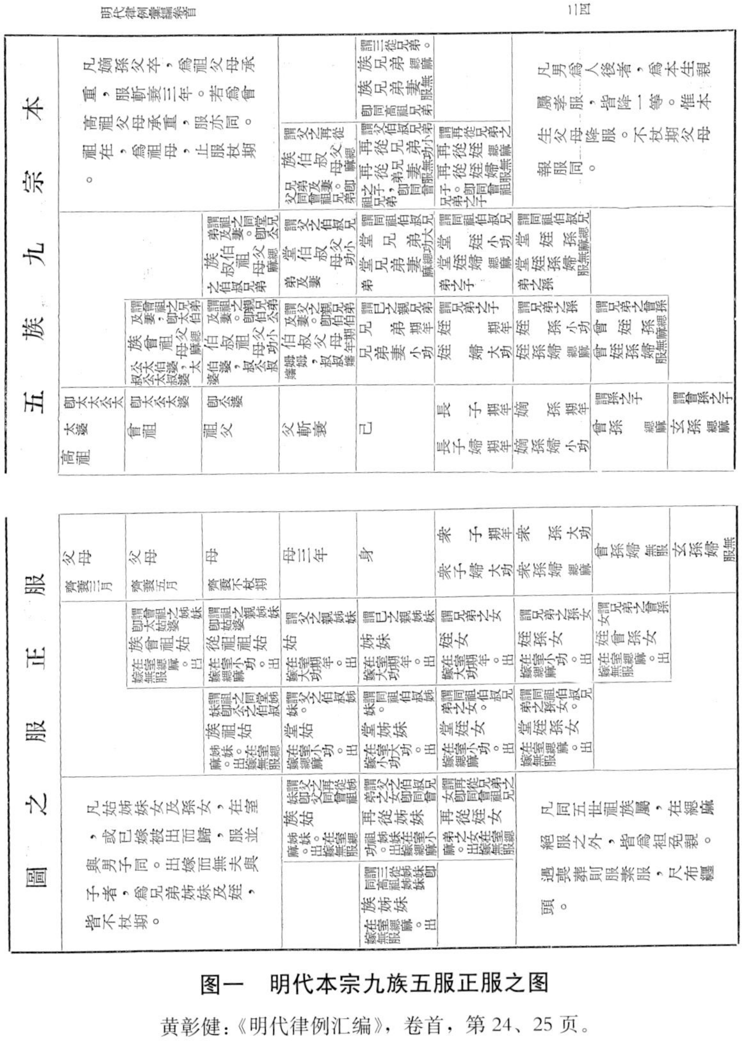

本　宗　九　族　五

服　正　服　之　圖

图一　明代本宗九族五服正服之图

黄彰健：《明代律例汇编》，卷首，第 24、25 页。

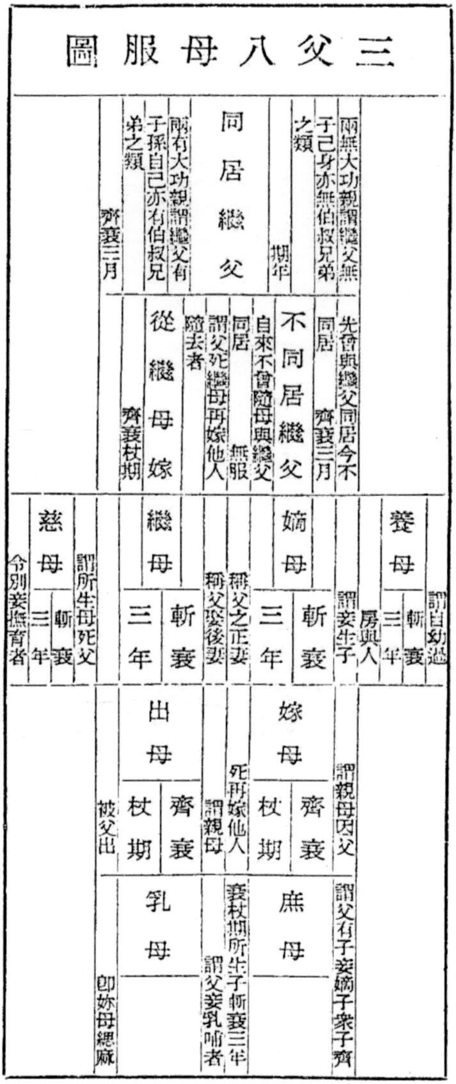

三父八母服圖

三父

- 同居繼父（期年）
  - 兩無大功親謂繼父無，于已身亦無伯叔兄弟之類
  - 兩有大功親謂繼父有子孫自已亦有伯叔兄弟之類（齊衰三月）
- 先曾與繼父同居今不同居（齊衰三月）
- 不同居繼父
  - 自來不曾隨母與繼父同居（無服）
  - 謂父死繼母再嫁他人隨去者
- 從繼母嫁（齊衰杖期）

八母

母	釋	服
養母	謂妾生子房與人	斬衰三年（謂自幼過）
嫡母	謂父之正妻	斬衰三年
嫡母	謂妾生子	斬衰三年
嫁母	謂親母死再嫁他人	齊衰杖期
庶母	謂父有子妾嫡子衆子齊	
繼母	謂所生母死父	斬衰三年
出母	被父出	齊衰杖期
乳母	謂父妾乳哺者	杖期（所生子斬衰三年）
慈母	令別妾撫育者	斬衰三年
即妳母		總麻

图二　明代三父八母服图

黄彰健：《明代律例汇编》，卷首，第32页。

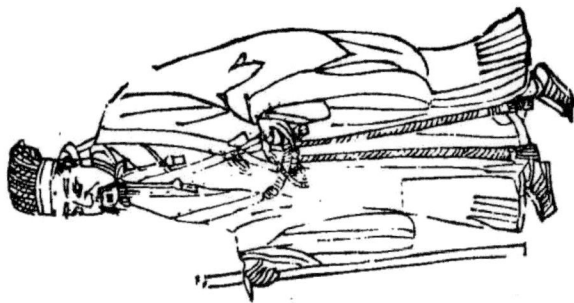

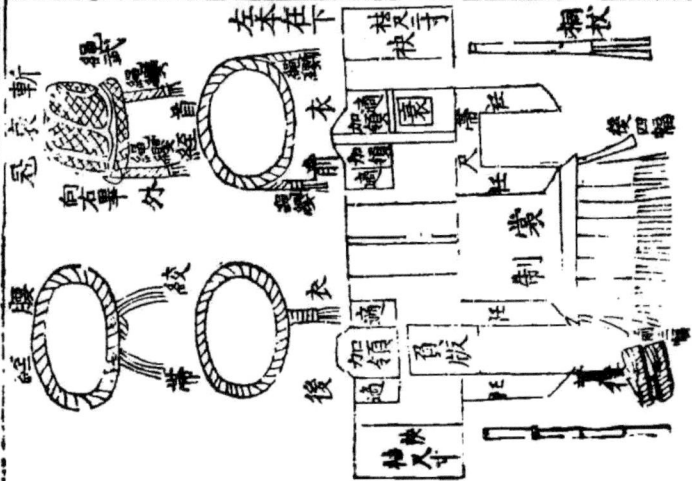

图三之一 《孝慈录》中丧服图—斩衰

〔明〕太祖撰：《御制孝慈录》，收于〔明〕张卤校刊：《皇明制书》。

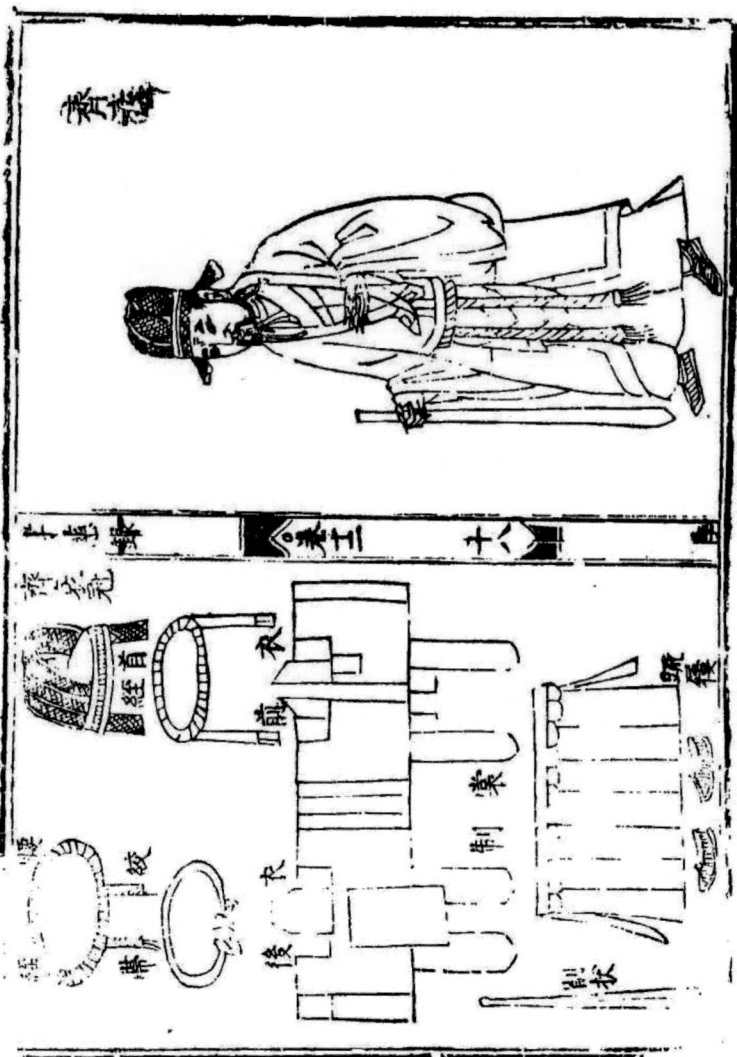

图三之二 《孝慈录》中丧服图—齐衰

〔明〕太祖撰：《御制孝慈录》，收于〔明〕张卤校刊：《皇明制书》。

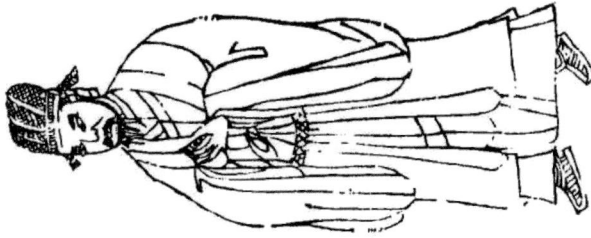

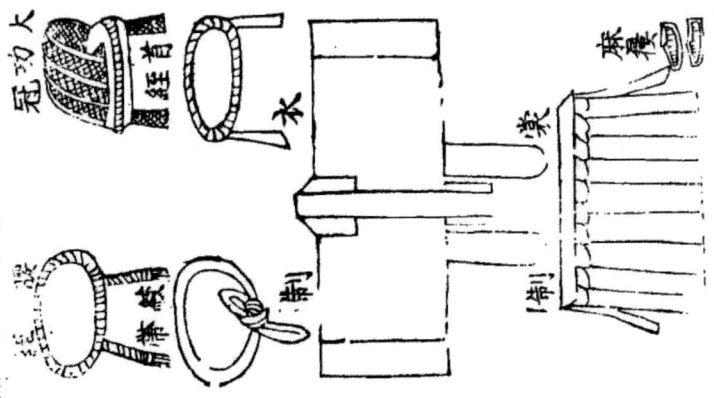

图三之三 《孝慈录》中丧服图—大功

〔明〕太祖撰：《御制孝慈录》，收于〔明〕张卤校刊：《皇明制书》。

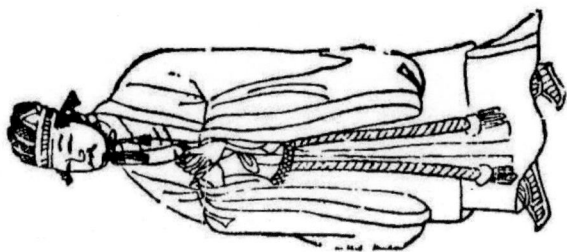

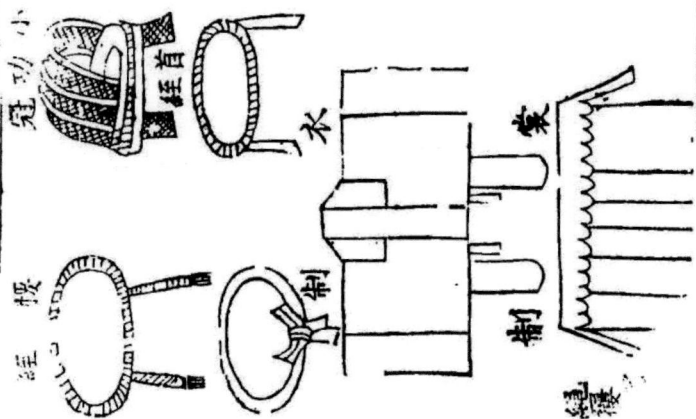

图三之四　　《孝慈录》中丧服图—小功

〔明〕太祖撰：《御制孝慈录》，收于〔明〕张卤校刊：《皇明制书》。

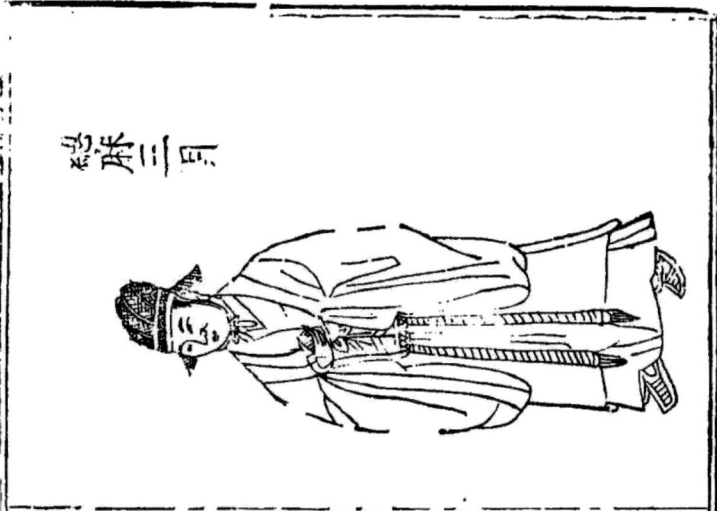

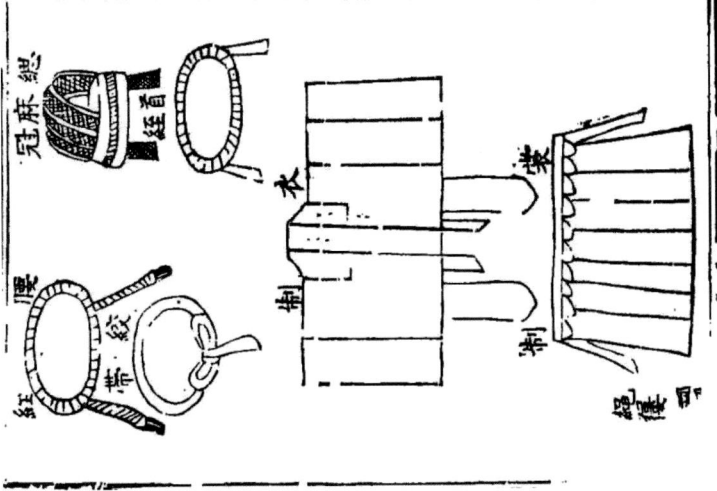

图三之五　　《孝慈录》中丧服图—缌麻

〔明〕太祖撰:《御制孝慈录》，收于〔明〕张卤校刊:《皇明制书》。

胭+砚
project

父母
等恩

《孝慈录》与明代母服的理念及其实践

萧琪————著

东方出版中心

目录 contents

图次

表次

■ 序

"子生三年，然后免于父母之怀。夫三年之丧，天下之通丧也。"

"予也有三年之爱于其父母乎？"

《论语·阳货》这段孔子关于人子应为父母守丧三年的训诲，在中国社会虽为众所习知的伦理常识，但秦汉以降国家礼制按照《仪礼·丧服》的规定，通行的丧服制度是：父亲过世，人子为父服斩衰三年；母亲亡故，若父卒，为母服齐衰三年，若父在，则为母服齐衰杖期。在父系宗法制度下，这一套"父母有别"的丧服礼制，充分体现了"尊尊"凌驾于"亲亲"的伦理原则，以及"礼胜于情"的文化特色。

汉代以后，随着封建秩序的崩解，母服礼制与母子情感的落差日趋显著，"缘情制礼"的呼声相应而起。唐高宗上元元年（674），武则天请改定母服，强调："子之于母，慈爱特深。非母不生非母不育，推燥居湿，咽苦吐甘，生养劳瘁，恩斯极矣！所以禽兽之情，犹知其母。三年在怀，理宜崇报。"建议改父在为母服三年之丧。高宗诏令施行。但士大夫之家各行其是，新制并未真正落实。武氏死后，论议再起，到玄宗开元二十年（732）中书令萧嵩修撰《大唐开元礼》，将"父在为母服齐衰三年"正式写入《开元礼》，其后并为宋、元所沿袭。

如果说，唐代《开元礼》"父在为母服三年"是中国丧服制度的重大改革，则明太祖洪武七年（1374）规定"子为父母、庶子为其母，皆斩衰三年"，并制定《孝慈录》以为明代丧服制度定本，更是中国礼制与思想史上前所未有的突破，可惜过去甚少受到学者关注。本书以《孝慈录》为中心，探讨"母亲"在丧服礼制中的地位，并从思想文化等面向考察明代母服制度的理念及其实践，对这一长期受到忽略的重要课题自是兼具补阙与开新的意义。

本书系作者萧琪据 2011 年 12 月本系硕士学位论文修订而成。书中指出，明初《孝慈录》"父母同斩"的丧服礼制，不仅冲击了千年来的父系宗法制度与伦理秩序，也悖离了士人长期研读的儒家义理，但在颁行天下之后，获得许多士人的赞扬与肯定。同时，明太祖"父母等恩"的理念，也逐渐落实于社会。另一方面，《孝慈录》的母服内容为清代所承袭，是明清两代的"时制"和"今律"。在家礼学兴盛的明代，子为母服斩衰三年之制，逐渐取代了《家礼》的母服条文，成为士人私修"家礼书"中必定出现的内容；而在崇奉古礼的清初"仪礼学礼书"中，亦因酌古准今的要求，参考了清代的"时制"呼吁士庶尊崇。在在显示《孝慈录》作为明清两代官方丧服之所本，对私修礼书有相当强势的支配力。

特别值得注意的是，本书以明末士人周之夔（1586—?）为生母服斩衰三年所引起的疑窦为例，从古典礼经的解释与封赠制度的理解，析论"庶子为生母服"未获落实的时代因素，由此可见，强调父亲母亲同等重要的《孝慈录》，虽然可以母子情感为利器，突破了宗法秩序中父尊母卑的观念，但仍未能跨越"嫡尊庶卑"的鸿沟，造成同为人母的嫡妻与庶妾，在丧服礼上有着截然不同的待遇。凡此，俱见作者在史料发掘与论证解释的创发与贡献。也由于这些研究经验的鼓舞，作者对过去明代性别史研究中较少注意的"寡妾"的相关课题，诸如家庭伦理中的嫡庶关系、寡妻与寡妾的贞节旌表、妻妾的财产权利等课题，不仅从文集、笔记、判牍、方志的广搜深读中，掌握了诸多可以进一步探究问题的史料，更透过判牍累积了不少对寡妾的分产权与立嗣权实际情况的认识，为日后进行相关研究奠下良好基础。

　　本人自2004年初识作者至今，已历12年有余。2008年秋，作者以优异成绩进入本系硕士班就读，由于大学期间即对妇女史相关课题深感兴趣，作者在修习本人讲授的"明史专题研究"和"明清性别与文化史专题"期间，注意到《孝慈录》的母服改革及其孝道观念值得深入探索，并决意由此投入明代礼制史与性别史之研究。论文撰写期间，作者好学深思、文理清晰，对研究工作极具耐心。透过严谨的文献考掘与问题论述，本书既映照出丧服礼制中父与母、嫡与庶、礼与情不断交涉对比的过程，更能不自囿于"母服"的性别视角，呈现了明太祖"父母等恩"的孝道观与明清国家治理、学术思想、社会教化等层面多元互动的幽微。作为作者的论文指导教授，欣闻本书即将出版，谨此推介本书要旨及其贡献，并请学者专家惠予指正。

林丽月

二〇一七年元月

▌ 绪论

一、研究缘起

> 洪武七年，《御制孝慈录》刊行天下，云："子为父母，
> 庶子为其生母，皆斩衰三年。人情所安，即天理所在。"此
> 煌煌天语也。
>
> 〔清〕李海观《歧路灯》，第九回

　　洪武七年（1374），明太祖贵妃孙氏薨逝，因孙氏生前并未
产下皇子，明太祖遂命曾受孙贵妃抚养的周王橚主丧事，[①] 为孙
贵妃行慈母（庶子无母，父令无子之他妾抚育之）服礼斩衰三
年，而东宫、诸王则为庶母（父妾有子者）孙贵妃服齐衰杖期
（一年）之服。[②] 但是这样的上谕，却违反了洪武元年（1368）
《大明令》中为母服的规定，也与先秦以来丧服经典《仪礼·丧
服》的记载不符，在朝中引起不少争议，遂使明太祖只好命令礼

---

① 根据学者的研究，燕周二王皆为碽妃所生，而燕王被高皇后抚养而周王被孙贵妃
　抚养。参考李晋华：《明成祖生母问题汇证》，《历史语言研究所集刊》，第六本第
　一分（台北，1936.3），第71-75页。
② 〔清〕张廷玉：《明史》（北京：中华书局，1966），卷113，《列传第一·孙贵妃》，
　第3508页。

部讨论孙贵妃的丧服问题，并将结果上奏。

等待三日后，礼部官员以《仪礼》为定式，不赞同上述太祖对孙贵妃丧服的提议。根据古礼，如果父亲尚在世而逢慈母去世，人子只能为其服齐衰杖期之服，若是庶母去世，长子、众子对庶母则无服。这样的答案让太祖非常不满，而严加训斥道：

> 夫父母之恩，一也。父服三年，父在，为母则期年，岂非低昂太甚乎？其于人情何如也。①

明太祖显然反对人子为母亲服丧还必须考虑父亲在世与否的丧服原则，于是，再命翰林学士宋濂（1310—1381）等人详加考察古人母服的实例。最后，根据官员回报的结果，发现历代愿为母服三年丧者倍于愿为母服一年丧者，② 太祖于是顺势将母服规定改为"子为父母，庶子为其母，皆斩衰三年，嫡子众子为庶母，皆齐衰杖期"，并"使内外有所遵守"，③ 如愿以偿地实践了他"父母之恩，一也"的看法，也就等于提高了母亲在家内伦理秩序中的地位。

表一　洪武七年孙贵妃丧服礼各方意见

	《仪礼·丧服》 （礼部意见）	《大明令》 （官方规定）	《孝慈录》 （太祖看法）
子为慈母	齐衰杖期	齐衰三年	斩衰三年
子为庶母	无	缌麻三月	齐衰杖期

---

① 〔明〕夏原吉监修，〔明〕胡广等修纂：《明太祖实录》（台北："中央研究院"历史语言研究所，1967），卷94，第1a页，洪武七年十一月壬戌朔条。

② 〔明〕太祖撰：《御制孝慈录》，收于（明）张卤校刊：《皇明制书》（台北：成文出版社，据明万历年间刻本影印，1969），卷12，第4a-10b页。

③ 〔明〕太祖撰：《御制孝慈录》，收于（明）张卤校刊：《皇明制书》，卷12，第3b页。

因为此次明太祖与官员对丧服礼中母服部分的争议，使太祖进而制作了《孝慈录》以作为明代丧服制度的定本，从其书名"孝慈"二字即可知晓其动机是为了发扬"孝顺母亲"这样一个意念而来。透过此书，明太祖重新规划了他心中理想的亲属服丧关系，并由礼入律，将之纳入《大明律》之首，成为有明一代的定制，并为清代所承袭。

　　从上述明太祖与群臣议礼，到几乎可说是"断自圣衷"的制礼过程，即可以想象《孝慈录》本身所具有的突破性与争议性，而由此触发的一连串问题，亦深深地引起笔者的兴趣。首先，在制度上，《孝慈录》的母服规定明显与《仪礼·丧服》以及前代丧服礼制有所不同。唐代的武则天曾针对古礼中的母服部分进行改革，其内容被纳入唐代《开元礼》，并为宋、元、明初所承袭，由武则天所提议的母服改革与明太祖所御制的《孝慈录》之间存在着多少差异，而《孝慈录》的母服制度所代表的意义为何，是笔者亟欲处理的第一个问题；其次，在理念上，《孝慈录》的制定，来自于明太祖"父母之恩，一也"的观念，这个观念的内涵为何，明太祖的其他政策是否亦蕴含此一想法，而此想法与前代统治者所宣扬的孝道观念有何不同，是本书拟探究的第二个论题。最后，研究一个制度，除了探讨其来由与意义之外，制度的实践亦是研究者无法回避的问题。太祖之后的明代皇帝与士人如何看待作为洪武开国定制之一的《孝慈录》，而这一大大提升母亲礼制地位的丧服制度的落实情况又是如何，正反意见与实践与否争议的背后，隐藏了什么样的因素与知识、观念上的冲突，无疑亦是本书重要的探讨面向。综言之，关于《孝慈录》理念与实践的探索，实涉及了孝道观念、性别、丧服礼制三者的交相关涉，不论是从制度史、社会文化史抑或性别史的角度而言，皆是一个亟待深究的课题。

二、 研究回顾

探讨《孝慈录》的制定过程、理念，及其中的母服制度如何被看待及落实的情况，除了必须参考与中国母服改制直接相关的研究以外，也因在中国文化中，为父母服丧被视为人子尽孝的具体表现，所以亦将目前讨论明清孝道实践的论著纳入关注的范围。而尤因本书的重要核心之一在于子对母的服丧实践及其争议，故亦借镜于近年来学界对母子关系的研究成果，作为本书论述的基础。

(一) 唐、明两代母服改革的相关研究

在《仪礼·丧服》的规定中，若父亲去世，子为父服最高等级的斩衰三年之丧，但若母亲死亡，则必须视父亲是否在世而调整服丧的时间与程度。若父亲已亡，子为母得服比斩衰三年低一等的齐衰三年，但若父亲尚在，母服就必须再次降低为齐衰一年之丧。

这样的母服基本规范至唐代因武则天的倡议而被打破，武氏认为母亲死亡，人子因父尚在世只为母服一年丧，实在不足以报答母亲生养劳瘁之恩，故主张不论父在与否，人子为母亲都须服齐衰三年之丧。此事虽然在当时引起朝廷官员激烈的论辩与反对，但仍最后定制于《开元礼》，成为唐中后期、宋、元、明洪武七年以前的母服定制。

唐代的母服改革引起了现今学者的高度关注，最早对此进行分析的是日本学者藤川正数，他认为武则天此议之所以能够被纳进《开元礼》，除了有武韦政权为了提高己身女主地位而提高母服的政治性因素之外，亦立基于唐代重视门阀、重视外亲以及道

教信仰对母亲的尊重等社会条件之上，使得蕴含"母亲主义"的丧服改制成形。[1] 陈弱水则将提高母服一事与武氏其他与妇女相关的政策合观，认为此为武则天处在男性独尊的文化框架下，为提高妇女地位的重要举措，[2] 但他亦强调武则天虽有女性意识但不能过分被强调。对此，李贞德有不同的看法，她主张武则天是由自己的生命经验出发，以女性的角度重新看待父系宗法而进行改革，其中的女性意识是展露无遗的。[3] 对唐代母服改革论题，高明士不陷入女性意识的争论，转而关注武则天时期妇女地位是否因为她的种种改革而有所改善，进而指出武则天"父在为母服齐衰三年"此项提议仅止于"母亲"的角色，所以对提高唐代妇女地位未有太大的作用。[4]

综合学者的分析可知，武氏母服改制的研究，在是否基于女性意识，或有计划地提高妇女地位两方面存在着较大的争议，但不论是提议人武则天的女性身份，还是父母之服的高低尊卑之辨，性别因素在唐代母服礼制改革的研究中，无疑是一个不可或缺的切入点，在在提醒着以性别史角度考察礼制改革的重要性。另外，在陈弱水与高明士的文章中，也都不约而同地提到明代《孝慈录》进一步将母服提升至与父服等同的斩衰三年一事，两位学者虽未有深入分析，但却暗示着一场更具突破性的改革发生

---

① 藤川正数：《唐代における母親主義の服紀改制について》，《東方学》，16（東京，1958.04），第35-57页。

② 陈弱水：《初唐政治中的女性意识》，收于陈弱水：《唐代的妇女文化与家庭生活》（台北：允晨文化，2007），第199-241页；另收于陈弱水：《隐蔽的光景：唐代的妇女文化与家庭生活》（桂林：广西师范大学出版社，2009），第165-203页。

③ 李贞德：《公主之死——你所不知道的中国法律史》（台北：三民书局，2006），第120-125页。

④ 高明士：《唐代礼律规范下的妇女地位——以武则天时期为例》，《文史》，4（北京，2008），第122页。

于明代洪武朝的事实。

目前学界对《孝慈录》在历史上所具有的意义，似还未投注太大的关注，迄今仅有井上彻《明朝对服制的改定——〈孝慈录〉的编纂》与刘晓东《以"孝"促"悌"——朱元璋丧制改革述论》，以专文的形式说明《孝慈录》的制定过程、原因及其意义。井上彻指出在《孝慈录》中，"父母为嫡长子及众子服齐衰不杖期"和"子为父母服斩衰三年"两个规定，实蕴含了太祖"父母对孩子倾注同样的慈爱，为子者对父母恩情报以无区别之孝"的家族观念，[①] 颇具启发性。惟文末只引丘浚之语："官府虽守其法，而街市之间，间阎之下，乡俗相传，多失其制度"，[②] 即认为《孝慈录》在明代未得到切实执行，而主张《孝慈录》要至清朝才渗入百姓生活，所举出的证据不论是在量与质上都稍嫌不足，故成为本书还可延伸探讨的部分。[③] 刘晓东《以"孝"促"悌"——朱元璋丧制改革述论》一

① 井上彻：《明朝对服制的改定——〈御制孝慈录〉的编纂》，收于钱杭翻译，井上彻著：《中国的宗族与国家礼制》（上海：上海书店，2008），第351页。

② 井上彻：《明朝对服制的改定——〈御制孝慈录〉的编纂》，收于钱杭翻译，井上彻著：《中国的宗族与国家礼制》，第352页。

③ 井上彻认为《御制孝慈录》未能在明代得到普及，所根据的是丘浚《大学衍义补》的叙述："檀弓曰：'衰，与其不当物也，宁无衰'；郑玄曰：'不当物谓精粗广狭，不应法制者。'……臣按：《周礼》肆师禁外内命男女之衰不中法者，盖以五服之冠、经、衰、裳皆有所取义，非徒异其制而已也。我太祖皇帝以服制图载于《大明律》之首，盖以违于礼则入于律，既以法戒天下，又制为《御制孝慈录》一书，援乎古以证乎今，复以礼谕臣民，礼法兼行，万世之下，所当遵守者也。然而官府虽守其法，而街市之间，间阎之下，乡俗相传，多失其制度，乞敕有司画为图式，降下有司，凡五服之制，务必依其制造，不如式者，罪之。"〔见《景印文渊阁四库全书》总712册（台北：台湾商务印书馆，1983），卷51，第10b页。〕丘浚透过这段文字欲反映的是明人未依五服制度中"服饰"部分行服的紊乱问题，例如若服斩衰之服，其衰服应为"极麄生布，旁及下际，皆不缉也"，但当时人可能服斩衰丧时，穿着的却是"旁及下际，皆已缉"的齐衰之服，或可能戴上了不符合斩衰服饰的冠等。因此，此段史料只能反映明人对于斩衰的冠、经、衰、裳各部分的官方丧服饰样式的不够熟悉，似不能直接反映《御制孝慈录》子为母服斩衰三年的概念未被遵行。

文则主张明太祖透过这场礼制改革，大幅提升诸子对庶母的服丧标准，进而缓解了诸子之间因嫡庶之分且来自不同生母所产生的隔阂，实有以"孝"促"悌"之功用。[①] 此文以朱元璋谋国理念的角度出发，强调《孝慈录》缘人情谋国本的意图，见解实属新颖，但《孝慈录》是否真如刘氏所言是为了维持异母诸王的和睦，笔者认为还有再议之空间，计在后文一并讨论。

另两本对本书帮助甚大的作品，为詹康的硕士论文《明代的教化思想》与何淑宜《明代士绅与通俗文化——丧葬文化为例的考察》。詹氏将《孝慈录》纳入明太祖制礼作乐的一环，除了简介《孝慈录》在服制上的母服改革，也论及明代士人对《孝慈录》的评价，并指出明代所流行的《家礼》相关著作，对丧服规定不尽相同的情况。[②] 虽然在詹康的论文中，有关《孝慈录》的说明仅用了三页左右的篇幅，但其所思考的面向实为本书架构的重要参考基础。何淑宜主要的问题意识在于明清士绅与民间丧俗之间的互动关系，故文中亦论及官定丧礼颁布的过程，并考察了明代士人对明代丧葬礼制的反省。[③] 何氏认为士人赞成与反对《孝慈录》的意见看似歧异，其实有其共通之处，亦即他们皆以提倡儒家的丧礼精神为其目标，试图挽救日益败坏的丧葬习尚。何文由士人对丧俗的关心出发，观察他们对《孝慈录》的评价，无疑是一绝佳的切入角度，但士人在讨论《孝慈录》时，所关心的除了丧俗以外，是否还包含了其他层面的考虑，也将成为本书希望继续申论的范围。

---

① 刘晓东：《以"孝"促"悌"——朱元璋丧制改革述论》，《学习与探索》，5（长春，2008），第 210 – 213 页。

② 詹康：《明代的教化思想》（台北：台湾大学政治学研究所硕士论文，1993），第 56 – 59 页。

③ 何淑宜：《明代士绅与通俗文化——丧葬文化为例的考察》（台北：台湾师范大学历史研究所专刊（30），2000），第 49 – 56、145 – 169 页。

谈及士人对《孝慈录》评价的相关研究，还有张寿安的《十八世纪礼学考证的思想活力——礼教论争与礼制重省》一书。[1]书中以清儒对宋明礼教的态度出发，探讨清代礼学的发展脉络，其中论及讲究经典原始礼意的清代士人，多认为《孝慈录》片面地扩增服制而修改礼律，是明太祖不究礼经原初意义的结果，也因而造成上下尊卑亲疏礼秩的混乱。由此，作者也指出了明清礼学的转变方向在于：明代礼学以私家仪注的家礼学为盛，同时融合佛道，认为"缘俗则礼行"；而清初礼学家则高揭"以古礼正今俗"的旗帜，以仪礼学为法式，力斥宋明礼学的缘俗性格。张氏对清代礼学的研究，无疑地成为本书考察明代士人定位《孝慈录》时重要的对照组。而此书第四章透过"嫂叔有无服？"之丧服改革争议，探讨礼制与人情的冲突与磨合，与本书欲讨论的核心殊途同归，亦是本书重要的参考文章。

其他的相关研究成果，多是在讨论丧服制度变迁时，论及《孝慈录》的改革；[2]或在研究明太祖的治国政策时，将《孝慈录》列入诸多开国政策的一环，并强调明太祖"孝治天下"或"缘情制礼"的一面；[3]或者是在专论明代后妃对国家礼制的影

① 张寿安：《十八世纪礼学考证的思想活力——礼教论争与礼制重省》，台北："中央研究院"近代史研究所，2001。

② 例如：陶希圣：《服制的构成》，《食货月刊》，复刊 1：9（台北，1971），第 10－24 页；丁凌华：《中国丧服制度史》，上海：上海人民出版社，2000；陈戍国：《中国礼制史·元明清卷》，长沙：湖南教育出版社，2002；马建兴：《丧服制度与传统法律文化》，北京：知识产权出版社，2005。

③ 周桂林：《论朱元璋兴孝以行养老之政》，《河南大学学报（哲学社会科学版）》，4（河南，1988），第 74－75 页；罗冬阳：《明太祖礼法之治研究》（北京：高等教育出版社，1998），第 20－26 页；王璋、高成新：《明太祖孝治政策初探》，《中共山西省委党校学报》，31：6（2008），第 106－108 页；骆芬美：《明代官员丁忧与夺情之研究》，收于王明荪主编：《古代历史文化研究辑刊·二编第二十四册》（台北：花木兰文化出版社，2009），第 30－32 页。

响时，将《孝慈录》的制定当作其中一例进行说明。[①]

综上所述可知，目前有关《孝慈录》的研究成果尚有很大的探究空间，特别是父母在传统文化中的"性别"差异、"母亲之尊"、"为母之孝"等因素在此次礼制改革过程中所起的作用，为前辈学者少有着墨之处。另外，《孝慈录》颁行之后是否被接受、普及与落实等问题更是甚少被关注，也自然成为本书的重要核心之一。

(二) 明清时期的孝道实践

孝的具体表现为"生，事之以礼；死，葬之以礼，祭之以礼"的态度，可见丧葬之礼是孝的一种实践行为。为母亲服丧也正是人子向母亲表现孝思的直接方法，故《孝慈录》提升母服的规定是否得到实行的论题，即与明清孝道实践文化有着密不可分的关系。在传统中国社会里，孝道俨然成为事亲、齐家、治国、平天下过程背后伦理秩序的基础，对中国古代政治、制度、法律、教育各方面皆有深远的影响。"孝"虽然作为中国文化重要特色之一，但是近现代学界对孝的探讨，却源自于五四时期对儒家的批判，直至徐复观于1948年发表的《中国孝道思想的形成、演变及其在历史中的诸问题》一文中，呼吁应跳脱"打倒"或"拥护"孝道二分法的研究思路，才使孝道的相关研究有了新的发展。[②]

---

① 赵克生：《明朝后妃与国家礼制兴革》，《东北师大学报（哲学社会科学版）》，总第229期（吉林，2007），第50—51页。

② 徐复观："孝道在中国，有这样长的文化历史；有这样广大的社会生活实践的内容；要把它简约化到应该打倒或拥护的二分法，恐怕不是负责任处理问题的态度。因此，我希望对此一重大的文化问题，能较五四时代的人们，稍作进一步的提出。"见徐复观：《中国孝道思想的形成、演变、及其在历史中的诸问题》，收于《中国思想史论集》（台北：台湾学生书局，1975），第157页。

就孝道在历史学领域的研究而言，较早的取径主要是由孝的起源与内涵的演变、国家对孝的重视、倡导、利用及与孝道相关文献的探讨等角度切入，大部分属于思想史和政治制度层面的探讨。① 近二十年来，随着社会史与文化史研究风潮的兴盛，以明清孝道史研究为例，陆续出现了以社会文化史为取向，以方志、文集、笔记、小说等不同材料为基础，重新探讨孝道与中国传统社会关系的作品，促使孝道的相关历史研究迸发出新的面向与意义，而孝道实践行为的分析即为其中一个重要的切入角度。

周婉窈《清代桐城学者与妇女的极端道德行为》是学界最先跳脱孔孟言论、经典诠释与国家政策等面向，而注意到一般士人乃至平民百姓对孝道的实践及其中蕴含的思想背景。② 同时，也因周氏在此文中对割股疗亲的讨论，启发了后续研究者对此论题的深入探讨。李飞同样关注中国妇女的道德行为，与周婉窈聚焦于清代桐城一时一地不同，他运用《古今图书集成》中《明伦汇编·闺媛典·闺孝部》的资料分析中国妇女孝行，指出其与中国历代国家政治、思想文化、社会意识、家庭教育密不可分的关系，也突显了行孝者的性别、身份、社会阶层等差异的关注。③

邱仲麟 1996 年的博士论文《隋唐以来割股疗亲现象的社会史考察》，④ 是目前对"割股疗亲"分析最完整的作品。邱氏从

---

① 余新忠：《明清时期孝行的文本解读——以江南方志记载为中心》，《中国社会历史评论》，7（天津，2006），第 33 - 34 页。
② 周婉窈：《清代桐城学者与妇女的极端道德行为》，《大陆杂志》，87：4（台北，1993．10），第 13 - 38 页。
③ 李飞：《中国古代妇女孝行史考论》，《中国史研究》，3（北京，1994．3），第 73 - 82 页。
④ 邱仲麟：《隋唐以来割股疗亲现象的社会史考察》，台北：台湾大学历史学系博士论文，1996。

社会与医疗文化史的角度切入，论证不论历代国家政令和士人言论是否赞成割股疗亲的风气，透过割股来表达孝思的行为，还是借由平民普遍的贫穷、巫风的盛行、医者与医书的影响、印刷品的传播、士人的宣扬等因素持续壮大，足见隋唐至民国初年"割股疗亲"现象的不断扩大与激烈化，是国家、士人、宗族组织、民间文化彼此互动的结果，同时也是一个文化建构与文化动员的过程。此文对传统孝道伦理与社会文化的互动过程所作的深入探析，无疑是孝道实践史的良好示范。

林丽月的《孝道与妇道——明代孝妇的文化史考察》一文以"孝妇"为考察的对象，揭示明代妇教中的孝道伦理，发现明清女德典范故事在贞、孝的领域中，都有极端化与格套化的趋势。而在尽孝与守贞往往难以两全的情况下，明代妇人往往选择守贞，显示两种价值在明代的高下地位。此文将"孝道"与"妇道"的互动植根于明代社会思想背景的特殊性上，对儒家伦理与性别文化互动的相关课题有所帮助。①

大泽显浩的研究则关注明代社会文化背景对孝行实践的影响。② 透过《孝行录》、《二十四孝诗选》、《日记故事》三种流传于明代的二十四孝版本，大泽氏一方面发现三者在内容上的传衍与变化，与朱学的思想背景、国家的政策，以及编辑者的地缘性息息相关；另一方面，也推论明代二十四孝故事出现弱化妻子乳姑、尝粪的孝行叙述，转而强调幼儿孝养行为的特色，亦可能影响当时以及往后社会赞扬孝行的标准，形成一种"典范化"、"格

① 林丽月：《孝道与妇道——明代孝妇的文化史考察》，《近代中国妇女史研究》，6（台北，1998. 8），第 3 - 29 页。
② 大泽显浩：《明代出版文化中"二十四孝"——论孝子形象的建立与发展》，《明代研究通讯》，5（台北，2002），第 11 - 33 页。

套化"的趋势。经由大泽显浩对明代二十四孝故事版本细心的比对工作，使得往后的研究者对明代孝道伦理在内涵上的转变有更深一层的认识。

同样也注意到孝道实践文本变化问题的是余新忠，[1] 余氏运用明清江南方志中的《孝友传》，比较明清国家政策、社会文化资源以及文本记载原则的差异，试图结合明清两代国家力量与社会文化背景来看孝行文本的成型。另外，余氏在考察清代孝行的基础上，针对林丽月所指出的明代妇女孝行的"奇节性"、大泽显浩所认为的明代孝行"格套化"之说法提出他的质疑，认为明代与明代以前的时期、明清之间的孝道实践文本，在内涵上是否存在转折，如存在其转折的内容为何等问题仍有讨论的空间。

与邱仲麟的研究聚焦于一个特定的孝道实践行为类似，吕妙芬在《明清中国万里寻亲的文化实践》一文中，[2] 将其焦点放在明清时期"万里寻亲"此一孝道实践行为上，发现此类故事在明清有激增的现象，并且在内容上由"士人寻母"转向"士商寻父"。由此，作者推论万里寻亲故事因主人翁多为男性且属士商身份，更容易得到士人的认同，进而为此故事延伸出更多文艺创作且协助其追求朝廷旌表。文末，作者探讨万里寻亲故事与法律、社会问题、家庭伦理、个人价值观的角力与紧张关系，使读者能与其他孝行实践类型的内涵作比对，并揭示了原本看似同构型颇高的孝道实践行为，其实各自与当时的社会文化脉络有着不同方式的互动，值得往后研究者参考与借鉴。另一方面，作者从

---

① 余新忠：《明清时期孝行的文本解读——以江南方志为中心》，《中国社会历史评论》，7（天津，2006），第33－60页。

② 吕妙芬：《明清中国万里寻亲的文化实践》，《"中央研究院"历史语言研究所集刊》，78：2（台北，2007．6），第359－406页。

2004 年到 2008 年一系列有关于《孝经》的文章，则试图跳脱过去《孝经》研究所专注的考证、辨伪、阐释《孝经》宗旨与义理的研究路线，另辟蹊径探讨《孝经》在明代社会如何被看待、理解的文化实践面向。其切入角度包括：士人如何连结《孝经》与政治教化的关系、① 《孝经》作为一种宗教性仪式文本或观想文本，及其与三教或其他宗教及善书文化的关系、② 《孝经》作为蒙学教材的影响等，③ 使读者能重新思考一份以孝道为核心的文本，如何随着时空背景之转换，产生不同的功用与实践方式，进而发展出孝道以外的新意义。

在博硕士论文方面，有两本分别讨论明代官员"养生"、"送死"两方面孝道实践的作品。骆芬美考察明代官员丁忧制度的形成与实践，而从几个明代夺情案例可见，守丧成为一种政治制度，即牵涉到政治环境的情况，而不再是单纯的个人孝道问题。④ 林燕如的硕士论文《明人的奉亲怡养——孝道社会生活实

---

① 吕妙芬：《晚明士人论〈孝经〉与政治教化》，《台大文史哲学报》，61（台北，2004. 11），第 223 - 260 页。
② 吕妙芬：《晚明〈孝经〉论述的宗教性意涵——虞淳熙的孝论及其文化脉络》，《"中央研究院"近代史研究所集刊》，48（台北，2005. 6），第 1 - 46 页；《做为仪式性文本的〈孝经〉——明清士人〈孝经〉实践的个案研究》，《中央研究院近代史研究所集刊》，60（台北，2008. 6），第 1 - 42 页；《〈西铭〉为〈孝经〉之正传？——论晚明仁孝关系的新意涵》，《中国文哲研究集刊》，33 期（台北，2008），第 139 - 172 页。
③ 吕妙芬：《做为蒙学与女教读本的〈孝经〉——兼论其文本定位的历史变化》，《台大历史学报》，41（台北，2008. 6），第 1 - 64 页。另外，吕氏的《孝经》相关文章，亦重新整理于吕妙芬：《孝治天下——〈孝经〉与近世中国的政治与文化》（台北：联经出版事业公司，2011），第 17 - 202 页。
④ 骆芬美：《明代官员丁忧与夺情之研究》，台北：中国文化大学史学研究所博士论文，1997，后修改收于王明荪主编：《古代历史文化研究辑刊·二编第二十四册》，台北：花木兰文化出版社，2009。另，近年来赵克生亦就此论题发表，《明代丁忧制度述论》，《中国史研究》，2（1997），第 115 - 128 页；《略论明代文官的夺情起复》，《西南师范大学学报（社会科学版）》，32：5（吉林，2006），第 48 - 52 页。

践的一个历史侧面》则是着重在呈现明人的营建养亲居所、乞休弃官以归养父母的孝道实践行为。①

综上所述，可知明清孝道实践之相关研究已有相当数量的成果。研究者除了爬梳史料中的孝道行为并加以分类之外，更着重于解析隐藏在孝道实践行为中的性别、身份与社会阶层差异，以及背后的社会文化背景。另外，明清时代国家力量与社会文化对孝道实践行为所产生的影响，执政者的意向、士人文化与庶民文化，在实践孝道的场域中彼此竞争或交融等问题的探讨，亦是研究者所关怀的重要课题。然而，在上述著作中可发现，学者多以明清方志为主要运用的史料，而把其他材料当作辅助与补充，投注较多的心力于孝道实践与明清整体社会文化变迁的关系上，相较之下，士人文集、族谱、家训等材料的使用，以及结合孝道行为与家庭史的深入分析则稍显不足。

首先，在孝道实践者方面，除了上述研究者已经注意到的性别与士、商、庶民等身份差异之外，若将焦点从社会阶层缩小到家庭中个人位阶之别，探讨嫡子与庶子对家中尊长的孝道实践行为，是否因为彼此在礼法中地位的不同而产生差异，似是一个可以再充实的面向，亦是本书的论题之一。

其次，相对于孝道的实践者，行孝的对象似可再予细分。除了研究者所提及的父亲与母亲、原生家庭父母与翁姑的不同之外，行孝对象群体内部事实上也还存有许多类别，有待进一步的梳理与比较。例如本生家庭长辈与过继家庭长辈，父亲身份类别中的生父、继父、养父，母亲身份类别中的嫡母、生母、庶母、

---

① 林燕如：《明人的奉亲怡养——孝道社会生活实践的一个历史侧面》，台北：中国文化大学史学研究所硕士论文，2004。

慈母、乳母、继母等，这些行孝对象在家中的不同身份是否会影响孝道实践的内涵，以及其中所牵涉到的礼法秩序与家庭伦理，想必能够提供给此论题更多样的视角。而本书也将以嫡母与庶生母为论述核心，探讨礼法地位的不同带给这些母亲什么样截然不同的生命经验。

最后，中国古代丧葬之礼的文化内涵反映了子孙对于祖先与父母的孝行，也成为衡量孝道基本而普遍可见的具体标准。[①] 由前述明清孝道行为的相关研究，可看到学者或者统整一时代出现的孝道实践行为，或者针对特定的孝行如"割股疗亲"、"万里寻亲"深入分析，而未有聚焦于为人子服丧、守丧孝道实践的考察，特别是在发生母服重大改革的明代，国家制度与孝道的社会文化之间如何进行互动，更是一个值得深入探究的议题。

(三) 礼制与情感中的母子关系

关于前段提及的孝行与家庭史的连结，以及以丧服实践来观察孝道问题的相关探讨，或许可在近年来母子关系的相关研究中得到若干启发。相对于"孝道"研究的悠久历史与多重面向，蕴含着丰富个人情感与家族伦理互动的母子关系论题，却是近十年来才为学界所注意，而陆陆续续有相关的著作问世。

关于中国母亲权力的探讨，早在 1969 年，杨联陞即在《国史上的女主》一文中点出中国女性作为妻子与作为母亲地位的不同，后者的权力事实上大大高于前者。杜正胜于 1988 年《古典的慈母鲁季敬姜》一文中，也深入地阐述了这样的观念，杜氏以被称为"慈母"的鲁季敬姜为例，说明西周封建时代母亲被称为

---

① 康学伟：《先秦孝道研究》（台北：文津出版社，1992），第 107 页。

"严君"的原因，以及汉至清"慈母"形象的转变，并于文中指出学者不宜忽略传统中国女性为妇与为母的身份差异：

> 中国社会自古以来讲究个人的身份和角色，不论男女皆同时兼具多重身份和角色，譬如为人父、为人夫、为人子三种角色具于一身，为人母、为人妻、为人女也同属一人。角色不同，身份随之而异，行为规矩也有不同的要求。但讨论妇女问题的学者多把女性笼统一律看待，似乎忽略为妇与为母的身份差别。①

对于女性作为"母亲"的相关探讨，也被李贞德于 1996 年介绍 1945 至 1995 年综述台湾地区"中国妇女史研究"时，指为当时成果不足的研究区块。②

综观"母亲"的史学研究，在 1980 年代末，史学界除了杜正胜《古典的慈母鲁季敬姜》一文外，尚有邢义田从《列女传》看中国式母爱化私情为教化、公义的特色，两者都对儒家教化思想下母亲的理想形象作了初步的分析，③ 但此议题仍旧鲜少为人注意。1990 年以降，则相继出现分析礼律中的母子关系，乃至刻画传统中国母子情感内涵及其因与礼制规范不符而产生紧张感的著作。徐泓于《明代家庭的权力结构及其成员间的关系》中即有部分篇幅按明代丧服制度说明母亲身份及母服的规定，并阐述

① 杜正胜：《古典的慈母鲁季敬姜》，收于杜正胜：《古代社会与国家》（台北：允晨出版，黎明总经销，1992），第 940 - 946 页。

② 李贞德：《超越父系家族的藩篱：台湾地区"中国妇女史研究"（1945—1995）》，《新史学》，7：2（台北，1996.6），第 148 - 149 页。

③ 田夫（邢义田）：《从〈列女传〉看中国式母爱的流露》，收于《中国妇女史论集三集》（台北：稻乡出版社，1993），第 19 - 27 页。

母亲对子女的义务与父雷同的面向，由此勾勒出母子之间的权力关系。[①] 熊秉真《明清家庭中的母子关系——性别、感情及其他》则从母子"情感"入手，描述明清时期的母亲，在养育、教育幼儿时所遭遇的苦难与在此过程里展现的美德，如何印记在儿子对他的情感中，促使他们必须以一生的忠诚与成就报答母亲的辛劳。[②] 透过熊氏的阐析，明清士人家庭中的母子互动图景栩栩如生，跃然纸上，而在熊氏对明清幼儿的研究中，更注意到照养幼儿的主要是女性亲属，如嫡母、生母、乳母等人在幼儿人事与情感世界的角色，启发笔者更加注意"八母"与人子在家中可能产生的礼法与情感关系。[③] 比前述学者更强调"母亲"对人子乃至整个儒家体系之重要性的日本学者下见隆雄，则从刘向《列女传》、《后汉书·列女传》和《晋书·列女传》着手，申论母性支撑父系伦理的情形，[④] 并在其后的作品中强调"母子一体"观念，认为母亲的慈爱会影响孩子对父母的信赖与感情。[⑤]

相较于儒家思想体系对母子关系的影响，佛教文化对母子关系的渗入，则受到阿兰·柯尔（Alan Cole）的重视。阿兰·柯

---

① 徐泓：《明代家庭的权力结构及其成员间的关系》，《辅仁历史学报》，5（台北，1993. 12），第197-198页。
② 熊秉真：《明清家庭中的母子关系——性别、感情及其他》，收于李小江等主编：《性别与中国》（北京：三联书店，1994），第514-544页；《建构的感情——明清家庭的母子关系》，收于卢建荣主编：《性别、政治与集体心态——中国新文化史》（台北：麦田出版社，2001），第255-280页。
③ 熊秉真：《试窥明清幼儿的人事环境与情感世界》，《本土心理研究》，2（台北，1993），第256-257页。又可见氏著：《童年忆往——中国孩子的历史》，台北：麦田出版社，2000。
④ 下见隆雄：《儒教社會と母性母性の威力の観点でみる漢魏晋中國女性史》，東京：研文出版，1994。
⑤ 下见隆雄：《孝と母性のメカニズム——中國女性史的の視座》，東京：研文出版，1997；《母性依存の思想——"二十四孝"から考える母子一体観念と孝》，東京：研文出版，2002。

尔（Alan Cole）认为儒家尊父抑母的伦理价值，使得人子转而从佛教信仰中寻找报答母恩的抒发管道，进而巩固了佛教在中国的地位。[1] 而郑雅如则试图与阿兰·柯尔（Alan Cole）进行对话，在其硕士论文中探讨中古时期人子在儒家体系中报答母恩的方式。[2] 郑氏从《通典》所载东晋贺峤妻于氏上表求还养子的故事谈起，分析中国《仪礼·丧服》中父系规范下的母子人伦与孝子心中母子之情的冲突。一方面借重于卢蕙馨（Margery Wolf）"子宫家庭"（uterine family）概念，[3] 阐明魏晋时期孝子观点下的为母服丧议论中，明显偏厚于生母的情势，可见得亲生"母子集团"突破父系礼制压抑的可能；一方面却也指出谁可为子，谁又可为母的问题，还是必须得到父系伦理价值认可的无奈。郑文将丧服制度与母子情感两个论题相结合，说明母子情感与父系制度之间拉扯的张力，对本书的论析颇有启发。

相较于中国其他朝代，唐代的母子关系论题似乎有较多的研究成果。段塔丽自《唐代妇女地位》一书开始，对妇女为人母的角色与地位多所着墨。[4] 黄玫茵与刘燕俪则从唐代法律中分析"八母"的地位，发现在中国身份法体系中，男尊女卑为最高原则，而血缘之亲又高于养育之恩，两者的结论皆点出中国名分礼

① Alan Cole, *Mothers and Sons in Chinese Buddhism*. Stanford: Stanford University Press, 1998.

② 郑雅如：《情感与制度：魏晋时代的母子关系》，台北：台大出版委员会出版，台大文学院发行，2001。后修改收于王明荪主编：《古代历史与文化研究辑刊·初编第四册》，台北：花木兰文化出版社，2009。

③ 参见 Margery Wolf, *Women and the Family in Rural Taiwan*, Stanford: Stanford University press, 1972, pp. 32 - 41.

④ 段塔丽：《唐代妇女地位》（北京：人民出版社，2000），第55 - 70页；《"从子"说与中国古代寡母的权力和地位——以唐代家庭寡母生活为例》，《妇女研究论丛》，6（2001），第42 - 45页；《唐代女性家庭角色及其地位》，《中国文化研究》，春之卷（2002），第141 - 149页。

制原则的核心。① 不同于从制度、法律的角度，杨庸兰利用墓志铭、碑文、诗歌和散文、通俗文学、笔记小说，将焦点聚于唐代孤儿寡母的生活，指出在此种家庭中，寡母继承父系家长的经济分配、子女教育与人身自由等权力。② 廖宜方由硕士论文改写而成的《唐代母子关系》一书，在主题上则相对多元且另辟蹊径，其中几个论题例如：由中古命妇制度的演变看"母以子贵"观念在唐代的确立，及士人在公私领域界定母亲的尊荣方式；又如由丧仪变化谈父存母殁的礼议，以突显母亲礼制地位的提高；再如嫡庶母子互动的描述，以及由"心丧解官"制度探究各种母职对人子的意义等，③ 都对笔者思考明代礼制与母子情感的交涉有甚大的帮助。最后，郑雅如的《中古时期的母子关系——性别与汉唐之间的家庭史研究》一文，则在自己所研究的魏晋时代母子关系的基础上，结合目前的汉唐之间家庭史研究成果，指出中古时期的民族、地域之别与佛教等因素，对汉唐之间母子关系所起的多元性作用。④

近十年明清母子关系的研究，则有衣若兰的《"天下之治自妇人始"——试析明清时代的母训子政》一文，其焦点在于探讨"正位于内"的妇女，如何训导儿子从宦之道，而取得参与"外

---

① 黄玫茵：《唐代三父八母的法律地位》，收于《唐代身份法制研究——以唐律名例律为中心》（台北：五南出版社，2003），第89－118页；刘燕俪：《唐律中的母子关系》，收于高明士编：《东亚传统家礼、教育与国法（二）家内秩序与国法》（台北：台湾大学出版中心，2005），第125－144页。

② 杨庸兰：《唐代的孤儿与寡母》，台中：台湾中兴大学历史研究所硕士论文，2003。

③ 廖宜方：《唐代的母子关系》，台北：稻乡出版社，2009。

④ 郑雅如：《中古时期的母子关系——性别与汉唐之间的家庭史研究》，收于李贞德主编：《中国史新论·性别史分册》（台北："中央研究院"·联经出版公司，2009），第135－190页。

事"的权力。^① 衣氏认为母亲教育外事的权力主要来源于孝道伦理与母子情感，但这样的权力仍必须在维护父系家族利益与效忠君主的框架下施展，足见母子关系与父系伦理之间的紧张感。另外，亦指出明清家训与女教的重点，往往放在女性为"妻"与为"妇"之道，其原因是因为传统家庭的家训，主要多由男性家长制订，所以在内容上不易见到母亲的角色，使得母训子政的"贤母"面向容易被忽略，可以说是部分解释了"女性为母"及其与子互动方面的研究长期较被忽略的原因。

此外，在徐嘉惠的硕士论文《明代庶出文人研究》中，部分篇幅讨论了庶子与嫡母、生母两者的互动关系，而着重于庶子在情感上偏向生母或嫡母的原因分析，^② 有助于笔者思考与辨析庶子、嫡子、庶母、嫡母四者之间的情感结构问题。

综观"母子关系"相关的研究论著，不仅数量与时渐增，且分析角度也更趋多元，母亲的理想形象、法律与礼教中母亲的权利义务，母子之间情感的建立过程及其对父系体制的冲击都是学者关心的课题。但在明清时期的母子关系研究中，较少见到将礼制与实际生活中的母子关系结合探讨的专论，职是之故，本书拟从明太祖所主导的母服制度改革入手，讨论其中蕴含的孝道内涵，是否为明代后继之君、士人所接受，以及他们如何看待这个违背以往丧服制度的新规范。他们所讨论的母子关系与父子关系，反映了什么样的伦理秩序？明代人子服母丧时，是否遵行《孝慈录》的规定？其中是否藏有其他的服丧标准？在遵守与违

① 衣若兰：《"天下之治自妇人始"——试析明清时代的母训子政》，收于周愚文、洪仁进主编：《中国传统妇女与家庭教育》（台北：师大书苑，2005），第 91－122 页。
② 徐嘉惠：《明代庶出文人研究》（桃园：台湾中央大学历史研究所硕士论文，2008），第 69－93 页。

背之间，为人子对母亲的情感与孝心又如何展现？希望透过这些问题的探讨能对传统中国母子关系的相关课题有更进一步的认识。

三、 研究取径与章节安排

由于朝廷旌表孝行、推行孝道教化的努力、儒家家礼的改革与实践，及宗族建设与文化的向下渗透，明清时代是中国孝文化深入社会各阶层的关键时期，同时也是形塑许多我们今日所理解"中国传统文化"的重要阶段。① 是故，在此时期中，统治者所倡导的孝道内涵之变化，及其所造成的影响，实为了解中国传统孝道思想的重要关键之一。

本书在研究取径上拟从性别史的角度切入，以和明太祖孝道观念密切相关的《孝慈录》为讨论核心，探讨"母亲"在丧服礼制中的地位与明代统治者、士人所理解的孝道观念之间的关系。在时间断限上，以明代为主，着重明太祖在位期间对其孝道理念的阐发，以及此后嗣君与士人讨论及实践《孝慈录》的情况，并将分析范围跨至清初士人对于《孝慈录》的看法，以期看出明清礼学的转向在母服制度讨论中所留下的痕迹。②

本书所指称的明清士人，采取较为宽松的解释，包括现任及致仕的官员、进士、举人、生员等等，他们共同的特色在于都受过儒家教育的熏陶，并且知悉当时科举考试的内容，他们虽然不一定有极高的政治地位与学术涵养，但皆熟习传统儒家精神，与

① 吕妙芬：《孝治天下——〈孝经〉与近世中国的政治与文化》，第8页。
② 张寿安指出明清礼学的重要转折在于，从"私家仪注"的"家礼学"走向"以经典为法式"的"仪礼学"。相关讨论参见《十八世纪礼学考证的思想活力——礼教论争与礼制重省》，第29-128页。

一般百姓相较，是更易接触、明了国家政令的知识阶层。《孝慈录》由礼入律，随着《大明律》颁行天下，这些士人是否能明确掌握《孝慈录》的母服规定？是否能接受《孝慈录》"父母等恩"的孝道内涵？在他们的知识体系之中，除了《仪礼·丧服》等古典礼经的规定外，是否还有其他丧服礼制体系足以与《孝慈录》抗衡？这些士人的知识背景皆可能左右他们落实或违背《孝慈录》的选择，也影响了他们透过服丧为母亲尽孝的态度与看法，为本书研究的重要核心之一。

本书所运用的史料，包括详载先秦丧服制度的《仪礼·丧服》、《礼记》，以及《大唐开元礼》、《新唐书》、《旧唐书》、《文公家礼》、《大元圣政国朝典章》、《大明令》、《通典》等有助于说明《孝慈录》颁布以前，历代母服制度变迁之资料。而欲探讨《孝慈录》所蕴含的孝道观念，《皇明祖训》、《大诰》、《大诰续编》、《大诰三编》、《大明集礼》、《孝慈录》、《教民榜文》、《大明律》等明太祖御纂或敕纂之书籍，则是不可或缺的重要史料。《明实录》、明人文集、清人文集、地方志、日用类书与明至清初士人私修的礼书，则是本书观察明代嗣君与明清士人是否接纳《孝慈录》，以及《孝慈录》的母服改革是否得到落实的重要凭借。

基于以上研究方向，本书除绪论与结论以外，共分为四章：

第一章将概述《仪礼·丧服》中所勾勒的人伦谱系与宗法原则，分析其中母服规范之礼意，并论及唐代母服制度的变化及其意义。

第二章拟探讨明太祖所提倡的孝道内涵与《孝慈录》的关系，并说明《孝慈录》制定的原因与经过，以及其在历代母服制度变迁中的重要意义，希望借此彰显《孝慈录》所蕴含的性别意涵。

　　第三章将聚焦于明至清初士人对"子为母服斩衰三年"一制的看法与实践情况。士人们是否支持《孝慈录》突破"父系至尊"的改革，他们赞同与反对的理由分别为何，是否将《孝慈录》条文纳入他们私修的礼书当中并实践之，皆是本章分析的重点。

　　第四章将以嘉靖康妃丧服礼与明末士人周之夔（1586—？）生母丧服礼的实践过程为出发点，探析"庶子为生母服斩衰三年"一制施行于皇室与士人群体的情况，希望借此更加深入地了解处于不同礼法身份的母子，遵守《孝慈录》规定是否遇到困难，并借此考察嫡庶礼法对孝道实践可能产生的影响。

　　本书将从呈现中国丧服制度制定原则以及前代母服制度开展，比较其与《孝慈录》所蕴含的理念，探讨《孝慈录》中母服规定所造成的回响。希望透过本书的研究，探寻明清时期孝道文化中母亲的角色与地位，并在呈现明清时期礼制与情感之间不曾中断的互动过程之中，更深入了解传统中国母子联结与孝道伦理的关系。

第一章
服有等差：明以前母服制度的变迁

> 古今论母丧服者凡四十二人。愿服三年者二十八人；愿服期年、大功等服者十四人。
>
> *明太祖敕撰《御制孝慈录》*

洪武七年（1374），贵妃孙氏薨，明太祖欲其子周王橚为孙贵妃行慈母服斩衰三年，而东宫、诸王则为庶母孙贵妃服期服，[1] 受到礼部官员以《仪礼》父在为母服一年，若庶母则无服规定为由加以劝阻。[2] 面对质疑，太祖遂命官员考察古今文献记载，向他禀报明代以前母服的论议、实践情况，而上面的引文，即是当时官员回报中的人数统计结果。

这段君臣之间的互动无疑的暗示着几个问题：首先，《仪礼》所载的丧服制度蕴含了什么样的伦理秩序，而使礼部官员面对太祖的咨询时，舍《大明令》不谈而认为应以《仪礼》为准；其次，《仪礼》中的母服制度如何规范母子之间的关系，为何服母服要考虑父亲是否在世，为何同有"母"之名但子为庶母则无服；最后，在明代以前，母服制度曾经历过什么样的讨论，其

---

[1]〔清〕张廷玉：《明史》（北京：中华书局，1966），卷113，《列传第一·孙贵妃》，第3508页。

[2]〔明〕太祖撰：《御制孝慈录》，收于〔明〕张卤校刊：《皇明制书》，卷12，第1a-1b页。

变迁的轨迹为何？这些都是在分析《孝慈录》的意义之前，必须先了解的课题。

第一节　丧服制度与人伦关系

　　传统中国测量人际关系亲疏的尺度，是以人死亡时生者应为其服何种程度的丧服，来表明彼此关系的亲疏远近与上下尊卑，[①] 丧服制度可说是中国传统礼仪中，最能表现人际关系与身份等级的一种礼制。丧服制度主要由"服制"与"丧期"两个部分组成，服制为丧服制度的外在符号标志，由重到轻分成斩衰、齐衰、大功、小功、缌麻五个服饰等级；丧期由长到短分为三年、期年、九月、七月、五月、三月，两者相互搭配的结果虽然多样，但后世最常见的则为斩衰三年、齐衰期年（期即一年，又分杖期、不杖期两种）、大功九月、小功五月和缌麻三月五类，称为"五服"。[②] 基本上，生者与死者的关系，即可透过"五服"来加以定义分类。[③]

一、　儒家丧礼的完成

　　丧服礼俗的形成最初来源于人们对于鬼魂的恐惧心理，中国

---

① 张建国、李力译，滋贺秀三著：《中国家族法原理》（北京：法律出版社，2002），第 18 页。

② 据丁凌华的研究，五服制度可分为服饰、服叙与守丧制度，三者相通，又以服叙为主要的部分。本文所说的五服制度指的是服叙，也就是规定各类亲属关系在服制中之等级序位的准则。有时称之为丧服制度、服制、服纪。参见丁凌华，《中国丧服制度史》，第 3、114 页。

③ 杜正胜：《传统家族结构的典型》，收于《古代社会与国家》（台北：允晨出版，黎明总经销，1992），第 781 页。

的丧礼仪式推测在夏商以前已存在。殷商时期丧礼中的祖先崇拜明显展现了殷人关心生者祸福之特色，至周代，丧礼则转变为表达对"政治秩序"的关怀，主要通行于贵族之间。[①]春秋战国时期，儒家为了挽救礼坏乐崩的社会，对西周的典章制度详加考究，并参照了当时传统风俗，对其中缺漏与不足之处进行增添与修饰，希望建造出一个"君臣、父子、夫妇、兄弟、朋友"的伦理社会，因而产生留存至今记载中国丧服制度最翔实完备的《仪礼·丧服》篇，以及保存丧、葬、祭、吊诸多典故的《礼记》等重要礼书。[②]

《仪礼·丧服》在内容上分为经、传、记三部分：首先，在经的部分说明了丧服、丧期及其适用对象；其次，在许多经文条目后有传，传多以问答的方式呈现，它的功能在于阐析经文，并对服制的适用范围加以说明；最后的记，则是在全篇之末补充经、传的未及之处。另外，就传文中有"传曰"，记文中又有对记加以阐明的传可推知，《丧服》篇内容非一时一地一人所撰写，而是儒者一再传衍诠释的结果。[③]清末礼学学者胡培翚（1782—1849）即认为："《仪礼》有经、有记、有传，记、传乃孔门七十弟子之徒之所为。"[④]阎鸿中亦指出，从《礼记》的《檀弓》、《曾子问》、《丧服小记》、《服问》、《三年问》、《丧服四制》等篇

---

① 王明珂：《慎终追远——历代的丧礼》收于《中国文化新论·宗教礼俗篇·敬人与亲人》（台北：联经出版事业公司，1982），第321－322页。
② 阎鸿中：《周秦汉时代家族伦理的变迁》（台北：台湾大学历史学研究所博士论文，1997.6），第108页。又可参章景明，《先秦丧服制度考》（台北：中华书局，1986），"儒家与丧服制度"，第18－23页。
③ 阎鸿中：《周秦汉时代家族伦理的变迁》，第106页。
④〔清〕胡培翚：《仪礼正义》，收于王云五主编，《国学基本丛书》（台北：台湾商务印书馆，1968），卷1，第3页。

中，孔子门人弟子与时贤讨论丧服各项变数时，已将丧服制度视为成规的情形，可以想见丧服制度在孔子之前已大体成形，[①] 而儒者在这个基础上，继以道德伦理秩序建立其心中理想的社会秩序，成为今天我们所看到的丧服规定架构。此一制度虽不尽合于先秦之初制，但透过儒者的极力提倡渐渐得到推行，对于后世有深远的影响。[②]

二、 丧服制定原则

不论位于哪一层社会等级的人，都可能面临自己或他人死亡的生命历程，丧服制度即起源于人死之后，和死者亲近的人在"事死如事生"的观念下，欲将内心的悲哀表现于外的行为。而从《丧服》篇在《仪礼》中有其他各篇所没有的传，且在内容上所囊括的范围上至天子下至庶民，[③] 更能推知丧服礼制在古代社会的重要性。考察《仪礼·丧服》的内容可知，丧服范围虽不限于亲属，但以亲属为主，[④] 而理解丧服制度最简单的方式即是，将传统社会的每个人视作一个圆心，以此圆心为中心点，划出多层的同心圆，他人和自己的亲属关系依据相互的亲疏远近散布在不同的圆圈上，越亲者越靠近圆心，越疏者则越远，这些同心圆

---

① 阎鸿中：《周秦汉时代家族伦理的变迁》，第 106－107 页。
② 章景明：《先秦丧服制度考》，第 23－28 页。
③ 石磊：《仪礼丧服篇所表现的亲属结构》，《"中央研究院"民族学研究所集刊》，53（台北，1982），第 1 页。
④ 石磊：《仪礼丧服篇所表现的亲属结构》，第 1 页。阎鸿中指出：丧服范围虽不限于亲属，但以亲属为主。完全非亲属而有服的，主要是臣为君（包括旧君）及君的主要亲属有服，皆属政治关系；另有些是拟亲属的关系，如抚养者为曾同居的继父和随改嫁的继母等情况。除此之外，皆是血亲、姻亲和配偶等方面的亲属，见阎鸿中，《周秦汉时代家族伦理的变迁》，第 109 页。

的基本架构，即是丧服制度的基础原则。①

除此之外，丧服制度原则更是和宗法制度互为表里。宗法制度是殷人为改造氏族社会的血缘关系，并维护嫡长子继承秩序而产生的，而丧服制度即是为了推行宗法制度而对原始丧服习俗进行加工改造的结果，两者皆是将父系宗族结构中的血缘亲属关系，与政治结构中尊卑上下关系相结合的制度。② 因此，欲了解丧服制度的原则，必先对周代宗法制度有一定的认识。

周代宗法制度最根本的内容，在于《礼记·大传》所说的：

> 别子为祖，继别为宗，继祢者为小宗。有百世不迁之宗，有五世则迁之宗。百世不迁者，别子之后也，宗其继别子之所自出者，百世不迁者也。宗其继高祖者，五世则迁者也。③

宗法制度的核心为嫡长子继承制，一个国君如果有一个以上的儿子，只有嫡长子可以继承君位，而所谓"别子"就是指嫡长子以外的诸子。之所以称"别"，就是表明他和君统相区别，自立宗统。"别子"即为新建宗统的始祖，即所谓的"别子为祖"，在这个新建的宗统中也依嫡长子继承制，以"别子"的嫡长子"继别"，称为"宗子"。由嫡长子世代相袭的一系为"大宗"。别子的其他诸子，不能继别，诸子之子也只能"继祢"，也就是继承

① 杜正胜：《五服制的族群结构与伦理》，收于《古代社会与国家》（台北：允晨出版，黎明总经销，1992），第 857 页。
② 丁鼎：《〈仪礼·丧服〉考论》（北京：社会科学文献出版社，2003. 7），第 259 页。
③〔唐〕孔颖达：《礼记正义》，收于杨家骆主编：《十三经注疏补正（七）》（台北：世界书局，1971），卷 34，《大传》，第 12a 页。

其先父，是谓"小宗"。这种严格以嫡长子继承的原则，是宗法制度中所谓"一本"的族群结构。①《礼记·丧服小记》云：

> 别子为祖，继别为宗，继祢者为小宗。有五世而迁之宗，其继高祖者也。是故祖迁于上，宗易于下。尊祖故敬宗，敬宗所以尊祖祢者也。庶子不祭祖者，明其宗也。②

相对于"大宗"为"百世不迁"，"小宗"则被规定为"五世而迁"，意思是一个"小宗"会有继祢、继祖父、继曾祖父、继高祖的四宗，共高祖的亲属为四世，共高祖之父的五世亲属即超过亲族的界线，已不算是同宗族人，不会有共同的祭祀活动，称为"绝族"。家族成员祭祀自己所从出的祖先为"尊祖"，而因"大宗"百世不迁，所有"小宗"都必须祭祀之，是所谓的"敬宗"，期能达到"收族"的效用，因此一个"小宗"除了拥有四个"小宗"的亲族以外，还有一个"大宗"，所以《白虎通·宗族》说："小宗有四，大宗有一，凡有五宗。人之亲所以备矣。"③

值得注意的是，虽然丧服制度深受周代宗法制度影响，但形成于春秋至战国间儒者之手的《仪礼·丧服》，其架构是以"五世则迁"的小宗，而非"百世不迁"的大宗为其规范的对象；同

---

① 杜正胜对"一本"的解释是宗法制度中的族群结构"以严格的父系为主干，对生子育女的妇人有嫡庶之分，对众子又有长幼之别，一代仅有一位具嫡长身份任族长，他即是这族的继承人。代代族长连成贯串的直线，譬如大树的主干，主干只有一根，古人叫做'一本'。"见氏著：《五服制的族群结构与伦理》，第858页。

② 〔唐〕孔颖达：《礼记正义》，卷32，《丧服小记》，第1b页。

③ 〔汉〕班固撰；〔清〕陈立疏：《白虎通义》，收于王云五主编，《国学基本丛书》（台北：台湾商务印书馆，1968），卷8，第331页。

时也因为"禽兽知母而不知父"的看法，^① 遂以严格的父系亲属为主体，母系、妻系亲属几乎被排除在外。由此特征可知，这是一套以古礼为基准而糅合春秋时期以来社会实况，以期适用于平民而非封建贵族的礼制。^②

除了从宗法制度发展而来之外，丧服制度事实上还存在着其他重要的原则与之相互作用，从而构筑出一个"定亲疏，绝嫌疑，别同异，明是非"的人伦体系。^③《礼记·大传》曰：

> 服术有六：一曰亲亲，二曰尊尊，三曰名，四曰出入，五曰长幼，六曰从服。^④

五服间的轻重之分，即是依此六个"服术"而定。郑玄注："术犹道也。亲亲，父母为首；尊尊，君为首；名，世母、叔母之属；出入，女子子嫁者及在室者；长幼，成人及殇也；从服，若夫为妻之父母，妻为夫之党服。"^⑤ 即是对六个原则做了初步的规定，兹依序说明如下：

（一）"亲亲"

"亲亲"是制服原则的第一条件，意指根据亲属关系的亲疏远近，规定在丧礼中生者为死者所穿着的服饰规格式样及服丧的

---

① 〔清〕张尔岐：《仪礼郑注句读》（台北：学海出版社，1978），卷11，"为人后者为其父母报条"，第13a页。
② 杜正胜：《传统家族结构的典型》，第780－781页。杜氏指出："母系、妻系在这（丧服制度）系统中所占的分量极其轻微，不是重视婚姻的封建贵族所能想象的。"
③ 〔唐〕孔颖达：《礼记正义》，卷1，《曲礼上》，第12a页。
④ 〔唐〕孔颖达：《礼记正义》，卷34，《大传》，第11b页。
⑤ 〔唐〕孔颖达：《礼记正义》，卷34，《大传》，第11b页。

界线，而父母是与人子关系最为亲密者，故"亲亲，父母为首"，为父母服三年丧。而为其他亲属的服丧原则，如《礼记·丧服小记》云：

> 亲亲，以三为五，以五为九。上杀，下杀，旁杀，而亲毕矣。[1]

郑注云："己，上亲父，下亲子，三也。以父亲祖，以子亲孙，五也。以祖亲高祖，以孙亲玄孙，九也。杀谓亲益疏者，服之则轻。"[2] 自己、父亲和儿子三代，是所谓的"三"；从自己上推至祖父，下延至孙五代，是所谓的"五"；再继续上推至高祖，下延至玄孙九代，则为"九"。在"三"的范围里，因包含父亲，所以包括亲兄弟；"五"的范围里，因同祖父，故含有堂兄弟；扩及到"九"的层级，则因推至高祖，而将族兄弟也算入。从自己往外推算，丧服依次往上代递减称作"上杀"、往下代递减为"下杀"，往两旁亲属递减则为"旁杀"。服制愈轻，表示与此亲属的关系愈疏远。而《礼记·大传》曰：

> 四世而缌，服之穷也；五世袒免，杀同姓也；六世而亲属竭也。[3]

"世"表示亲疏等差，四世是五服的极限，也就是说有服之亲属范围为上至高祖下至玄孙的九代为止，谓之"亲毕"、"服之穷也"，

---

① 〔唐〕孔颖达：《礼记正义》，卷33，《丧服小记》，第2a页。
② 〔唐〕孔颖达：《礼记正义》，卷33，《丧服小记》，第2a页。
③ 〔唐〕孔颖达：《礼记正义》，卷34，《大传》，第11a页。

而共高祖之父的五世族人死亡就只要临丧吊问，祖免而已。[1] 远至六世的亲属就不再纳入亲属的范围了。[2] 也就是孔颖达说的："同父则期，同祖则大功，同曾祖则小功，同高祖则缌麻，高祖外无服"，[3] 着实呼应了前述宗法制度中小宗五世而迁的原则。

（二）"尊尊"

"尊尊"为宗法制度的重要核心，亦是服制的重要参酌基准，就是依身份地位的尊卑贵贱作标准，而定丧服之轻重的一个原则。宗法制度特征在于父权的巩固与加强，具体核心为"父至尊"与嫡长子继承制，是故，何者为尊何者为卑在丧服制度中，便表现为父重于母、父系重于母系，夫重于妻，嫡长子重于众子，嫡孙重于庶孙等等内容。

"父至尊"概念首先表现在为父亲服斩衰三年的服制上。依亲亲原则，亲属之间四世服缌，三世服小功，二世服大功，一世则服期年，父为一世，原应服期，但一方面因"其恩厚者，其服重，故为父服斩衰三年"；[4] 另一方面因尊尊，以宗统为重，人子不可以兄弟伯叔之服服父丧，故加隆至三年。相较之下母服则因父为"至尊"且"家无二尊"之理，所以子女只能为母亲服齐衰三年之服，而且如果父亲健在，则再降为母服齐衰杖期。[5] 而

---

[1] 袒免为五服以外的亲属服制。"袒"指袒露左臂，"免"指去冠括发，即脱帽后以宽一寸的麻布条从脖子后绕于额前相交，再向后缠绕于发髻。参见丁凌华，《中国丧服制度史》，页148。

[2] 参见杜正胜：《传统家族结构的典型》，第781-782页；《五服制的族群结构与伦理》，第857-858页。

[3] 〔唐〕孔颖达：《礼记正义》，卷33，《丧服小记》，第2b页。

[4] 〔唐〕孔颖达：《礼记正义》，卷63，《丧服四制》，第22b页。

[5] 关于母服制度的分析，请参见本章第二节。

丧服中对母系亲属的服丧范围也仅限于外祖父母、舅及舅之子、从母（母之姊妹），及从母之子，且服制限于最轻的"缌麻三月"，只有外祖父母与从母加服至小功。

"尊尊"原则亦着重于对嫡庶关系的辨别，《丧服·父为长子章》曰：

> 父为长子。传曰："何以三年也？正体于上，又乃将所传重也。庶子不得为长子三年，不继祖也。"①

一般来说，父亲为众子服齐衰不杖期，但如果父亲的身份为宗子，就必须为其长子服斩衰三年，清儒程瑶田（1725—1814）的解释则更为清楚：

> 己与尊者为一体，而为继祢之宗子，主祢庙之祭，斯谓之重，言其为受重之人也。其长子适适相承，是己所受之重，将于长子传之。②

可见得因为宗子继承祖宗正体，长子继承父业，主祢庙之祭，所以丧服制度根据"尊尊"原则规定身为宗子的父亲为其长子服最隆重之斩衰三年之服。父亲若是庶子，则不能为自己的长子服三年，个中原因，郑玄认为是在于长子既是"先祖之正体"，将来更是"代己为宗庙主"的缘故。③

---

① 〔清〕张尔岐：《仪礼郑注句读》，卷11，"父为长子"条，第5a页。
② 〔清〕程瑶田：《仪礼丧服文足征记》，收于《续修四库全书》经部95册（上海：上海古籍出版社，2002），卷4，《正体于上义述》，第85a页。
③ 〔清〕张尔岐：《仪礼郑注句读》，卷11，"父为长子"条，第5a页。

"为人后者"之服亦是"尊尊"原则的另一个体现，丧服传曰："大宗者，收族者也，不可以绝，故族人以支子后大宗也"，[①] 表示宗子不可绝嗣，所以在宗子无后时，必须以支庶子入继为其后嗣，而为人后者为所之父服斩衰三年，为本生父降服齐衰不杖期。对出为人后的人而言，在亲情上，对本生父的感情可能重于所后之父，但由于为人后者已经出继为大宗的继承人，是故只能以所后之父为尊，而为其本生父降服。[②]

　　爵位高低也是决定丧服"尊尊"原则的体现之一。换言之，丧服制度除了根据每个人在家族中的宗法身份来订定各自的丧期久暂与丧服轻重之外，还特别针对大夫以上的贵族之家，制定突显其政治尊贵等级的服制。例如天子与诸侯由于处于"至尊"，因而对于旁亲期服以下者一概降为无服，大夫则对缌麻之亲降为无服，也就是何休（129—182）所言的"天子、诸侯绝期，大夫绝缌"。[③] 而回到郑玄为"尊尊"所下的注解："尊尊，君为首"，则更可见"尊尊"原则体现了从宗亲范围扩大运用到政治关系的痕迹，《礼记·丧服四制》云：

　　　　资于事父以事君，则敬同。贵贵、尊尊，义之大者也，故为君亦斩衰三年，以义制者。[④]

---

① 〔清〕张尔岐：《仪礼郑注句读》，卷11，"为人后者为其父母报"条，第13a页。
② 清人徐乾学语："古礼，大宗无子则立后，未有小宗无子而立后者也，自秦汉以后，世无宗子之法，凡无子者，即小宗亦为之置后。"引自〔清〕胡培翚：《仪礼正义》，卷22，第53-54页。由此郑雅如认为："尊祖敬宗的精神随着立后制度的普遍施行而深入每一个父系家庭。"见氏著：《情感与制度：魏晋时期的母子关系》，第46页。
③ 〔清〕阮元校勘：《公羊传》（台北：艺文印书馆，嘉庆二十年重刊宋本，2001），卷6，第10b页。
④ 〔唐〕孔颖达：《礼记正义》，卷63，《丧服四制》，第22b页。

从父、夫、大宗为尊尊的基础性内容出发，而延伸至政治关系中的"尊君"。所以为身份尊贵的"君"（诸侯为天子、卿大夫为诸侯、重臣为卿大夫）要服斩衰三年，为"尊尊"之首。可见若欲说明某两人的丧服关系，除了考虑亲疏远近、宗法身份、嫡庶以外，亦不可忽略政治上的爵位对丧服轻重变化的影响。①

（三）"名"、"出入"、"长幼"与"从服"

除了"亲亲"、"尊尊"两大原则外，丧服原则还有"名"、"出入"、"长幼"与"从服"。首先是"名服"，"名"，即名义，以世母、叔母为例，两者本来为异姓，和自己实无亲属关系，但因配于世、叔父而有母名，所以为之有服。其次为"出入"，是依所归之宗族而定服之轻重的一个原则，主要指的是女子出嫁或男子出继，则以改属之宗为本位，而为本宗亲属降服，是谓"出"。而若女子出嫁后离婚而归于本宗，则恢复在室未嫁的状态，称之为"入"。其三为"长幼"，郑注云："成人及殇也"，指依据服丧对象的年纪而制定不同等级的丧服，其原则为成人者服重，为"男女未冠笄而死者"服轻，② 如果不满八岁而死，则为无服之殇，不为其制服。③

最后的"从服"较为复杂，意指服丧者与服丧对象本来没有直接的亲属或政治关系，但由于服丧者的某一亲属与服丧对象有宗亲或政治关系，所以随此一亲属为其服丧。《礼记·大传》曰："从服有六，有属从，有徒从，有从有服而无服，有从无服而有

---

① 阎鸿中：《周秦汉时代家族伦理的变迁》，第114页。
② 〔清〕张尔岐：《仪礼郑注句读》，卷11，"子女子子之长殇中殇"条，第19a页。
③ 章景明：《先秦丧服制度考》，第33-34页。

服，有从重而轻，有从轻而重。"① 这里仅就"属从"与"徒从"两种稍做说明。"属从"，孔疏云："属谓亲属，以其亲属，为其支党"，② 指服丧者与服丧对象只有间接的亲属关系，如对于人子而言，母之党本为外族，但因与母的亲情，所以从母而为母之党服丧；对妻来说，因出嫁归属于夫之宗，所以须为夫之党服丧，惯例上比夫服降一等；对于丈夫而言，则须随妻子为妻之父母服缌麻三月。

至于"徒从"，孔颖达疏曰："徒，空也，与彼无亲，空服彼之支党。"③ 指服丧者与服丧对象不存在亲属关系，服丧者一般都是处于从属地位的人，如臣为君之党、妻为夫之君、妾为女君之党、庶子为君母之亲、子为母之君母等。根据《礼记·丧服小记》云："从服者，所从亡，则已。属从者，所从虽没也，服。"④ 可知"属从"的服丧者与服丧对象之间因为存在间接亲属关系，因而无论其中间关系人在世与否，服丧者都要保持这一服丧关系。相反的，"徒从"的服丧者则是在所从者死后，即不再为徒从对象有服。⑤

由于"慎终"的文化观念，儒者订定了一套服制，将死者所有亲属和具有其他关联性的人们（如君臣、朋友）纳入其中，并以服制的轻重界定彼此的关系。丧服制度所表露的人伦秩序，是以父系小宗亲属为主要范围，母系亲属被归类为"外亲"，从服丧的轻重比例来看显得较为疏远。制服的原则，以"亲亲"为最

---

① 〔唐〕孔颖达：《礼记正义》，卷34，《大传》，第11b页。
② 〔唐〕孔颖达：《礼记正义》，卷34，《大传》，第11b页。
③ 〔唐〕孔颖达：《礼记正义》，卷34，《大传》，第11b页。
④ 〔唐〕孔颖达：《礼记正义》，卷32，《丧服小记》，第3b页。
⑤ 关于"从服"的详细讨论，参考章景明：《先秦丧服制度考》，第35页。

根本的依据，再以"尊尊"明白表示服丧者与其对象的宗法身份与爵位高低，从而可知丧服制度中所表现出来的人伦关系，虽以亲属为主，但却同时涉及了复杂的社会关系网络，而也唯有透过对宗法秩序的了解，才能更加掌握丧服制度中所流露的上下、尊卑、亲疏、远近的人际网络。

第二节　《仪礼·丧服》中的母服制度

传统中国家族，以丧服制度来划定亲属之间的亲疏远近与上下尊卑，母与子的丧服关系当然亦包括其中。虽然在父系家族或宗族为中心的传统社会，因婚姻关系而构成的母族和妻族不占重要地位，[①] 但在人类的原始情感中，对父母的感情却是同等的。[②] 孔子曰："子生三年，然后免于父母之怀。"[③] 在亲情上，父亲与母亲皆为孩子的重要他人，而母亲对儿子而言，除了有养育之恩以外，更有怀胎十月脐带相连的亲生之情。《礼记·三年问》云：

> 凡生天地之间，有血气之属，必有知，有知之属，莫不知爱其类。今是大鸟兽，则失其群匹，越月逾时焉，则必反巡，过其故乡，翔回焉，鸣号焉，蹢躅焉，踟蹰焉，然后乃能去之；小者至于燕雀，犹有啁噍之顷焉，然后乃能去之；故有血气之属者，莫知于人，故人于其亲也，至死不

---

① 杜正胜：《五服制的族群结构与伦理》，收于杜正胜：《古代社会与国家》，第 869 页。

② 新石器时代如半坡、姜寨文化来看，居住基址大约二十平方公尺左右，只适合夫妻及其幼年或少女子女同居，反映了父母子女之间的密切情感。见杜正胜：《五服制的族群结构与伦理》，第 864 页。

③〔唐〕孔颖达：《礼记正义》，卷 58，《三年问》，第 22a 页。

穷。……将由夫修饰之君子与，则三年之丧，二十五月而毕，若驷之过隙，然而遂之，则是无穷也。故先王焉为之立中制节，壹使足以成文理，则释之矣。[1]

连鸟兽燕雀都会伤其同类之逝了，何况人失去双亲的哀伤，是故儒家认为"夫三年之丧，天下之达丧也"，[2] 每个人不论社会阶级、爵位，面对父母之死，都应为其服三年丧，才足以表达彼此至亲的情感。但事实上，在讲究宗法以及施行一妻多妾制的社会中，人子为母所服不但异于为父服的三年，而且一个人除了亲生母亲以外，可能还拥有其他也含有"母"名的亲属，并对其有服丧之义务。以下，即以《仪礼·丧服》中与母服相关的规定为核心，分析在中国传统社会中，母子关系在丧服制度中的坐标及其所展现的意义。

一、 母服的基本准则

关于为母服丧，《仪礼·丧服》规定父卒，为母服齐衰三年，若父在，则为母服齐衰杖期为最基本的准则。若将母服规定与为父服斩衰三年的丧制作比较，即可明显看出两者在服制上有斩衰齐衰的基本差异。《丧服》传曰："为父何以斩衰也？父至尊也"，[3] 而为母何以齐衰？《礼记·丧服四制》的解释为：

> 资于事父以事母而爱同。天无二日，土无二王，国无二

---

① 〔唐〕孔颖达：《礼记正义》，卷58，《三年问》，第21b页。
② 〔唐〕孔颖达：《礼记正义》，卷58，《三年问》，第22a页。
③ 〔清〕张尔岐：《仪礼郑注句读》，卷11，"父"条，第4b页。

君，家无二尊，以一治之也。故父在母齐衰期者，见无二尊也。①

虽然人子侍奉父母的情感与敬爱是一样的，但在"家无二尊"的原则下，人子只能为母亲服低斩衰一等的齐衰服。除了服制上的差别之外，子为母服亦须再分为父在世或父卒两种情况，如果母死时父亲尚在，子为母亲服丧的时间须从三年降杀至一年，其主要原因在《丧服》传中可以得到解释：

何以期也？屈也。至尊在，不敢伸其私尊也。父必三年然后娶，达子之志也。②

对于此段传文，元人吴澄（1249—1333）进一步分析："夫为妻之服既除，则子为母之服亦除，家无二尊也。子服虽除，而居丧之实如故，所杀者三年之文而已。"③ 人子的母亲去世，对父亲而言，妻卒，夫为妻服齐衰杖期，丧期为一年，而对人子来说，父亲是"至尊"，母亲是"私尊"，人子若为母服三年，即等于会在父亲除服后，还身着丧服，违反了"家无二尊"的原则，所以若父亲尚在世，人子服丧即随父亲除服而止，仅为母服一年之丧，其心中对母亲的思念则以"心丧三年"来表达，而父亲也必须顾虑到儿女的哀戚之情，在妻子去世三年之后才能续娶。

另一方面，此处所言之母，基本上指的是亲生母亲，清人胡

---

① 〔唐〕孔颖达：《礼记正义》，卷63，《丧服四制》，第22b页。
② 〔清〕张尔岐：《仪礼郑注句读》，卷11，"父在为母"条，第9b页。
③ 〔清〕张尔岐：《仪礼郑注句读》，卷11，"父在为母"条，第9b页。

培翚解释道：

> 自父言之，则有适母、妾母之分；自子言之，则生我者
> 即母。妾子之于母，与适子之于母同，经无"所生母"明
> 文，谓及包于"父卒，为母"之中，其说是也。①

为人子对母亲的感情，理应没有嫡庶上下之别，所以不论是嫡母
之子或妾所生子，为其亲母之服丧，原则上皆服膺此项规定。但
亦有例外的情况，其一，对于庶子而言，嫡母与父为一体，有
"胖合"之义，是庶子礼法上的母亲，② 所以庶子除了为其生母
服此服以外，也须为嫡母服此服。其二，在士爵位以上的家族
中，庶子为生母的服丧规定尚存在其他变化，下文将一一讨论。

二、 子为父之嫡妻之服制

嫡母若早逝或被父所出，父亲再娶之妻即为继母，承接原本
嫡母在家内所有的权利与义务，所以《仪礼·丧服》规定为继母
之服为：若父卒，为齐衰三年；若父在，则齐衰期年，其说
明为：

> 继母如母。传曰：继母何以如母？继母之配父与因母

---

① 〔清〕胡培翚：《仪礼正义·丧服》，卷21，第30页。
② 《丧服》传曰："父子一体也，夫妻一体也，昆弟一体也，故父子首足也，夫妻胖
合也，昆弟四体也。"见〔清〕张尔岐，《仪礼郑注句读》，卷11，"世父母叔父
母"条，第11a页。另嫡母：妾生子称父之正妻，参见黄彰健：《明代律例汇编》
（台北："中央研究院"历史语言研究所，1979），第32页。

同，故孝子不可殊也。①

郑注："因，犹亲也。"② 可见继母因为"配父"，所以得到家中子女对亲母一般的尊重，而为其服齐衰服。同样因为"配父"所以受子服"父卒，齐衰三年；父在，齐衰期"重丧的，还有"为人后者，为所后者之妻"的情况。③ 为人后者在本章第一节已经说明其必须遵行"不贰斩"的原则，为其所后父服斩衰三年，而因"夫妻一体"的概念，所以为人后者为所后母必须"若子"一般，为其服齐衰重服，而降本生父母之服为齐衰不杖期，④ 处处可见"家族公义"凌驾了私情的情况。⑤ 从嫡母、继母、所后母得到人子对亲生母之服相同的待遇可知，除了血缘以外，妇人是否"配父"，是其是否"如母"的关键，而也唯有"如母"，家中长子、众子才会为其服重服。但也应注意古代丧服制度。在以父系宗法为圭臬的同时，对母子之间的亲生情感有一定程度的重视。《礼记·服问》："母死，则为其母之党服"可知子为生母之党服为"属从"，⑥ 即使母殁，子仍为母党有服；而《礼记·丧

---

① 〔清〕张尔岐：《仪礼郑注句读》，卷11，"继母如母"条，第7b—8a页。
② 〔清〕张尔岐：《仪礼郑注句读》，卷11，"继母如母"条，第8a页。
③ 〔清〕张尔岐：《仪礼郑注句读》，卷11，"为人后者"条，第5a页。
④ "为人后者，为其父母（服齐衰不杖期），报。传曰：何以期也，不贰斩也。何以不贰斩？持重于大宗者，降其小宗也。为人后者孰后？后大宗也。曷为后大宗？大宗者，尊之统也。"见〔清〕张尔岐：《仪礼郑注句读》，卷11，"为人后者为其父母报"条，第12b—13a页。郑雅如认为此处可能是因为生父于子已无至尊之义，所以为本生父母皆为齐衰不杖期，见氏著：《情感与制度：魏晋时代的母子关系》，第46页。
⑤ 笔者参考杜正胜于《五服制的族群结构与伦理》一文所使用的"家族公义"一词，所指涉的是相对于"母子私情"的父系宗法原则。
⑥ 〔唐〕孔颖达：《礼记正义》，卷57，《服问》，第17b页，但"母出，则为继母之党服"。

服小记》云："君母卒，则不为君母之党服。"① 则可见子为嫡母、继母之党服为"徒从"，嫡继母殁就不再服其党。由子为母党服之不同，可见礼制中对现实人情的参酌。

与人子为母服重丧并非仅仅依循血缘关系一样，母亲为子服丧的隆杀，也并非以亲生与非亲生为其划分依据，而是依照宗法制度中"尊尊"原则，分为"为长子"与"为众子"之服两种。母为长子服齐衰三年，《丧服》传曰："何以三年？父之所不降，母亦不敢降"。② 由本章第一节可知，长子为先祖之正体，是将来的宗庙主，所以父为其服斩衰三年，与父一体的嫡母本应也服斩衰三年，但因子为嫡母最多只服齐衰三年，因不能违反母尊之义，所以母为长子服齐衰三年即可。嫡母的其他儿女以及妾子们，称为"众子"，③ 嫡母为"众子"服齐衰不杖期，④ 显然亲生与否并非制服的依据，为己子与妾生子同样服齐衰不杖期，表示礼制要求嫡母赋予亲生子和其他庶子无等差的母爱，就如同要求人子必须视嫡母如亲生母亲敬爱一般，两者皆源自父系为尊之最终原则。

三、 子为父之庶妾之服制

相对于"与夫齐体"的妻，妾者则是"接也，以时接见也"的角色，⑤ 可见妾在家中地位与妻的天差地别，职是之故，虽然

---

① 〔唐〕孔颖达：《礼记正义》，卷33，《丧服小记》，第5a页。
② 〔清〕张尔岐：《仪礼郑注句读》，卷11，"母为长子"条，第8b页。
③ 郑注："众子者，长子之弟及妾子、女子子在室亦如之。"见〔清〕张尔岐，《仪礼郑注句读》，卷11，"为众子"条，第12a页。
④ 〔清〕张尔岐：《仪礼郑注句读》，卷11，"为众子"条，第12a页。
⑤ 〔汉〕班固：〔清〕陈立疏：《白虎通义》，卷10，收于王云五主编：《国学基本丛书》，第411页。

庶子可为其生母服齐衰之重丧，但是当服丧者之父尊为天子、诸侯、大夫时，因其生母为妾，与父亲地位相差过于悬殊，使得庶子为生母之服必须有所"厌降"。[①] 关于这方面的规定，其中一条为公之庶昆弟、大夫之庶子，为母服大功九月，《丧服》传解释道：

> 何以大功也？先君余尊之所厌不得过大功也。大夫之庶子，则从乎父而降也。父之所不降，子亦不敢降也。[②]

郑玄注曰："公之庶昆弟，则父卒也；大夫之庶子，则父在也。"[③] 意思是说：大夫之庶子，在父亲在世时，因其父地位尊贵，所以为妾母之服必须由齐衰一年厌降到大功九月，唯待父卒，才可为母服伸为齐衰三年。但若身处在更尊贵的诸侯之家，因为其父亲身份更是非凡，所以连在父亲去世后，余尊仍然存在，庶子仍不能如一般人为亲母服齐衰三年，而厌降为其母仅有大功九月之服。而在父亲在世时，则另立规定为：

> 公子为其母，练冠、麻、麻衣、縓缘……既葬除之。传曰："何以不在五服之中也？君之所不服，子亦不敢服也。"[④]

---

① "厌"意为压抑、抑制。服丧者因其父亲尊为天子、诸侯、大夫等爵位，而为其他亲属降服的情形，称为"因厌而降"。
② 〔清〕张尔岐：《仪礼郑注句读》，卷11，"为公之庶昆弟为母"条，第22b页。
③ 〔清〕张尔岐：《仪礼郑注句读》，卷11，"为公之庶昆弟为母"条，第22b页。
④ 〔清〕张尔岐：《仪礼郑注句读》，卷11，"记"，第31b页。

"公子"即诸侯之庶子，在己母死仅为其服"练冠、麻、麻衣、縓缘"，此为不在五服之内的服制，几乎近于无服，且既葬除之，[1] 产生这样规定的原因在于诸侯身份尊贵，为庶妾无服，所以"君之所不服，子亦不敢服也"，[2] 但仍通融庶子有表达母丧悲痛之情的方式，所以有"练冠、麻、麻衣、縓缘"的产生。

至于士阶层之庶子为生母服的规定，郑注云："士虽在，庶子为母皆如众人。"贾疏云："士卑无厌故也。"[3] 可知士之爵位较低，其庶子可为其母服齐衰之重服，并未因其父的爵位有所改变，与常人相同。但是还有一种情况，庶子不论是生在何种爵位之家，都必须降杀为其生母之服，亦即庶子为父后者时，为其母仅能服缌麻三月，《丧服》传曰：

> 何以缌也？传曰："与尊者为一体，不敢服其私亲也。然则何以服缌也？有死于宫中者，则为之三月不举祭，因是以服缌也。"[4]

庶子若为家族的继承人，那么他就与尊者一体，在家族中的地位大幅提高，而与其生母在身份上的差距扩大，所以为之仅服缌麻三月，是五服中最轻之服，可见作为"私亲"的妾母在宗法社会

---

① 目前本文所讨论的斩衰、齐衰、大功、小功、缌麻，是限于各种丧服在既殡成服时的服饰形式，事实上，自成服到终丧除服的期间内，可能有好几次变服，例如：斩衰齐衰要经历既虞卒哭、小祥、大祥三次由重至轻的变服，大功小功成服后，也会经历一次变服。此处"公子为其母，练冠、麻、麻衣、縓缘……既葬除之"，没有变服，是可知其服丧等级之低。参见章景明：《先秦丧服制度考》，第261-279页；丁凌华，《中国丧服制度史》，第88-98页。
② 〔清〕张尔岐：《仪礼郑注句读》，卷11，"记"，第32a页。
③ 〔清〕张尔岐：《仪礼郑注句读》，卷11，"庶子为父后者为其母"条，第29b页。
④ 〔清〕张尔岐：《仪礼郑注句读》，卷11，"庶子为父后者为其母"条，第29b页。

中地位的低贱，所以全体的家族公义很轻易地凌驾了私人的母子之情。[①] 而此条文只言"庶子为父后"，未辨明父亲身份的贵贱，可见得"尊祖"、"尊父"之精神，是所有父系家庭皆必须遵行的原则。[②]

　　妾在家庭中地位低贱，遂时常面临子为其服丧必须减杀服等的情况，但反观妾为其子之服，却没有这样须抑私情的限制。《仪礼·丧服》：

　　　　公妾、大夫之妾为其子。传曰："何以期也？妾不得体君，为其子得遂也。"[③]

父母为嫡长子以外的众子原本应服齐衰不杖期，但如贾公疏所云："诸侯为众子无服；大夫为众子大功。其妻体君亦从夫而降。"[④] 表明若父母的身份为大夫，则为众庶子降服大功，若身份为天子诸侯，则为众庶子无服，[⑤] 而儿子的生母若是父亲之妻的话，因"体君"的关系，为他人的服丧随夫升降，所以大夫之妻为众子服小功，天子诸侯之妻则为众子无服。可是若是诸侯与大夫的妾，情况则大大不同，其身份"因不得体君"，所以为他人之服不随夫升降，反而"自为其子得申"，可以为其子服原本

---

① 杜正胜：《五服制的族群结构与伦理》，收于《古代社会与国家》，第 870 页。

② 郑雅如：《情感与制度——魏晋时代的母子关系》，第 41 页。

③〔清〕张尔岐：《仪礼郑注句读》，卷 11，"公妾以及士妾为其子"条，第 15b 页。

④〔清〕张尔岐：《仪礼郑注句读》，卷 11，"公妾以及士妾为其子"条，第 16a 页。

⑤《仪礼·丧服》："为众子"郑注曰："众子者，长子之弟及妾子。女子在室亦如之。士谓之众子，未能远别也；大夫则谓之庶子，降之为大功；天子国君不服之。"身份为士的父母为嫡长子以外的众子的丧服无嫡庶分别。但若服丧者身份为大夫，则为众庶子降服大功，若身份为天子诸侯，则为众庶子无服，就是所谓"天子诸侯绝旁期"。〔清〕张尔岐：《仪礼郑注句读》，卷 11，"为众子"条，第 12a 页。

的齐衰不杖期。① 虽然妾母为其亲生子的服制符合人情，但与庶子为生母所服相较，却可发现母为子之服重于子为母之服的情形，实违背了母亲为人子"私尊"的伦常次序，与嫡母为长子服不能违背母尊于子的准则相距甚远，可见嫡妻与庶妾在家中位阶的泾渭分明。

庶子对生母之服尚因为宗法、爵位之因素而有所减杀，家中非庶妾亲生的孩子，对庶母的丧服礼制则更是如此。《仪礼·丧服》云：

> 士为庶母。传曰："何以缌也？以名服也。大夫以上，为庶母无服。"②

庶母身份卑贱，对家中非她所生的小孩而言，只因其有"母名"，故在庶母死后为其服缌麻三月之服，但这也仅限于士之家而已，大夫以上，则对庶母无服。相对的，庶母为非亲生子之服则为大功，《仪礼·丧服》亦有规定：

> 大夫之妾为君之庶子。传曰："何以大功也？妾为君之党服，得与女君同。"③

郑玄注云："妾为君之长子亦三年，自为其子期，异于女君也。士之妾，为君之众子亦期。"在大夫以上之家，众子为庶母无服，

---

① 〔清〕张尔岐：《仪礼郑注句读》，卷11，"公妾以及士妾为其子"条，第16a页。
② 〔清〕张尔岐：《仪礼郑注句读》，卷11，"士为庶母"条，第29b页。
③ 〔清〕张尔岐：《仪礼郑注句读》，卷11，"大夫之妾为君之庶子"条，第23a页。

庶母则和女君一样，为君之党服，故为君之庶子服大功九月，为君之长子服齐衰三年。[1] 而就算是在士或庶民之家，众子为庶母也仅服缌麻三月，低于庶母为众子所服的齐衰不杖期，再次证明了母为子之"私尊"，并非完全适用于父之庶妾为母时的母服制度上。

妾除了作为己子的亲生母亲，以及众子的庶母之外，还可能成为"慈母"。《仪礼·丧服》云：

> 慈母如母（父卒，齐衰三年；父在，士阶层齐衰期，大夫阶层大功九月）。传曰：慈母者何也？传曰："妾之无子者，妾子之无母者，父命妾曰：'女以为子。'命子曰：'女以为母。'若是则生养之，终其身如母，死则丧之三年如母。贵父之命也。"[2]

由《丧服》传的解释可知，"慈母"为父亲命家中无子之妾抚育某一无母之庶子，并赋予他们如同母子的关系，徐乾学《读礼通考》说道："慈母而等之于母，正以有父之命也。"[3] 可知其母子关系成立的关键在于"父命"，若无"父命"，而只是单纯的庶母养育家中某一非亲生庶子，则慈母之服是不成立的，而另服"为庶母慈己者"小功五月之服，[4] 由此可见，"父命"对母子关系

---

[1] "妾为君之长子，与女君同。"出自〔唐〕孔颖达：《礼记正义》，卷33，《丧服小记》，第5a页。

[2] 〔清〕张尔岐：《仪礼郑注句读》，卷11，"慈母如母"条，第8a页。

[3] 〔清〕徐乾学：《读礼通考》，收于《景印文渊阁四库全书》总112册（台北：台湾商务印书馆，据台北故宫博物院藏本影印，1983），卷7，第5b-6a页。

[4] 《丧服》传曰："君子子者，贵人之子也，为庶母何以小功也？以慈己加也。"见〔清〕张尔岐：《仪礼郑注句读》，卷11，"君子子为庶母慈己者"条，第28a页。

的影响力。虽然如此，但"父命"的权力依然有其极限，其一，《礼记·丧服小记》云："慈母妾母不世祭"①、"为慈母之父母无服"，② 可见礼制仍重视亲生之情，所以以此辨别慈母与亲生母亲的不同；其二，对嫡母而言，并不用经由"父命"，所有妾子即皆为其子；而父亲更不可命嫡妻之子为妾子，可见即使是"父命"，亦不能扰乱嫡庶贵贱之分野。

四、 子为非父姻亲之母的服制

透过父亲的意志，母子关系有超越血缘而成立的可能性，相反地，母子关系是否也可能因为父亲的意志而全然断裂？从《仪礼·丧服》中得来的答案应是否定的。传统中国的离婚规范中，有所谓"七去"或者称"七出"，表面上是规范男性与妻子离婚的条件。"七出"者：

> 七出者：不顺父母，出；无子，出；淫僻，出；恶疾，出；姑疾，出；多口舌，出；窃盗，出。不顺父母，出者，谓其逆德也；无子者，谓其绝世也；淫僻者，谓其乱族也；嫉妒者，谓其乱家也；恶疾者，谓其不可供粢盛也；多口舌者，谓其离亲也；窃盗者，谓其反义也。③

---

① 〔唐〕孔颖达：《礼记正义》，卷33，《丧服小记》，第6b页。
② 〔唐〕孔颖达：《礼记正义》，卷33，《丧服小记》，第5b页。
③ 〔汉〕戴德：《大戴礼记》（台北：台湾商务印书馆，据上海涵芬楼借野竹斋沈氏藏明刊本景印，1979），卷13，页6a。；又见于〔魏〕王肃：《孔子家语》（台北：台湾商务印书馆，据上海涵芬楼借江南书馆藏明翻宋本景印本影印，1979），卷6，第13a页。

男性有完全的主动权可凭借此七项条件与妻子结束婚姻关系。①妇人若被出，则不复为夫族成员，在重宗法与父命的社会中，遇此情况，母子之间的丧服礼制势必受到若干影响。《仪礼·丧服》云：

> 出妻之子为母。传曰："出妻之子为母，期，则为外祖父母无服"。传曰："绝族无施服。"②

出母的亲生子为其母仍然可服齐衰杖期，因为"母子至亲无绝道"，③以母子之间自然的血缘关系不可断绝为制服的理由，仅删除了子对母系亲属的服制，以示母亲已非夫家亲属的事实。元代礼学家敖继公（生卒年不详）认为："若姜子之为其出母则亦，或有不然者，非达礼也。"④认为所有生母，不论为妻或为姜，都应适用出母服的条文。但是，这样重视母子亲生至情的考虑，若与宗法制度中的"尊尊"原则产生冲突时，则必须无条件地让步，其具体表现在以下的条文之中：

> 出妻之子为父后者，则为出母无服，报。传曰："与尊者为一体，不敢服其私亲也。"⑤

---

① 但另有三不去之限制，〔汉〕戴德：《大戴礼记》："妇有三不去，有所取无所归，不去；与更三年丧，不去；前贫贱后富贵，不去。"亦可见〔魏〕王肃：《孔子家语》，卷6，第13a页。
② 〔清〕张尔岐：《仪礼郑注句读》，卷11，"出妻之子为母"条，第10a页。
③ 〔清〕张尔岐：《仪礼郑注句读》，卷11，"出妻之子为母"条，第10a页。
④ 〔元〕敖继公：《仪礼集说》，收于《景印文渊阁四库全书》总105册（台北：台湾商务印书馆，1983），卷11，第25a页。
⑤ 〔清〕张尔岐：《仪礼郑注句读》，卷11，"出妻之子为母"条，第10a页。

可见若子为父后，与祖祢一体，则对已非父族的出母无服，暗示着虽然凭借"父命"或许无法完全取代母子私情，但"尊祖敬宗"的宗法制度却绝对有断绝母子至亲关系的力量。

《仪礼·丧服》中对出母之服有明文规定，但对嫁母却只有"嫁继母"的条文：

> 父卒，继母嫁，从为之服（齐衰杖期），报。传曰：何以期也？贵终也。[1]

郑玄注重"终"字，对此条的注释为："尝为母子，贵终其恩也"，[2] 认为因继母配父如母，所以母子之道不随父卒而消失，表达了继母与人子之间母子名分的重要性。魏经学家王肃则注重"从"字，认为"从乎继母而寄育，则为服，不从则不服"，[3] 认为子若从继母改嫁，受抚育之恩，则为嫁继母制服，此强调继母对子的养育之恩。清末礼学家胡培翚更由此派解释出发认为：

> 《经》但言继母之嫁，而无父卒母嫁之文，盖举继母以该亲母。谓"继母嫁而子从，乃为之服"，则"母嫁而子不从者，皆不为服"可知。谓"继母嫁而子从者，必为之服"，则"亲母嫁而子之从之者，亦必为服"可知此省文以见义也。[4]

---

① 〔清〕张尔岐：《仪礼郑注句读》，卷11，"出妻之子为母"条，第10a页。
② 〔清〕张尔岐：《仪礼郑注句读》，卷11，"出妻之子为母"条，第10b页。
③ 〔唐〕杜佑：《通典》（台湾：台湾商务印书馆，1935），卷89，《礼四十九》，"齐衰杖周"条，第488b页。
④ 〔清〕胡培翚：《仪礼正义》，卷22，《丧服》，第42页。

胡培翚认为礼经是借由继母为例，使人自然推知若亲母嫁，子从之，就为之有服的准则。

最后，在《仪礼·丧服》非父系亲属，亦与家中人子无血缘关系，却拥有母名的是乳母，人子为其服缌麻三月之服，[1] 马融（79—166）曰："以其乳养于己，有母名"，[2]《丧服》传曰："何以缌也？以名服也"。[3] 郝敬（1558—1639）则进一步解释道："乳母，哺乳之母，外人妇代食子者。《内则》云大夫之子，有食母之类，非其所生子，亦非其父妾，本不名母，而以乳得名；本无服，而以名得服。"[4] 从为乳母有服之制来看，可见礼法对于养育之恩的重视。

丧服礼制对母子的界定，为传统中国母子人伦的基本框架。其中所展现的家庭秩序为父尊于母，所以为父服斩衰，为母服齐衰；嫡母尊于子，所以嫡母即使是为"传正体"的长子服，亦不可超过长子为母之服；庶妾在大夫以上之家又最为卑下，使得妾的亲生子为其服招致减降，而"父命"与"尊祖敬宗"更是能左右母子关系的成立与消散，在在彰显了丧服礼制中的父系宗法特色。但另一方面，丧服礼制同时也注重母子现实生活中的亲生联结、同居之情、抚养之恩，利用为母党之服，是否为母世祭等规范，为人子与嫡母、继母、慈母与亲生母个别的关系画出一幅人际关系的图像，突显制服者在制度与人情之间取得平衡的努力，也印证了《礼记·丧服四制》所说的"凡礼之大体，体天地，法

---

① 〔清〕张尔岐：《仪礼郑注句读》，卷11，"乳母"条，第30a页。

② 〔唐〕杜佑：《通典》，卷92，《礼五十二》，"缌麻成人服三月"条，第501b页。

③ 〔清〕张尔岐：《仪礼郑注句读》，卷11，"乳母"条，第30a页。

④ 〔明〕郝敬：《仪礼节解》，收于《四库全书存目丛书》经部87册（台南：庄严文化，据湖北省图书馆藏明万历四十三年郝千秋郝千石刻郝氏九经解本，1997），卷11，第47b-48a页。

四时，则阴阳，顺人情"之特色。

第三节　唐代《开元礼》中母服的改制

《仪礼·丧服》虽然是最早且影响传统中国丧服制度最深的儒家经典，但先秦以降人与人之间由生活互动所培养的感情，以及人们在不同时代风气下所经历的家庭伦理，恐怕不仅仅是一套"经典"就能够完全掌握的，而后世对《仪礼·丧服》中母服制度的争议乃至改革，即是明证之一。

唐人杜佑《通典》的卷79—105《礼典》，记录了东汉中叶至唐代士人对服制的议论与修正，其中有关母服的讨论即占了不少篇幅，[①] 可见《仪礼·丧服》中母服制度已不能满足先秦以下母子的伦理关系与感情需求。以郑雅如研究汉晋之间为母服丧的情况为例，即存在着为父后庶子欲为生母服重、传重嫡子欲为出母服丧，以及继子为嫁继母应服何服等等的讨论，[②] 而"缘情制礼"的呼声更是从不间断，显见人事的复杂与母子情感联结的多样性，[③] 对既有的礼制所提出的挑战与修正。而汉代至唐代母服争论所得出的共识与结果，则大致可见于唐玄宗开元二十年（732）之礼典《大唐开元礼》卷132《五服制度》之中。[④]《大唐

---

① 据笔者估计，《通典》卷79—105《凶礼》中的135篇服议，有关于母服者为40篇。

② 郑雅如：《情感与制度：魏晋时期的母子关系》，第61-114页。

③ 余英时：《名教危机与魏晋士风的演变》，收于氏著：《中国知识阶层史论（古代篇）》（台北：联经出版事业公司，1980），第358-366页。

④ 张文昌：《服制、亲属与国家——唐宋礼法之丧服规范》，台师大历史系等编：《新史料·新观点·新视角——天圣令论集（下）》（台北：元照出版公司，2011），第200页。

开元礼》中的五服制度是继《仪礼·丧服》之后，现存第二篇对丧服礼做了全面性规定的文字史料，[①] 而在《大唐开元礼》的母服礼制中，最引人注目的，无疑是其将《仪礼·丧服》中人子对母服必须考虑父在而有所厌降的情况，改为不论父亲是否在世，皆对母亲服齐衰三年的新制，实为先秦母服制度制定以来最大的一次变革。

但此一母服改革的底定并非一蹴可几，而是经历了几番波折与论争。[②] 改革的直接起因，应溯源至武则天于高宗上元元年（674）八月进号天后后，于十二月所提出的建言：

> 夫礼缘人情而立制，因时事而为范，变古者未必是，循旧者不足多也。至如父在，为母止服一期，虽心丧三年，服由尊降。窃谓子之于母，慈养特深，生养劳瘁，恩斯极矣，所以禽兽之情，犹知其母，三年在怀，理宜崇报。若父在为母止一期，尊父之敬虽同，报母之慈有缺，且齐斩之制，足为差减，更令周以一期，恐伤人子之志。今请父在为母终三年之服。[③]

武氏以母亲对儿女的慈爱与生养劬劳，认为父在，为母仅服齐衰一年之丧是"报母之慈有缺"，因为为父服斩衰，为母服齐衰，斩齐之间的差异已经可称为"尊父"，而《仪礼·丧服》又将为

---

① 张文昌：《唐代礼典的编纂与传承——以〈大唐开元礼〉为中心》（台北：台湾大学历史研究所硕士论文，1997），第 156 页。

② 可参考陈弱水：《初唐政治中的女性意识》，第 165－203 页。高明士：《唐代礼律规范下的妇女地位——以武则天时期为例》，第 115－132 页。

③ 〔宋〕王溥：《唐会要》，收于杨家骆编：《历代会要第一期书第六册》（台北：世界书局，1963），卷 37，《服纪上》，第 675－676 页。

母服丧的时间由三年减为一年，实是"伤人子之志"。是故，武则天主张人子对于母亲"三年在怀"之恩"理宜崇报"，而建议将为母之丧改为父在为母齐衰三年。姑且不论武氏提出母服改制的建议，是否基于女性意识，甚至有计划地提高妇女地位，但至少可以确定的是，此项提议代表了武氏在不跨出父系的框架下，为提高皇后的权力或改善礼法中母亲的地位，做出了最大的努力。[①]

高宗对于此项建言的回应虽为"下诏依行"，但史书记载却又说"当时亦未行用"，而是直到垂拱元年（685），武则天以皇太后的身份主政时，始将"父在为母齐衰三年"规定编入《垂拱格》中，成为正式的法律，也才算是此制真正开始实施的时期。[②] 虽然实施的具体情况无法知悉，但根据《旧唐书》所记，此制在其后引起不小的争议与更迭。

唐玄宗开元五年（717）右补阙卢履冰（生卒年不详）首先提出反对的意见：

> 准礼，父在为母一周除灵，三年心丧。则天皇后请同父没之服，三年然始除灵。虽则权行，有紊彝典。今陛下孝理

---

① 郑雅如认为此次礼法改革亦受佛教与蕃人文化的影响。参见郑雅如：《中古时期的母子关系——性别与汉唐之间的家庭史研究》，收于李贞德主编：《中国史新论·性别史分册》，第 185－186 页。

② 〔宋〕王溥：《唐会要》，收于杨家骆编：《历代会要第一期书第六册》，卷37，《服纪上》，第 676 页。《垂拱格》颁于垂拱元年（685）三月，是集武德以来、垂拱以前诏敕便于当时行用者，武则天亲自撰写序文。高明士认为"父在为母齐衰三年"规定正式开始实施的时期是其编入《垂拱格》之后，亦即垂拱元年（685）之后。参考高明士：《唐代礼律规范下的妇女地位——以武则天时期为例》，《文史》，4，第 121 页。

天下，动合礼经，请仍旧章，庶叶通典。[1]

玄宗于是令百官详议此事，后有刑部郎中田再思（生卒年不详）提出不一样的看法，认为：

> 乾尊坤卑，天一地二，阴阳之位分矣，夫妇之道配焉。至若死丧之威，隆杀之等，礼经五服之制，齐斩有殊，考妣三年之丧，贵贱无隔，以报免怀之慈，以酬罔极之恩者也。[2]

田再思赞成父在为母齐衰三年之制，而指出新制仍是"齐斩有殊"来符合"父尊"的宗法伦理标准，并着眼于《小雅·蓼莪》所云的"父兮生我，母兮鞠我，拊我畜我，长我育我，顾我复我，出入腹我，欲报之德，昊天罔极"之理，认为父母对人子有同等的生鞠之劳，人子无论对父或对母，都有昊天罔极的恩情必须报答，与武则天当年提出此制的理由可说是如出一辙，可见武氏着眼于母子至情的说法，对时人具有一定程度的感召力。

而田氏也由此更进一步发表自己对此争议的见解。首先，他认为"周公制礼之后，孔父刊经已来，爱殊厌降之仪，以标服纪之节，重轻从俗，斟酌随时"，而主张礼制应随时代风俗而有权变，况且在春秋诸国，最知礼的鲁国都"尚有子张问高宗谅阴三年，子思不听其子服出母，子游谓同母异父昆弟之服大功，子夏谓合从齐衰之制"，可见服丧之制"自古已来，升降不一"。其

---

① 〔五代〕刘昫撰：《旧唐书》（北京：中华书局，1975），卷27，第1023页。
② 〔五代〕刘昫撰：《旧唐书》，卷27，第1023－1024页。

次，"三年之制，说者纷然"，而父在为母三年，是高宗同意的政策，为"前王所是，疏而为律；后王所是，着而为令"，因此田再思用语强烈的反问对新制提出异议的官员："何必乖先帝之旨，阻人子之情，亏纯孝之心，背德义之本？有何妨于圣化，有何紊于彝伦？而欲服之周年，与伯叔母齐焉，与姑姊妹同焉？"可见田再思认为新制是遵守先帝之旨，且更能发扬人子之孝心，而非卢氏所言之"紊于彝伦"之制。最后，田再思更是反对将"庶事朝仪，一依周礼"的态度，并举出许多今已不见行的周礼仪节，诘问道："何独孝思之事，爱一年之服于其母乎？"，认为实在没有必要事事坚持旧礼，遂以"循古未必是，依今未必非"为其整篇建议的结论。①

由田再思的言论可知，丧服之制形成时的多样与弹性、解释礼经时的众说纷纭以及为母服一年实不能满足孝子之心等因素，都是为母服改革证成的重要依据，但卢履冰显然认为田氏的说法甚谬，而再次上奏反对新制：

> 臣闻夫妇之道，人伦之始，尊卑法于天地，动静合于阴阳，阴阳和而天地生成，夫妇正而人伦式序。自家刑国，牝鸡无晨，四德之礼不愆，三从之义斯在。丧服四制云："天无二日，土无二王，国无二君，家无二尊，以一理之也。故父在为母服周者，见无二尊也。"准旧仪，父在为母一周除灵，再周心丧，父必三年而后娶者，达子之志焉，岂先圣无情于所生，固有意于家国者矣。原夫上元肇年，则天已潜秉政，将图僭篡，预自崇先。请升慈爱之丧，以抗尊严之礼，

---

① 〔五代〕刘昫等：《旧唐书》，卷 27，第 1024－1026 页。

虽齐斩之仪不改，而几筵之制遂同……且臣所献者，盖请正夫妇之纲，岂忘母子之道。①

卢履冰之所以坚守丧服四制中的"家无二尊"之理，其原因在于他认为唯有如此才能由"家"见"国"，使国家维持"国无二君"的秩序，避免武则天称帝此等"牝鸡司晨"的故事重演，所以他直指母服新制是武则天在上元年间"已潜秉政，将图僭篡，预自崇先，请升慈爱之丧，以抗尊严之礼"的凭借，而卢氏也不忘澄清自己并非忘却母子之道的重要性，而是因为"正夫妇之纲"才是他认为制礼必须优先考虑的人伦。由此可见，玄宗年间对于母服一年或者三年的争议，除了牵涉到礼制与人情之间的角力之外，也蕴含了唐代部分士人对于女性干政的深恶痛绝。而在此目的之下，卢氏更针对武则天曾说的"禽兽之情，犹知其母"进行批判，认为"禽兽群居而聚麀，而无家国之礼，少虽知亲爱其母，长不解尊严其父。引此为谕，则亦禽兽之不若乎！"② 着实再次压抑了人子对母亲的情感，而认为徒知"亲母"而不知"尊父"，与禽兽无异，或可说是对人子的孺慕之情的最大贬抑。

　　除了卢履冰的极力反对，左散骑常侍元行冲（653—729）亦奏曰：

　　　　古之圣人，征性识本，缘情制服，有申有厌。天父、天夫，故斩衰三年，情理俱尽者，因心立极也。生则齐体，死则同穴，比阴阳而配合，同两仪而成化。而妻丧杖期，情礼

① 〔五代〕刘昫等：《旧唐书》，卷27，第1027－1028页。
② 〔五代〕刘昫等：《旧唐书》，卷27，第1028页。

俱杀者，盖以远嫌疑，尊乾道也……资于事父以事君，孝莫大于严父……今若舍尊厌之重，亏严父之义，略纯素之嫌，贻非圣之责，则事不师古，有伤名教矣。①

可见"天父"、"天夫"的父系宗法依旧是反对新制声浪最大也最有影响力的理由，而虽然在卢履冰、田再思、元行冲先后提出见解后，"百僚议竟不决，"②但到开元七年（719）八月玄宗还是下敕曰：

> 惟周公制礼，当历代不刊；况子夏为传，乃孔门所受。格条之内，有父在为母齐衰三年，此有为而为，非尊厌之义，与其改作，不如师古，诸服纪，宜一依丧服文。③

虽然玄宗决定"诸服纪，宜一依丧服文，"结束了此场争论，但此敕书在颁布之后，并没有得到照实的遵循：

> 自是卿士之家，父在为母行服不同。或既周而禫，禫服六十日释服，心丧三年者；或有既周而禫，禫服终三年者；或有依上元之制，齐衰三年者。时议者是非纷然。④

而元行冲面对当时卿士之家各行其是的情况，批评道：

---

① 〔五代〕刘昫等：《旧唐书》，卷 27，第 1030 页。
② 〔五代〕刘昫等：《旧唐书》，卷 27，第 1031 页。
③ 〔五代〕刘昫等：《旧唐书》，卷 27，第 1031 页。
④ 〔五代〕刘昫等：《旧唐书》，卷 27，第 1031 页。

圣人制厌降之礼，岂不知母恩之深也，以尊祖贵祢，欲其远别禽兽，近异夷狄故也。人情易摇，浅识者众，一紊其度，其可止乎！[1]

足见亲情恩重的原则下加厚的新制，虽然有悖于古礼，但仍为当时一些士人接受，并选择违背官方规定而实践之，足见母系与父系，"一亲"与"一尊"自《仪礼·丧服》施行以来永久的抗衡。[2]

可能正是因为开元年间新制旧制之间的争议不休，以及颁下"一依古礼"的敕令之后仍有不少人决定顺依"人情"而服新制之丧，抑或诚如学者所指出的，其实在隋文帝仁寿三年（603）已因古礼"父在为母服一年"有违人情，禁止人子在这一年丧期间举行小祥的吉礼，证明在隋代已对父在为母的一年之丧有另一番的反省与思考，[3] 而到了唐代，更与重视门阀、外亲以及信仰道教等社会大背景相结合，[4] 以致于开元二十年（732）中书令萧嵩与学士修定五礼时，议请依上元敕，以父在为母齐衰三年为

① 〔五代〕刘昫撰：《旧唐书》，卷27，第1031页。
② 有关于自先秦到清代礼学家对于"亲亲""尊尊"二系关系的讨论，可参张寿安《十八世纪礼学考证的思想活力——礼教论争与礼制重省》一书第二章。
③ 陈弱水：《初唐的女性意识》，收于《隐蔽的光景：唐代的妇女文化与家庭生活》，第180页。
④ 有关《开元礼》之所以提高母服的原因，藤川正数认为这背后除了有政治上武韦政权为了提高自己女主的地位而提高母服的因素之外，其成功的原因亦以唐代重视门阀、重视外亲以及道教信仰等社会条件为基础，使得蕴含"母亲主义"的丧服改制成形。藤川正数：《唐代における母親主義の服紀改制について》，《東方学》，第16期（1958.04），第35-57页。另外，吴丽娱则指出唐代丧服礼的修订与北朝习俗之间的关系。参见氏著：《唐礼撷遗——中古书仪研究》，（北京：商务印书馆，2002），第495-520页。

此后唐代的母服定制，① 最后纳入《大唐开元礼》，成为此后唐代遵行的国家礼典，自高宗至玄宗朝的母服争议终于尘埃落定，先秦至唐代程度最大的母服变革于焉成形。

关于开元二十年以后"父在为母服三年"条文在唐代的实践状况，据罗彤华的研究可知，在《开元二十五年令》出现了三年齐斩只解官不心丧之新制。心丧者，主要是为不得行三年之服的诸母而设，其主因为子为父亲已服三年的重丧，无心丧之必要，而对母亲因只服一年丧解官一年，故有为其心丧的需求。《开元二十五年令》三年齐斩只解官不心丧之制的出现，代表着此时国家已明确规定子为母实行齐衰三年解官之服，而删除了之前《永徽令》、《开元七年令》因父在，而为母服齐衰杖期，而心丧三年之制，② 由此项改变可见《开元礼》在颁定之后实践于官员之间的痕迹。

唐代为母服齐衰三年的变革，因武则天对母亲生育之恩的重视而被提出，其间曾因武则天的得势而被纳入《垂拱格》，但也一度因人亡而政息。在开元二十年《开元礼》颁行之前，"父在，为母齐衰三年"的新制曾激起玄宗朝官员针锋相对的讨论，反对者坚持"家无二尊"必须体现于父在，而厌降母服为一年的规定，并认为此亦代表了"夫为妻纲"不可侵犯的家庭伦理；支持者则在依然遵守"父斩母齐"服制等差的前提下，正视真实生活中母亲对于己子的鞠育之恩。长期以来母子情感对父系宗法观念

---

① 〔唐〕杜佑：《通典》（台湾：台湾商务印书馆，1935），卷134，《礼九十四》，"齐衰三年正服"条，第700b页，亦记载："子为母。"注曰："旧礼父卒为母，今改与父在同。"

② 罗彤华：《唐代官人的父母丧制——以〈假宁令〉"诸丧解官"条为中心》，台师大历史系等编：《新史料·新观点·新视角——天圣令论集（下）》（台北：元照出版公司，2011），第18-21、27页"解官心丧表"。

的挑战、唐代两造意见的僵持，以及社会对旧制新制的遵行不一，促使《开元礼》母服不论父在父卒皆齐衰三年规定的形成，"哀哀父母，生我劬劳"同样重视父母养育之恩的观念，在国家礼制中得到进一步的承认，并为往后的宋代的《天圣令》、① 元代的《元典章》、明初的《大明令》所承袭，可谓影响甚巨。

小结

丧服，是生者以外在的服饰表达对死者逝去至痛的感念，基于"事死如事生"的概念，生者为死者服何种等级的服制，意味着彼此的亲疏远近与尊卑上下。而《仪礼·丧服》即从"亲亲"出发表达人与人之间情感的深浅薄厚，借由"尊尊"来提示身份的贵贱高低，试图一一涵盖人与人之间的相对关系，成为传统中国丧服制度的基石。

丧服礼制对母子的界定，为传统中国母子人伦的基本框架。母亲怀胎十月，与其子有脐带相连、血脉相通的事实，而在子女出生之后，也同时担负着保护养育的责任，若以"亲亲"的角度来看，子为母所服之丧理应为最隆之礼，但在深受父系宗法影响的丧服制度中，人子对母亲的感恩之情，却无法得到如实的表达，而必须考虑父在父卒、爵位高低、子为嫡为庶以及母亲为妻为妾等因素而有所降除，实可见母子情感与礼制规范之间的

---

① 1998年，戴建国先生于浙江宁波天一阁发现明钞本北宋《天圣令》，其中《丧葬令》之附录载有"丧服年月"条，刊列了五服制度下之亲属服制，现已整理出版。见天一阁博物馆、中国社会科学院历史研究所天圣令整理课题组：《天一阁藏明钞本天圣令校证——附唐令复原研究（上册）》（北京：中华书局，2006），第211-225页。

差距。

此一差距随着汉代以降封建社会的崩解而越见明显，魏晋时期即不断有"缘情制礼"的呼声，唐代武则天则不同于此前在《仪礼·丧服》框架下所进行的母服讨论，提出"父在，为母服齐衰三年"的建议，直接试图修改古礼条文以缩小厌降的程度，撼动了"父至尊"、"母亚尊"的壁垒，在当时掀起一番激烈的讨论。"父在，为母服齐衰三年"虽然备受争议，然最后终为《大唐开元礼》接受，成为唐玄宗二十年（732）迄明洪武七年（1374）以前的母服定制。

由本章的讨论可见，《仪礼·丧服》中的母服规定，虽然无法完全涵盖母子之间现实的复杂人事情感，但无疑是传统中国丧服制度最权威的经典，而其中对天子、诸侯、大夫、士庶阶层的分梳，更区隔皇家之尊与士庶的不同之处。这些因素，可能正是礼部官员面对明太祖欲为孙贵妃任情治丧时，搬出《仪礼》父在为母服齐衰一年，而大夫以上家庭非庶母亲生子为庶母更是无服的原因。但明太祖显然对此项建议大为不满，而欲更进一步了解明代以前母服规定、讨论与实践的情况，而唐代母服的变革始末亦在明代官员所呈上的报告之中。[①]

洪武朝孙贵妃之死，意外地激起明太祖对丧服制度中母服的关注，这件偶发事件，为明代的母服制度带来多大的影响，明太祖对于当时的母服制度的看法为何，此后明代母服规定是否延续了唐代的变革，或有更进一步的蜕变，则留待下一章讨论。

---

① 事实上亦是如此，见〔明〕太祖撰：《御制孝慈录》，收于（明）张卤校刊：《皇明制书》，卷12，第7a-8b页。

第二章
孝顺父母：明代《孝慈录》的制定及其孝道观念

> 苑中高树枝叶云，上有慈乌乳雏勤，雏翎少乾呼教飞，
> 腾翔哑哑朝与昏。有时力及随飞去，有时不及枝内存，呼来
> 呼去翎羽硬，万里长风两翼振。父母双飞紧相随，雏知返哺
> 天性真，歔欷慈乌恻怛仁，人而不如鸟乎？将何伸，将何
> 伸？吾思昔日微庶民，苦哉！憔悴堂上亲有似，不如鸟之至
> 孝精，歔欷歔欷梦寐心不泯。
>
> 明太祖《御制明太祖文集》，卷13，《思亲歌》

明太祖御制的《思亲歌》，以慈乌乳雏与雏鸟反哺的过程，提醒臣民对父母生养之恩的回报，并以自己对双亲无尽的怀念强调孝亲的重要性。而由明太祖御制《孝慈录》的书名可知，此书的颁订与明太祖的孝道观念有一定的关联性，是故，在解析《孝慈录》的底蕴之前，本章拟先探索太祖在位期间提倡孝道的方式与内容，以突显《孝慈录》在洪武朝孝道政策中的位置。其次，说明《孝慈录》的颁订过程，阐析其中所流露的治国理念。最后，配合《孝慈录》所载的丧服制度，揭示其中的孝道内涵、对母子关系的规范，并与此前的母服制度进行比较，以彰显《孝慈

录》在历代丧服制度中的特殊意义。

第一节　明太祖对孝道的提倡

明太祖曾说:"人情莫不爱其亲,必使之得尽其孝,一人孝而众人皆趋于孝,此风化之本也。故圣人之于天下,必本人情而为治。"[①] 在中国,"以孝治天下"无疑是治国的基本原则之一,因为"孝"不只是个人道德和家庭伦常的表现,还关乎社会整体秩序的稳定,而"天子之孝"无疑是全国的道德典范,同时也是移风易俗的最大指标,可说是政教的重心所在。另一方面,明太祖认为蒙古政权对文化造成极大的摧残,即位以后,致力于回归先王之道,对文化进行再建构的工作,其中关涉的范围包括衣冠礼乐在内的社会习俗,以及利用教化重建理想的社会秩序,[②] 而对孝的提倡与倡导亦囊括其中。

一、 明太祖劝孝之方式

首先,明太祖利用"以身作则"的方式,提供臣民一个孝子的模范。洪武三年(1370)九月,他下令将他在太庙祝文中的代称——"臣",改为"孝子皇帝",而在往后的祭祖活动中,明太

---

① 〔明〕夏原吉监修,〔明〕胡广等修纂:《明太祖实录》(台北:"中央研究院"历史语言研究所,1967),卷49,第2a页,洪武三年二月壬戌条。

② 范德 (Edward L. Farmer):《朱元璋与中国文化的复兴——明朝皇权专制的意识形态基础》,收于张中政主编:《明史论文集》(合肥:黄山书社,1993),第383-384页。

祖都以"孝子皇帝"自居。① 除此之外，亦时常表达其对双亲的感念之情，例如至正二十四年（1364）四月，在中书省官员进宗庙祭享及月朔荐新礼仪后，太祖忽然悲从中来地说道：

> 吾昔遭世艰苦饥馑相仍，当时二亲俱在，吾欲养而力不给。今赖祖宗之佑，化家为国，而二亲不及养，追思至此，痛何可言。因命并录皇考妣忌日，岁时享祀以为常。②

可见得太祖子欲养而亲不待的遗憾，而在位期间，他也时时提到自己"昔丧亲适值艰难之际，今富有天下，不能为一朝之养"、③ "今日虽尊为天子，富有四海，欲致敬尽孝为一日之奉不可得矣"的终生之痛。④ 并且还说过自己"梦见吾亲聚处之欢，一如平生"，相信"父母子孙，本同一气，精神所格，有感必应"，⑤ 以形诸于梦寐的亲子相处，一方面认同天下父母子孙之间为同气一体，若孝心精诚即可相感应的现象，一方面也以此证明自己的孝

---

① "诏翰林侍读学士魏观，自今太庙祝文，止称孝子皇帝，不称臣。凡遣太子行礼，止称命长子某，勿称皇太子，着为令。"见《明太祖实录》，卷56，第4b页，洪武三年九月乙巳条。又可参见《明太祖实录》，卷58，第10b-11a页，洪武三年十一月丁未条："将有事于圜丘告仁祖庙，请配享，祝文曰：'孝子皇帝元璋敢昭告于皇考仁祖淳皇帝，今月二十五日冬至恭祀昊天上帝于圜丘，谨请皇考作主配神'"。也可参见《明太祖实录》，卷189，第4a页，洪武二十一年三月乙酉条："某年某月某日孝子皇帝元璋敢昭告于皇考仁祖淳皇帝。"
② 〔明〕吕本等辑：《皇明宝训》，收于《四库全书存目丛书》史部53册（台南：庄严文化，据故宫博物院图书馆藏明万历三十年秣陵周氏大有堂刻本影印，1996），卷1，《孝思》，第13b页，甲辰条。
③ 《明太祖实录》，卷45，第4b页，洪武二年九月己酉条。
④ 〔明〕吕本等辑：《皇明宝训》，收于《四库全书存目丛书》史部53册，卷1，《孝思》，第16a页，洪武八年三月丙寅。
⑤ 《明太祖实录》，卷45，第4b页，洪武二年九月己酉条。

心之纯，足为天下模范的事实。

除了以身作则来昭告以孝治天下之外，自开国以来，明太祖亦不遗余力地鼓吹全国各地上报孝子孝行，据《大明会典》记载：

> 洪武元年令。今凡孝子、顺孙、义夫、节妇，志行卓异者，有司正官举名，监察御史、按察司体核，转达上司，旌表门闾。[①]

可见得甫一开国，孝子即为旌表的首要人选。而据《明实录》所载洪武朝272件旌表事例中，旌表孝行的有29人，下表即为洪武朝29件因孝旌表的时间、当事人及其受旌表的原因。

表二　洪武朝受旌表者孝行一览表

	受旌表者	时间	旌表事迹
1	范祖干	元至正十八年（1358）十二月	父母卒，悲哀三年如一日。
2	姜瑜	洪武六年（1373）十二月	为母庐墓三年。
3	李大妻甄氏	洪武十六年（1383）二月	为姑庐墓三年。
4	王中	洪武十六年（1383）二月	为母庐墓三年。

---

① 〔明〕申时行修：《（万历）大明会典》（北京：中华书局，1989），卷79，《旌表》，第457页。

	受旌表者	时间	旌表事迹
5	李英	洪武十六年（1383）八月	为母吮疽尝粪。母常病疽；母卒，庐墓三年。
6	徐允让	洪武十七年（1384）正月	元末兵乱，捐身以救父死。
7	侯昱	洪武十八年（1385）二月	母病，昼夜侍汤药；母殁，庐墓三年。
8	李德	洪武十八年（1385）二月	元末兵乱，负母逃难。
9	张拾	洪武十八年（1385）六月	元末兵乱，拾身隶军伍。母病，旦夕焚香吁天卧冰以疗母疾。上因其孝蠲其军役。
10	李某女	洪武二十年（1387）四月	旦夕焚香吁天疗母疾，母遂愈。
11	王兴	洪武二十一年（1388）正月	卧冰吁天疗母疾，母遂愈。
12	丁歪头	洪武二十四年（1391）三月	割肝疗母疾，母遂愈。
13	徐真童	洪武二十四年（1391）四月	割肝疗母疾，母遂愈。
14	顾仲礼	洪武二十四年（1391）十月	为母庐墓三年。
15	曹镛	洪武二十五年（1392）二月	父早卒，事母龙氏至孝。
16	王僧儿	洪武二十五年（1392）五月	割肝疗母疾，母遂愈。
17	姚观寿	洪武二十五年（1392）八月	事其父明克尽孝道。

	受旌表者	时间	旌表事迹
18	魏敏	洪武二十五年 （1392）十月	为母庐墓三年。
19	礼关	洪武二十六年 （1393）二月	割肝疗母疾，母遂愈。
20	张住	洪武二十六年 （1393）四月	事亲克尽孝道。
21	王重	洪武二十六年 （1393）四月	事亲克尽孝道。
22	杜仁义妻韩氏	洪武二十六年 （1393）四月	事亲克尽孝道。
23	张二女胜奴	洪武二十六年 （1393）四月	事亲克尽孝道。
24	刘驴儿	洪武二十六年 （1393）六月	割肝疗父疾。
25	沈德	洪武二十六年 （1393）六月	割肝疗父疾，父遂愈。
26	王德儿	洪武二十六年 （1393）六月	割肝疗母疾，母遂愈。
27	姚金土	洪武二十六年 （1393）六月	割肝疗母疾，母遂愈。
28	史以仁	洪武二十六年 （1393）六月	割股疗母疾，母遂愈。
29	李德成	洪武二十七年 （1394）七月	母早亡，德成乃抟土肖像，日奠饮食，奉之如生。会朝廷征孝廉，有司以德成应诏擢光禄司，署丞迁太常寺赞礼郎，寻升尚宝司丞。

资料来源：《明太祖实录》，卷6、86、152、156、159、171、173、181、188、208、213、216、217、220、222、225、227、228、233。

由表中可以看到，不论是孝子、孝女还是孝妇，事亲、事舅姑甚谨、庐墓三年、孝感奇迹、身代父死、割股、割肝等，都可以是他们受旌表的原因，① 第29例的李德成甚至因孝行诚笃而被拔擢为官。事实上，在洪武十八年（1385），已有诏举孝廉之举：

> 丙午，诏举孝廉之士。上谕礼部臣曰："朕向者令有司举聪明正直之士，至者多非其人，甚孤所望。朕闻古者选用孝廉。孝者忠厚恺弟，廉者洁己清修，如此则能爱人守法，可以从政矣。其令州县，凡民有孝廉之行着闻乡里者，正官与耆民以礼遣送京师，非其人勿滥举。"②

太祖认为"孝者，忠厚恺弟"而必可"爱人守法"，成为其所期望的官员，所以才有上述被拔擢为官的孝子产生。

另一个较特别的旌表情况是第9例的蓟州遵化县孝子张拾，因其孝行而蠲免军役，这种事例在洪武二十七年（1394）亦可看到相似的情况：

> 辛丑，诏免孝子郝安童军役。安童，永州府祁阳县人。父玄戍定辽，以辛卒。安童当补役，以母老无他兄弟供养，且有姑守节老而无依，亦仰给于己，诣阙自陈。上怜之，复其身。③

---

① 关于明代孝妇相关问题的探讨，见林丽月：《孝道与妇道：明代孝妇的文化史考察》，《近代中国妇女史研究》，6（台北，1998．8），第3－29页。割股行孝的相关探讨，见邱仲麟：《隋唐以来割股疗亲现象的社会史考察》，台北：台湾大学历史学系博士论文，1996。
② 《明太祖实录》，卷176，第4a－4b页，洪武十八年十二月丙午条。
③ 《明太祖实录》，卷233，第1a页，洪武二十七年五月辛丑条。

孝子安童虽然没有如张拾一样受到旌表，但皇帝仍因家中上有母、姑待养而免其军役，可见得孝道价值超越国家军役义务的可能性。

以孝免役的例子可看出明太祖对孝道的支持，对于重视法治的明太祖而言，因孝免罪更可凸显孝道在明太祖心中的崇高价值。吴元年（1367）即发生过此类案例：

> 蒲台民有供刍藁违令者，大将军徐达欲斩之，其子乞以身代，达送之建康。上以其孝，并其父宥之。[1]

父亲有罪而其子乞求代罪，最后太祖因孝宽宥这对父子，没有人受到惩罚。此举的目的，史书虽无明载，但在洪武八年（1375）的类似案例中，则录下了明太祖更明确的说明：

> 淮安府山阳县民有父得罪当杖，请以身代。上谓刑部臣曰："父子之亲，天性也，然不亲不逊之徒，亲遭患难有坐视而不顾者。今此人以身代父，出于至情，朕为孝子屈法，以劝励天下。"其释之。[2]

从太祖对父母的情感描述可知，亲子之间的天生情感一直以来是太祖强调的孝道基础，而这份情感则可使重视法治的他宁"为孝子屈法"，以劝励天下那些对双亲遭受患难而坐视不管的人。[3]而除了子救父的案例，也存在因救母之孝而宥罪的情况：

---

① 《明太祖实录》，卷28下，第17b页，吴元年十二月戊辰条。
② 《明太祖实录》，卷96，第2b页，洪武八年正月癸酉条。
③ 但也须注意这类孝行因为与国法之间的冲突，所以是被排除在旌表之外的。

戊寅，鹰扬卫军妇失火焚军士庐舍。所司坐当笞，妇年六十余，其子请代受刑。上曰："子孝其母，而母非故犯，宥之。"①

可见不论是父是母犯罪，太祖都因人子对他们的孝心，而宽宥其罪，没有任何差别。

另一例子，面对洪武二十五年（1392），天策卫卒吴英父得罪系狱，英诣阙陈情，愿为官奴以赎父罪时，太祖虽仍珍视其孝心，并且认为吴英"非知书者，能如此亦可谓难矣"，所以"特屈法以宥其父，将以励天下之为人子者"，但也向吴英劝谕另一番人子尽孝的道理：

上谕英曰："汝之情固有可矜，但汝平时何不劝谏汝父，使不犯法？今罪不可贷，然念汝爱父之至，特屈法宥之。汝自今凡遇父有不善，当即谏止，若不听，必再三言之，使不陷于非义，斯为孝也。"②

太祖认为真正的孝，应是在平时劝谏父母不可犯法，或想尽办法遏止他们有犯法的行为，而非到最后才舍身救之。可见在太祖心中有一套对"孝"以及儿女与双亲之间应如何互动的见解，而其中的整体内涵为何，则在太祖的御制诸书中有更清楚的阐明。

---

① 《明太祖实录》，卷158，第3a-3b页，洪武十六年十二月戊寅条。
② 《明太祖实录》，卷215，第3a页，洪武二十五年正月甲辰条。

二、 明太祖孝道观念的内涵

明太祖不仅透过以身作则、旌表孝子或大赦孝子父母之罪等方式来提倡孝道，亦利用《大诰》、《大诰续编》、《大诰三编》、《教民榜文》、《资世通训》等御制书籍来说明其所认可的孝道行为与内涵，进而对其治下的官员与平民百姓提出品格上的要求。在这几部颁布天下的御制书籍中，以洪武八年（1375）的《资世通训》最早成形，明太祖在此书中分别明述了身为君、臣、民、士、农、工、商、僧道等社会身份应有的行为法度，而检视各篇章的内容即可知道，"孝"几乎是上至君主下至臣民都必须遵守的伦理道德。在《资世通训》的《君用章》提到"君备知十八事"，其中一事即为"孝，孝于父母"；在《臣用章》中也提到官员应"奉父母，笃以温清甘旨，勤敬而不息，谏父母之非恳切，至于没身，不陷父母"；在《民用后章》中也提醒百姓"孝于父母者，朝出必告父母知，言今日往东，若要归来，抵日暮方还。所告者为何？恐至晚不归，使父母无方可望，其忧甚也，故游必有方，孝之至也。归必告吉凶，使父母乐而无疑"；甚至连在《农用章》中，明太祖也告诉农民"厚奉父母"是使禾苗丰收的条件之一，孝事父母是不分阶级都必须铭记遵守的善行。①

明太祖的孝道内涵，到了洪武十八年（1385）至十九年（1386）所陆续颁行的《大诰》、《大诰续编》、《大诰三编》中，发展出更为清晰完整的脉络。首先，明太祖最为重视，也一再提醒的孝道基础，是人子须时时刻刻牢记父母亲的生身之恩。在洪

---

① 〔明〕太祖撰：《资世通训》，收于〔明〕张卤校刊：《皇明制书》（台北：成文出版社，据明万历年间刻本影印，1969），卷2，第3b、5b、8a、10b页。

武十八年（1385）颁行的《大诰》之《谕官生身之恩第二十四》篇中他提到：

> 朕常命官，每谕生身之恩最重，其词云何？曰："汝知父母之慈乎？且如初离母身，乃知男子，母径闻父生儿矣。父既闻之，以为祯幸。居两月间，夫妻阅子寝笑父母亦欢。几一岁间，方识父母，欢动父母。或肚踢，或擦行，或马距，有时依物而立，父母尤甚欢情。然而鞠育之劳，正在此际，所以父母之劳，忧近水火，以其无知也。设若水火之近，非焚则溺，冬恐寒逼，夏恐虫伤，调理忧勤，劳于父母，岂一言而可尽？及其长也，有志四方，能不致父母之忧，此为孝也。"[①]

明太祖与官员言孝时，以相当细腻的手法描绘了孩子从出生到成人每一个日常生活的情境，强调父母迎接孩子来到人世的欢悦，与在孩子成长过程中所付出的辛劳，将父母对于人子的"生身之恩"与"鞠育之劳"当作阐明孝道的基础。而在洪武十九年（1386）三月《大诰续编》的《明孝》中，明太祖则是更详细地列举了十六项人子应回报父母的合格孝行（见表三），其中包括从私领域的寝食照料，家业管理、双亲之命的奉违态度，到公领域的待人接物与移孝作忠，都是明太祖认为人子欲尽孝道必须注意的要项，可说是明太祖孝道观念内涵的总集成。[②] 而明太祖要

---

① 〔明〕太祖撰：《御制大诰》，收于《明朝开国文献》第 1 册（台北：台湾学生书局，1966），第 12b-13a 页。

② 〔明〕太祖撰：《御制大诰续编》，收于《明朝开国文献》第 1 册（台北：台湾学生书局，1966），第 5b-7a 页。

求天下臣民遵守的"五常"，或称为"五教"，即是从《明孝》十六项类目中抽绎浓缩，形成"父子有亲，君臣有义，夫妇有别，长幼有序，朋友有信"更为简洁的内容。① 明太祖认为"五教既兴，无有不安者也"，② 并使"强不得凌弱，众不敢暴寡"。③ 而若将"五常"与《明孝》篇结合来看的话，可以说安定天下伦理秩序的根本，无疑是人子的孝心。

另一方面，太祖又利用《明孝》中的"事君以忠"、"莅官以敬"两个类目加以发挥，作为针对官员们三申五令的孝行劝导内涵。例如在《御制贤臣传序》中，明太祖说道：

> 贤之所学，初笃明孝亲，何笃明孝亲者也？盖父母之亲，天性也，加以笃明是增孝也。孝之既明矣，然后乃能事君，所以忠于君，而不变为奸恶者，以其孝为本也，所以非孝不忠，非忠不孝。所以事君者，若父母生，必荣贵之，厚养之，以显之，此其所以孝也。如事君不忠，致父母生有累焉，如不累焉，身当其罪者，则父母忧戚焉，此贤者之孝，忧父母生若是也。或父母已逝，而孝犹笃然而慎焉，不敢不忠君者，孝在安神魂于九泉，若或不忠，惟恐阴阳之道殊，愆连父母有所不知，宵昼思音容而不复见，常以为伤心，安

---

① 〔明〕太祖撰：《御制大诰》，收于《明朝开国文献》第 1 册，第 17b 页；〔明〕太祖撰：《御制大诰续编》，收于《明朝开国文献》第 1 册，第 1a 页。此句话系出自《孟子》。参见〔汉〕赵岐注，〔宋〕孙奭疏：《孟子注疏》，收于〔清〕阮元校勘：《十三经注疏》（台北：艺文印书馆，据清嘉庆二十年江西南昌府学开雕本影印，2001），卷 5 下，《滕文公章句上》，第 3b 页。

② 〔明〕太祖撰：《御制大诰》，收于《明朝开国文献》第 1 册，第 17b 页。

③ 〔明〕太祖撰：《御制大诰续编》，收于《明朝开国文献》第 1 册，第 65b 页。

敢不忠君，弃富贵而累祖宗也哉？①

在这段话中，明太祖从"父母之亲天性也"出发，告诫官员若是忠君，可厚养、显荣父母，而若事君不忠，则可能使父母担心甚至连累父母一同受罪。明太祖这种移孝作忠，再将忠反推回孝的"忠孝两全"劝告，亦出现在《相鉴奸臣传序》太祖责备奸臣"初欲荣父母而返累父母，本欲荣身而又杀身，必欲显父母而至于灭姓也"的话语中，②并且在三部大诰之中，也随处可见。例如《大诰》中《君臣同游》说道："政者何？惟务为民造福，拾君之失，撙君之过，补君之缺，显祖宗于地下，欢父母于生前，荣妻子于当时"；③又如《大诰续编》中《相验囚尸不实》则认为处罚不才的官员，是因其"不思父母妻子，妄为百端，所以刑奸顽不孝之徒"；④再如《大诰三编》的《进士监生不悛》，则提及受惩罚的监生王本道等三百六十四人，是"不能推父母之慈情，立志在于禄位，显扬祖宗，丰奉父母"而尽丧父母之劳。⑤由上可知，太祖所提倡的孝道内涵中，实蕴含了对官员"忠孝两全"的逻辑推理与严格要求。

由《大诰》、《大诰续编》、《大诰三编》中，可以看到明太祖对天下臣民所申明的"父子有亲，君臣有义，夫妇有别，长幼有序，朋友有信"之"五常"，亦可看见诫谕官员的"忠孝两全"

---

① 〔明〕太祖撰：《御制贤臣传》，收于《明朝开国文献》第 2 册（台北：台湾学生书局，1966），第 2a - 3a 页。
② 〔明〕太祖撰：《御制贤臣传》，收于《明朝开国文献》第 3 册（台北：台湾学生书局，1966），第 2b 页。
③ 〔明〕太祖撰：《御制大诰》，收于《明朝开国文献》第 1 册，第 4a 页。
④ 〔明〕太祖撰：《御制大诰续编》，收于《明朝开国文献》第 1 册，第 33a 页。
⑤ 〔明〕太祖撰：《御制大诰续编》，收于《明朝开国文献》第 1 册，第 13a 页。

之孝道伦理，这样的孝道教化内涵，在洪武二十年（1387）时，诏令颁至天下，令各处官民之家传诵。① 但须注意的是到了洪武三十年（1397）的另一个诏令，改变了教化一般百姓的内容：

> 辛亥，上命户部下令天下民，每乡里各置木铎一，内选年老或瞽者，每月六次持铎徇于道路曰："孝顺父母，尊敬长上，和睦乡里，教训子孙，各安生理，毋作非为。"……庶使人相亲爱，风俗厚矣。②

"孝顺父母，尊敬长上，和睦乡里，教训子孙，各安生理，毋作非为"被收入于洪武三十一年（1398）颁行全国的《教民榜文》之中，成为后世所流传的"圣谕六言"。由此可看到洪武时期的民间教化，从宣传三部《大诰》中的"五常"转变为传诵《教民榜文》中的"六谕"，③ 代表着孝道宣扬的首要内容从"父子有亲"转变为"孝顺父母"的过程，无疑地更符合明太祖在《大诰》中，对父母生身之恩与鞠育劬劳的强调。④ 而"孝顺父母"也同时比自古以来统治者所强调的"父慈子孝"更强烈地意识到母亲的地位，也更易为一般庶民所接受，而较具影响力。⑤

《教民榜文》是通过设立里老，并以里甲为基础，结合里社、

---

① 《明太祖实录》：卷182，第8a页，洪武二十年闰六月甲戌。
② 《明太祖实录》，卷255，第1a页，洪武三十年九月辛亥条。
③ 常建华指出：洪武时期的民间教化大致上有一个从宣传大诰三编向宣传《教民榜文》转化的过程。见常建华：《明代宗族研究》（上海：上海人民出版社，2005），第193页。
④ 〔明〕太祖撰：《教民榜文》，收于〔明〕张卤校刊：《皇明制书》（台北：成文出版社，据明万历年间刻本影印，1969），卷9，第15b–16a页。
⑤ 井上彻：《明朝对服制的改定——〈御制孝慈录〉的编纂》，收于钱杭译，井上彻著：《中国的宗族与国家礼制》，第346–347页。

社学、乡饮等制度，以调节民间纠纷、施行教化为特征的制度性规定，① 其颁布的主要目的在于区别哪些地方事务由地方老人处理，哪些由地方官来负责，② 可以视为明朝乡约制度的初立。③ 根据酒井忠夫的研究，《教民榜文》虽然随着里甲制在成化、弘治之际的废弛而形同具文，但其中的六谕，却因为嘉靖八年（1529）王廷相（1474—1544）将乡约结合六谕上奏的题准，成为地方官、士人教化地方社会的主要内涵，使得六谕的内容，在嘉靖以降的明代社会为人所熟知。④ 成书约于嘉靖十四年（1535）的黄佐（1490—1566）《泰泉乡礼》，其中的《谕俗文》即记到：

> 上司深爱尔民做好人，干好事，孝顺父母，尊敬长上，和睦乡里，教训子孙，守本分业，为太平民，不犯刑条，何等快活，不致祸败，何等安康。⑤

可看到圣谕六言融入谕俗文的痕迹，而在同书中的《劝孝文》所

---

① 常建华：《明代宗族研究》，第 199 页。

② Edward L. Farmer, *Zhu Yuanzhang & Early Ming Legislation* (New York: E. J. Brill, 1995), p. 74.

③ 常建华：《明代宗族研究》，第 199 页。

④ 酒井忠夫：《中國善書の研究（增補版）》（東京都：國書刊行會，1999—2000），第 58‑78 页；另一方面，常建华亦指出，事实上在嘉靖八年的题准之前，已有地方官将六谕与乡约结合的事例，最有名的即是正德时期王阳明于南赣推行《南赣乡约》时，加入了圣谕六言。其后圣谕六言即随着王门学人在各地的讲学、从政与推行乡约制度，使得圣谕六言在嘉靖、隆庆年间渐渐广为流传，为人人所熟知，成为许多地方官为政时劝谕百姓的内容。见常建华，《明代宗族研究》，第 158‑306 页。关于圣谕六言在明代中后期被极力提倡的情况，亦可见詹康：《明代的教化思想》，第 80‑82 页。

⑤ 〔明〕黄佐：《泰泉乡礼》，收于《景印文渊阁四库全书》总 142 册（台北：台湾商务印书馆，1983），卷 3，《谕俗文》，第 12b 页。

叙述的孝行，也是以太祖的"孝顺父母"及其孝道观念之内涵作为出发点来进行论述。① 另外，也可在士人的家训中看到同样的现象，② 兹举高攀龙（1562—1626）的《家训》为例：

> 人失学，不读书者，但守太祖高皇帝圣谕六言："孝顺父母，尊敬长上，和睦乡里，教训子孙，各安生理，毋作非为。"时时在心上转一过，口中念一过，胜于诵经，自然生长善根，消沉罪过。③

而在高攀龙所兴办的同善会讲语中亦有提及：

> 这个同善会专一劝人为善，所以劝人为善者，且不要论善是决当为，恶是决不当为的道理，中间极有大利害，不可不知，我等同县之人，若是人人肯向善，人人肯依着高皇帝六言："孝顺父母，尊敬长上，和睦乡里，教训子孙，各安生理，毋作非为"，如此便成了极好的风俗。④

由上所举诸例可知在明中后期，"六谕"因为内容本身较"五常"

---

① 〔明〕黄佐：《泰泉乡礼》，收于《景印文渊阁四库全书》总 142 册，卷 3，《劝孝文》，第 26b‐29b 页。

② 常建华：《明代宗族研究》，第六章"明代宗族乡约化"提到：嘉靖万历时期，浙江、江苏、江西、安徽的一些府、县地方官在推行乡约的过程中，尝试将乡约与宗族结合起来，在宗族设立约长，宣讲圣谕、把宗族纳入到乡约系统中。明代后期乡约化的宗族，活动的特点是宣讲圣谕六言、依据圣谕六言制订祠规，加强对族人的教化。

③ 〔明〕高攀龙：《高子遗书》，收于《景印文渊阁四库全书》总 1292 册（台北：台湾商务印书馆，1983），卷 10，《家训》，第 94a 页。

④ 〔明〕高攀龙：《高子遗书》，收于《景印文渊阁四库全书》总 1292 册，卷 12，《同善会讲语三条》，第 33b‐34a 页。

更贴近民众的生活，再加上明代中后期士人的推广，使得"孝顺父母"这样并重"父母"的孝道概念，在普及的程度上远远大过于"父子有亲"。而由明代人对明太祖的描述："孝顺父母是我太祖高皇帝亲口教诏汝民第一件好事"；① "太祖高皇帝首倡孝顺父母，狗铎警民"；② "我太祖高皇帝谕俗首孝顺父母"；③ "其妙者当与我太祖高皇帝孝顺父母六言并看，六言虽约，而人生好歹之事皆包尽矣。体此六言，则圣贤可至"，④ 可知"孝顺父母"这样一个清楚表明尽孝对象包含父母双方的上谕，在历代皇帝中不但是由明太祖首倡，也成为明太祖的重要象征。而父母并提的孝顺父母观念，事实上也在太祖的其他政策中体现。

第二节　《孝慈录》的颁行

明太祖对"以孝治天下"的努力，是其开国以来教化政策的重要环节之一，除了孝道的宣扬之外，教民以"礼"无疑也是治国的重要基础。明太祖即位前后曾多次下令儒臣议定礼仪制度，如此重视议礼的原因，一方面是欲清除元朝统治的影响，强调改朝换代，整饬社会风气，敦促教化；另一方面则是希望尽快恢复

---

① 〔明〕黄佐：《泰泉乡礼》，收于《景印文渊阁四库全书》总 142 册，卷 3，《谕俗文》，第 15a 页。

② 〔明〕朱鸿：《孝经总类》，收于《续修四库全书》经部 151 册（上海：上海古籍出版社，据北京图书馆藏明抄本影印，2002），《孝经总序》，第 19b 页。

③ 〔明〕吕维祺：《孝经大全》，收于《续修四库全书》经部 151 册（上海：上海古籍出版社，据天津图书馆藏清康熙二年吕兆璜等刻本影印，2002），卷 19，《表章通考表章孝经疏》，第 8a 页。

④ 〔明〕王鸣鹤：《登坛必究》，收于《续修四库全书》子部 960 册（上海：上海古籍出版社，据北京大学图书馆清刻本影印，2002），卷 13，《号令说》，第 72a 页。

由于元末战争被削弱的秩序，以强化国家的统治。① 太祖曾谓礼部官员曰：

> 礼者，所以美教化而定民志。成周设大司徒，以五礼防万民之伪而教之中。夫制中莫如礼，修政莫如礼，齐家莫如礼。故有礼则治，无礼则乱。居家有礼，则长幼叙而宗族和；朝廷有礼，则尊卑定而等威辨。元兴，以夷变夏，民染其俗，先王之礼几乎熄矣，而人情狃于浅近，未能猝变。今命尔稽考典礼，合于古而宜于今者，以颁布天下，俾习以成化，庶几复古之治也。②

可见太祖认为礼是社会秩序的根本，并且认为在前朝的治理下，"先王之礼几乎熄矣"，所以时常表明他"即位以来，夙夜不忘思有以振举之，以洗污染之习"，遂常与礼部官员、在朝诸儒共同议礼，希望一方面能"斟酌先王之典"、"复中国之旧"，一方面完成一套"务合人情，永为定式"的礼制。③ 因此，在明太祖在位三十一年的岁月里，制礼活动前前后后始终没有间断，④ 其中包括郊祀礼、百神祭典、耕藉礼、军礼、乡饮酒礼，以及不同等级官民所应遵守的服饰、器用、房舍、交往礼仪、婚丧冠祭之礼，皆囊括在内，而将礼令汇编成书颁布天下，并以国家的力量推行，是明太祖为了建立礼治秩序常用的方式，《孝慈录》即是

① 罗仲辉：《论明初议礼》，收于王春瑜：《明史论丛》（北京：中国社会科学出版社，1997），第74-92页。
② 《明太祖实录》，卷73，第1b-2a页，洪武五年三月辛亥条。
③ 《明太祖实录》，卷80，第2a页，洪武六年三月甲辰条。
④ 可见何淑宜：《明代士绅与通俗文化——丧葬文化为例的考察》，第36-39页表1"洪武时期议定礼仪简表"。

明太祖漫长的制礼过程中，一部有关于丧服礼制的重要礼书。明代最初的丧服礼制，初定于洪武元年（1368）《大明令》，基本上沿袭了唐代《开元礼》的丧服制度，无太大的变革，但洪武七年（1374），贵妃孙氏之死，却促使太祖将当下的议礼重心转移至丧服礼制的改革之上。

洪武七年（1374），明太祖贵妃孙氏薨，因孙氏生前并未产下皇子，明太祖遂命曾受孙贵妃抚养的周王橚主丧事，[①]为孙贵妃行慈母服斩衰三年，而东宫、诸王则为庶母孙贵妃服期服。[②]这样的命令，实际上违反了洪武元年（1368）《大明令》中为母服的规定，究其原因在于，依当时的《大明令》，为慈母应为齐衰三年，[③]而非太祖所说的斩衰三年，而且孙贵妃乃东宫太子及诸王之庶母，依当时的《大明令》，也应只为孙氏服缌麻三月，而无服期之礼。[④]当下，懿文太子表达了他不同意的看法：

> 贵妃某氏薨，太祖诏太子服齐衰杖暮，太子曰："礼，惟士为庶母服缌麻，大夫以上为庶母则无服。又公子为其母练冠、麻衣、縓缘，既葬除之。盖诸侯绝暮丧，诸侯之庶子，虽为其母亦压于父，不得伸其私。然则诸侯之庶子不为庶母服，而况于天子之嗣乎？"帝大怒，以剑逐之，太子走，

[①] 根据学者的研究，燕周二王皆为碩妃所生，而燕王被高皇后抚养而周王被孙贵妃抚养。参考李晋华：《明成祖生母问题汇证》，《历史语言研究所集刊》，第六本第一分（台北，1936.3），第71-75页。

[②] 〔清〕张廷玉：《明史》，卷113，《列传第一》，第3508页。

[③] 〔明〕太祖撰：《大明令》，收于〔明〕张卤校刊：《皇明制书》，卷1，第14a页。

[④] 依《大明令》规定："为庶母（父妾有子者）缌麻三月"，但因孙贵妃没有产下子嗣，所以也不合于此条丧服规定，见〔明〕太祖撰：《大明令》，收于〔明〕张卤校刊：《皇明制书》，卷1，第20a页。

且曰："大杖则走。"翰林正字桂彦良谏太子曰："礼可缓，君父之命不可违也，嫌隙由是生矣。"太子感悟，遂齐衰见帝谢罪，帝怒始释。[1]

此处懿文太子所说的"礼"所指的是《仪礼·丧服》中的条文，认为自己在身份上，既是大夫以上，又是嫡长子，对庶母应为无服，可见明太祖这一决定不但不符合《大明令》，于古礼也是无据。虽然如此，太祖显然执意强行，太子碍于"君父之命不可违"也只能接受。但也因为太子的反对，又或者当时引起不少争议，明太祖遂命礼部讨论孙氏丧服问题，并将结果上奏之。

等待三日后，礼部尚书牛谅（生卒年不详）上奏的结果，亦如懿文太子以《仪礼》为定式，认为："父在，为母服期年，若庶母则无服"，暗示着周王橚为其慈母服齐衰杖期，而非明太祖所希望的斩衰三年，而懿文太子与诸王则无服于孙贵妃，也非明太祖所说的齐衰杖期，这样的结果显然与明太祖的想法大相径庭。懿文太子与礼部尚书牛谅皆以《仪礼·丧服》，而不以当时的《大明令》来提出反对意见的原因，可能与太子与官员们深知太祖希望能在统治期间复兴古典传统的意向有关，[2] 据戴彼得

---

① 〔明〕徐祯卿：《翦胜野闻》，收于〔明〕邓士龙辑：《国朝典故》（北京：北京大学出版社，1993），卷3，第60页。《明实录》所记载的《御制孝慈录》认定过程，并没有呈现太子的反对意见。徐祯卿所记下这段文字，成为〔清〕高宗敕撰的《续通典》中《皇太子为庶母服议》的蓝本，推测应为《明实录》欲掩饰明太祖父子争执的局面，所以刻意不录。另可参见〔清〕高宗敕撰：《续通典》（台北：台湾商务印书馆，1987），卷76，《皇太子为庶母服议》，第1595页。

② 范德（Edward L. Farmer）：《朱元璋与中国文化的复兴——明朝皇权专制的意识型态基础》，收于张中政主编：《明史论文集》，第383-384页；朱鸿：《明代的周公——论朱元璋的效法成周为治》（略稿），收于陈怀仁、夏玉润主编：《洪武六百年祭》（海口：南方出版社，2001），第105-114页。

（Peter Ditmanson）的研究指出，太祖采纳官员诤言时，常展现他对"复古"的喜好，较有可能接受大量征引儒家经典为内容的建言，[1] 笔者推测此为懿文太子与礼部尚书不约而同地以礼仪经典来提出规谏的理由。不料，面对礼部的这项建议，明太祖大为不满地严加训斥道：

> 夫父母之恩，一也。父服三年，父在，为母则期年，岂非低昂太甚乎？其于人情何如也。乃敕翰林学士宋濂等曰："养生送死，圣王之大政，讳亡忌疾，衰世之陋俗。三代丧礼，节文尤详，而散失于衰周，厄于暴秦，汉唐以降，莫能议此。夫人情有无穷之变，而礼为适变之宜，得人心之所安，即天理之所在。"[2]

可见明太祖在这次议礼的过程中所重视的是"人之常情"，认为父与母两者对于人子的恩情应该受到等量齐观的对待，故认为若遭逢母丧，而因父在，只为母服一年之丧，实在是"低昂太甚"。于是，明太祖再命翰林学士宋濂（1310—1381）等人详加考察史书，向太祖报告古人论母服的议论与实例。最后，根据宋濂回报的结果，发现历代愿为母服三年丧者二十八人，愿为母服一年丧者十四人，前者多出后者整整一倍。[3]

　　这份考察报告可说是宋濂迎合圣意的产物。首先，报告中愿

---

① 戴彼得（Peter Ditmanson）：《洪武年间的道德谏诤》，收于朱鸿林编：《明太祖的治国理念及其实践》（香港：香港中文大学，2010），第65页。
② 《明太祖实录》，卷94，第1a页，洪武七年十一月壬戌朔条。
③ 〔明〕太祖撰：《御制孝慈录》，收于〔明〕张卤校刊：《皇明制书》，卷12，第4a－10b页。

为母服三年明显比服期年的记录多。前者的记录之所以比较多，其实较大的可能是因为为母服三年的重丧常因为人子的身份、父在与否而有所限制，导致人子为母服三年常常是因不符合礼经条文，遂在当时引起争议，而被记录在史书中，但回报的官员显然并没有说明这个资料取样的特殊情况。其次，即使为母服三年，也还有斩衰、齐衰之别。由本书第一章的论述可知，即使是在唐《开元礼》之后，不论父在父卒，为母服皆是"齐衰"三年，而不是太祖所说的"斩衰"三年，这份报告中愿为母服三年者，究竟是为母服斩衰还是齐衰，回报的官员似乎也选择忽略不谈。其三、细看这份考察报告中愿为母服三年丧的部分，可发现其所撷取的议论强调"三年之丧，天下之通丧"、"三年之丧，达乎天子"以及礼缘人情等言论，由此推测，宋濂可能有意透过此份报告，为明太祖反驳懿文太子与礼部尚书牛谅所认为的，为母服丧应有爵位尊卑之分的看法，而支持明太祖"礼缘人情"不应有爵位之别的看法。而事实上，宋濂此时可能刻意隐藏了自己对母服的议论，因为在他的文集中可以见到以下的言论：

> 龙门子〔宋濂自称〕曰："周公之礼，其至矣乎？父在，为母杖期，家无二尊也。……此周公之制别嫌明疑，所以为至也。后世父在为母齐衰三年……虽曰加厚，去礼意远矣"。①

上述引文摘自《凝道记》，是宋濂文集中少数呈现个人心态的

---

① 〔明〕宋濂：《宋文宪公全集》第三册，收于《四部备要集部》（台湾：中华书局，据严荣校刻足本校刊，1965），卷52，《凝道记》，第5b页。

篇章，① 在《凝道记》中宋濂认为唐代《开元礼》将父在为母由齐衰杖期提升至齐衰三年，已是"去礼意远矣"，更何况是明太祖欲周王为慈母孙贵妃服斩衰三年？由这样的落差，显见宋濂在此次议礼中迎合圣意的证据。

但是，不论宋濂是否真心诚意地赞成明太祖改革丧礼的意图，收到这份符合己意的调查结果，明太祖即直接宣布了他最后的裁决：

> 三年之丧，天下之通丧。今观愿服三年丧比服期年者加倍，则三年之丧岂非天理人情之所安乎？乃立为定制。子为父母，庶子为其母，皆斩衰三年；嫡子众子为庶母，皆齐衰杖期，仍命以五服丧制，并著为书，使内外有所遵守，其冠服经杖制度详见本书。②

将母服改为"子为父母，庶子为其母，皆斩衰三年；嫡子众子为庶母，皆齐衰杖期"，并著《孝慈录》一书，详载了明代的五服新制，并命上自天子下至庶民都必须遵守。明太祖如愿以偿地实现了"父母之恩，一也"的看法，使往后人子为父、为母皆服斩衰三年，不再有因父尊而厌降的考虑。透过《孝慈录》，明太祖重新规划了他理想中明代家族亲属之间应有的服丧关系，并将之纳入《大明律》之首，由礼入律，成为有明一代的丧服定制，并为清代所承袭，影响可谓甚巨。

---

① 参考唐惠美：《元明之际士人出处之研究——以宋濂为例》（新竹：台湾清华大学历史研究所硕士论文，2000），第161页。唐惠美亦认为宋濂入仕之保身法是，在朝谨行，居家少出，为文慎言，忠谨至此，使其终得致仕归家。
②《明太祖实录》，卷94，第1a页，洪武七年十一月壬戌朔条。

《孝慈录》于洪武七年（1374）十一月成书，综观全书，以明太祖御制的序言为首，并列出宋濂呈交的历代母服议论考察报告，最后再详述五服服制和服丧者、服丧对象的规范。而太祖御制的序言实透露了此次丧服议礼中太祖对礼部官员的态度及其制礼时"断自圣裁"的意志。序言一开头，即说道：

> 丧礼之说，闻周朝已备，至秦火乃亡，汉儒采诸说以成书，号曰《周礼》、《仪礼》。或云新书而未行，历代儒臣，往往以为定式以佐人主，若识时务者，则采可行而行之。其有俗士，执古以匡君，君不明断，是以妨务而害理，中道废焉。①

此次议礼，太祖对于臣下不能详察实际情况灵活因应，反而只会引经据典而拘泥于古礼的作为，深深不以为然。他认为这些"俗士"唯古礼是从，若不是他自己为人君主有足够的智慧可以明察秋毫，则"中道废焉"，俨然一副"君"、"师"皆在我身的态度。是故，《孝慈录》序的内容，不仅仅是明太祖为新的服丧制度所作的一个单纯叙明重订丧服原因的序言，其中亦蕴含了明太祖对臣下的谆谆训诫，借此重申臣下必须能够审势制宜以辅佐人君的期许。

太祖接着提到朝中有人引孔子不许鲁昭公为慈母服的故事，来反对太祖要求周王为慈母孙贵妃服斩衰三年一事，对此说法，

---

① 〔明〕太祖：《御制孝慈录》，收于〔明〕张卤：《皇明制书》，卷12，《序》，第1a页。

太祖以严厉的语气责其为"不识实务、不懂孔子大义的迂儒俗士"，[①]并举宰予问孔子是否可为母服期年之丧，孔子以为宰予不仁的例子，证明自己母服主张的正当性。然后郑重地声明道：

> 今之迂儒，止知其一，不知其二，是古非今昭然矣。且礼出于天子，上行下效焉。[②]

又在序言之末不厌其烦地强调：

> 丧礼之论答，时文之变态，迂儒乃不能审势而制宜，是古非今，灼见其情，甚不难矣。每闻汉唐有忌议丧事者，在朕则不然，礼乐制度，出自天子，于是立为定制。[③]

"复古"、"复先王之治"诚然是太祖立国的一个重要思想基础，[④]但是"礼出于天子"、"礼乐制度，出自天子"的再三申明与训诫，更代表了明太祖认为只有当今天子有制礼作乐的权力，而礼

---

① 〔明〕太祖：《御制孝慈录》收于〔明〕张卤校刊：《皇明制书》，卷12，第1b-2a页。

② 〔明〕太祖：《御制孝慈录》收于〔明〕张卤校刊：《皇明制书》，卷12，第2a页。

③ 〔明〕太祖：《御制孝慈录》收于〔明〕张卤校刊：《皇明制书》，卷12，第3b页。

④ 罗冬阳强调明太祖重视礼法的一面，认为其标榜"复我中国先王之治"，表明了他利用传统礼法文化维护统治的强烈动机。参见罗冬阳：《明太祖礼法之治研究》，北京：高等教育出版社，1998；朱鸿更进一步认为明太祖上谕中的"复古"即是"复周"，其对周代礼制怀有的无限向往，体现在其更革典礼的各项礼书中，因此，朱鸿称明太祖为"明代的周公"。但是，朱鸿同时指出在制礼作乐的一连串活动中，明太祖也绝非一味地复古。参见朱鸿：《明代的周公——论朱元璋的效法成周为治》（略稿），陈怀仁、夏玉润主编，《洪武六百年祭》，第105-114页。

制的内容，更必须出自皇帝的决定，而非朝中文士的意见，更非官员们所执的古礼。这样的意志往往与回归先王之道的口号相冲突，而夹在这样胶着局面中间而难为的，无疑是参与议礼的官员。他们只能不断揣摩上意以求双赢，于是，宋濂隐藏了自己对母服加厚的负面评价，迎合上意，却得到后世的骂名，夏燮（1803—1875）即认为明太祖以"贵妾之宠"而擅改礼经一事，"宋濂诸臣不得不受其过矣"；① 若再反观当初以《仪礼》规劝明太祖的礼部尚书牛谅，则因其奏不合上意，在《孝慈录》成书的隔月遭到解职。② 一场丧服礼议，一套新的制度颁行，彰显了明太祖礼乐制度"断自圣衷"的决心，也透露了参与议礼官员伴君如伴虎，一刻不得安的情境。

第三节　《孝慈录》中的孝道伦理

　　《孝慈录》的成形，最初肇因于洪武七年孙贵妃之死，使明太祖"牵于私爱"，③ 而开启了明代丧礼改革的开端。经过与官员的反复讨论，太祖可说是"断自圣裁"的使人子为父、为母皆服斩衰三年，不但超越了唐代《开元礼》为父斩衰三年，为母齐衰三年的界线，更翻转了自《礼记·丧服四制》奠定的"天无二日，土无二王，国无二君，家无二尊，以一治之也"的丧服原则。而若仔细审视议礼的整个过程，可以发现造成如此结果的原

---

① 〔清〕夏燮：《明通鉴》，收于《续修四库全书》史部 364 册（上海：上海古籍出版社，据上海图书馆藏清同治十二年黄官廨刻本影印，2002），卷 5，第 18a - 18b 页。

② 《明太祖实录》，卷 95，第 3b 页，洪武七年十二月庚申条。

③ 〔清〕夏燮编：《明通鉴》，收于《续修四库全书》364 册，卷 5，第 18b 页。

因，实与明太祖个人所认同的孝道伦理息息相关。[①]

一、 由"孝慈"而起

滋贺秀三曾言及在生命的形成作用里，母亲的角色决不能被忽略。《孝经》里的"身体发肤，受之父母，不敢毁伤，孝之始也"，以及《礼记·祭义》中所说的"身也者，父母之遗体也，行父母之遗体，敢不敬乎？"都是将父与母连称，[②] 可见父母作为人子孝顺对象的同时性与同等性，而这种"不可缺母"的概念，正与《孝慈录》的制作动机不谋而合。

由《孝慈录》之书名"孝慈"二字，可知"孝顺母亲"是此书的主要宗旨，而这样的宗旨，除了立基于实际生活中母子的血缘连结与频繁互动，同时也与太祖自己对母亲的感怀有关。《明太祖宝训》提到洪武二十年（1387）仁祖后忌日时，太祖告诉侍臣朱升（生卒年不详）曰：

> 昔吾母终时，吾年甫十七，侍母病，昼夜不离侧。吾次兄经营家事，母遣呼与偕来嘱曰："我今病度不起，汝兄弟善相扶持以立家业。"言讫而终。今大业垂成，母不及见，语犹在耳，痛不能堪也，因悲咽泣下，群臣莫不感恻。[③]

---

① 何淑宜则认为明太祖加重母服，可能一方面是因为其平民阶层的出身，另一方面则和时代演进下，家庭伦理已不同于古代宗法社会有关，见氏著：《明代士绅与通俗文化——以丧葬礼俗为例的考察》，第 56 页。
② 张建国、李力译，滋贺秀三著：《中国家族法原理》，第 29 页。
③〔明〕吕本等辑：《皇明宝训》，收于《四库全书存目丛书》史部 53 册，卷 1，《孝思》，第 14a 页，吴元年四月丁卯。

而太祖更是深信其与母亲之间母子一体的气血相通：

> 朕思遭兵乱，母后之坟为兵所发，朕收遗骸，失一指骨，于坟近地遍求不可得，忽得一骨，然未敢必其是。闻世有以指血验之者，遂啮指滴血其上，果透入其中，及以他骨验之，则血不入，乃知亲之气血相感如是，与他人自不同也。①

这些与母亲的情感经验，无疑地成为太祖孝道观念的一环，促使他在面对重视父系宗法时，对只承认父子同气、父子一体的丧服制度大感不平，而在《孝慈录》的序言中提出："夫父母之恩，一也。父服三年，父在为母则期年，岂非低昂太甚乎?"的疑问。而此一"父母等恩"的孝道观念，也可在往后明太祖的《御制大诰》中太祖对父母与人子感情的描述、对人子向父母尽孝的要求，以及"六谕"中的第一条——"孝顺父母"而非"父慈子孝"等处轻易的发现。

另外，值得一提的是，明太祖对父母并提并重、合而为一的态度，也形诸于洪武十二年（1379）将郊祀礼从"天地分祀"改制为"天地合祀"之上。天地之祀是皇帝的权力象征，祀典的举行更是加强"皇权神授"感的重要步骤，所以祭祀天地成为明太祖即位以后，证明其政权正统性的重要礼典。洪武元年（1368），太祖依中书省官员李善长（1311—1375）撰进的《郊祀议》，②于钟山之阳建圜丘，钟山之阴建方丘，并于同年十一月，亲祭昊

---

① 〔明〕吕本等辑：《皇明宝训》，收于《四库全书存目丛书》史部53册，卷1，《孝思》，第15a－15b页，洪武二年四月乙亥条。
② 〔清〕张廷玉等撰：《明史》，卷48，《礼二》，第1245页。

天上帝于圜丘；洪武二年（1369）五月，亲祭地于方丘，正式施行了天地分祀的郊祀礼制度。但自洪武元年到九年，几乎每遇郊祀即阴雨不断，使得太祖怀疑是因此制有不合情理处所造成的结果，于是决定改制。洪武十年（1377）八月命令改建圜丘于南郊，并在圜丘建坛而以屋覆之，名曰大祀殿。十一月，因大祀殿还未建成，所以先于奉天殿合祀天地，进而更在洪武十二年（1379）正月，首行新制，合祀天地于大祀殿。① 探究明太祖将天地分祀改为天地合祀的理由，除了以风雨为忧之外，还有一个重要的原因：

> 丁亥冬至，始合祀天地于奉天殿。祝文曰："礼以义起，贵乎情文两尽。曩者建国之初，遵依古制，分祀天地于南北郊，周旋九年，于心未安。诚以人君者，父母天地仰覆载生成之恩，一也，及其严奉禋祀，则有南北之异，揆以人事，人子事亲，曷敢异处？窃惟典礼其分祀者，礼之文也；其合祀者，礼之情也。徒泥其文而情不安不可谓礼。"②

一方面由此可看出明太祖不但推演宋人"父天母地"与"孝"的观念于此次郊祀礼的改革，表现了洪武礼制中缘情制礼的特色；③ 另一方面，若将上述引文中的"父母天地仰覆载生成之恩，一也"、"人子事亲，曷敢异处"等话语，与太祖制定《孝慈录》时所说的"夫父母之恩，一也"相较，浮现眼前的即为洪武

---

① 《明太祖实录》，卷116，第4a页，洪武十年十一月丁亥条。
② 《明太祖实录》，卷116，第4a页，洪武十年十一月丁亥条。
③ 何淑宜：《皇权与礼制——明嘉靖朝的郊祀礼改革》，《中央史论》，22（韩国，2005），第71-98页。

礼制改革中的另一重要面向，亦即明太祖在揆以人情的基础上，将自己孝道观中的重要概念——"父母等恩"贯彻在礼制相关政策中，进而与古礼一次又一次的对话。由此可以推断，明太祖"父母等恩"的观念，不但时常流露于太祖的言谈间，也被明太祖具体实践在洪武朝的礼制改革之中，遂产生了强调天地合祀才符合"父母合一"的郊祀礼，以及子为父母同服斩衰三年的丧服制度。

二、《孝慈录》中的"八母"服制

除了由于重视母亲，认为父母等恩，不应有所差别，而一反古礼"家无二尊"之准则，将母服提升至与父服同为斩衰之外，在《孝慈录》中的"八母"之服亦多有变化。[①] 人子为嫡母、继母、所后母、慈母，在唐《开元礼》以后，皆服齐衰三年，另有子为养母，自南宋至元代也都是服齐衰三年，但到了明洪武七年《孝慈录》颁订后，即皆提升至斩衰三年，除此之外，《孝慈录》还删除了庶子为父后为其生母只能服缌麻三月的条文。推论这些母服制度的制定缘由，有以下几点：其一，为嫡母、继母、慈母斩衰三年，可能一方面是因礼经认为继母因配父、慈母因父命，皆如母，而嫡母更是因为夫妻一体，为庶子礼法上的母亲；另一方面，亦着眼于这些母亲在平时生活，如亲生母亲一般对人子有养育之恩，所以三者皆比照为生母服制升至斩衰三年。其二，为

---

① 八母：嫡母（妾生子称父之正妻）、继母（父娶后妻）、养母（自幼过房与人）、慈母（所生母死，父令妾抚育者）、嫁母（亲生母因父死再嫁他人）、出母（亲生母被父所出）、庶母（父有子妾）、乳母（父妾乳哺者）。参见黄彰健：《明代律例汇编》，《三父八母图》，第32页。在此节并将"所后母"涵纳进来介绍。

所后母，则是因为人子为所后父是斩衰三年，既然"父母等恩"，为父为母之服丧等级就必须同等，是故，为所后母如同为所后父一样为斩衰三年，而为本生父母则维持古礼的规定服齐衰不杖期。其三，《孝慈录》有"养母"的条文，规定为斩衰三年。《元典章》将养母定义为"养同宗及遗弃子，同亲母"，到了《孝慈录》则删除了养遗弃子的部分，"养母"是为养育"自幼过房与人"小孩的母亲。① 不论养母的意义如何改变，皆着意于养母对人子的鞠育之恩，将养母视同亲母，《元典章》比照唐代《开元礼》的母服规定，规定子为养母服齐衰三年，而《孝慈录》则是将之提升至斩衰三年。其四，庶子为父后为其生母缌麻三月的条文，是自《仪礼·丧服》至明洪武七年以前历代丧服礼制从未更动的部分，而《孝慈录》大刀阔斧的删除之，意味着太祖希望庶子自此不再需要考虑自己是否因为继承了家中祭祀之权，而其生母因身为妾身份过于低下，所以必须在服丧时有所厌降，庶子不论是否承重皆可为生母服斩衰三年之丧，与一般人子为母服丧相同。由以上四点可见，《孝慈录》的丧服条文重视实际生活生身之恩与养育之恩，漠视宗法制度中的尊尊原则，而遵循着明太祖个人对人子应为谁尽最大之孝的看法，以决定谁可得到人子的最隆之礼。

但必须注意的是，明太祖也并非无条件地支持生身、养育之恩，其中是否为同家族之人，亦是明太祖制服一个考虑的重点。因为相对于嫡母、继母、所后母、慈母、养母得到人子为其服斩

---

① 先秦宗法制下无"养母"之称，大宗无子以同宗昭穆相当者为子。宋代法律始放宽规定，凡在三岁以前收养的异姓儿，不论因遗弃、因抱养，均可改从己姓，视同亲生，甚至可立为嗣子继承遗产。明清律中又重申养子不得立为嗣子之规定。见丁凌华：《中国丧服制度史》，第118－119页。

衰三年的隆礼，人子为出母、嫁母之服却沿袭了自《仪礼·丧服》以来规定的齐衰杖期，[①] 而为乳母也维持《仪礼·丧服》以来的缌麻三月之制。推测造成这种差距的原因，在于乳母本非家族中人，而出母、嫁母则与父离异，已非家族之人，导致他们对人子的生育之恩、养育之情遭到相对的漠视，而未在此次母服变革中得到抬升，可见明太祖对于夫妻一体、家庭完整性的看重。

《孝慈录》中的母服制度，还有一个部分的改革，与太祖个人意志以及立国之初的时空氛围密不可分，亦即将嫡子、众子对庶母缌麻三月的服期，提升至《孝慈录》的齐衰杖期。此条规定，除了符合洪武七年九月贵妃孙氏薨，明太祖要求东宫及诸王服齐衰杖期的命令外，在《孝慈录》序文之末，亦透露了明太祖决意提高庶母服期的原因：

> 周公无逸篇述殷王中宗享国七十五年，高宗享国五十九年，祖甲享国三十三年，自时厥后，惟耽乐之从，或十年、或七八年、或五六年、或四三年，寿可稽而短可考，岂不明矣？然周公止知如是，不知定期服，已失人伦，终致后王寿短，而社稷移者，亦由庶母无服焉，或父归而子乘之，人伦安在，所以寿促而王纲解。[②]

可知明太祖显然并未效法成周，更对《仪礼·丧服》中所规定的嫡子、众子为庶母无服的规定颇有微词，认为周公不知为庶母期服，以提高庶妾在家中为母的地位，所以造成庶母有母名却无母

---

① 此处亦包括父卒继母改嫁而己从之者。见〔明〕太祖：《御制孝慈录》，收于〔明〕张卤校刊：《皇明制书》，卷12，第20a页。
② 〔明〕太祖：《御制孝慈录》，收于〔明〕张卤校刊：《皇明制书》，卷12，第3a页。

尊的情况，进而造成"父归而子乘之"的人伦败坏情事。太祖对于家中嫡子、众子和庶母发生不伦的深恶痛绝，也可在《谕中原檄》中看到：

> 元之臣子，不尊祖训，废坏纲常，有如大德废长立幼，泰定以臣弑君，天历以弟鸩兄，至于弟收兄妻，子烝父妾，上下相习，恬不为怪，其余父子君臣夫妇长幼之伦，渎乱甚矣。[1]

在明太祖心中，"子烝父妾"是元代陋俗的一部分，其严重性除了造成家内秩序的紊乱之外，国家亦因纲常败坏而导致天厌其德，进而危及一个朝代的正统与兴衰。同样的，在《孝慈录》中，明太祖谈到庶母因"父归而子乘之"的状况时，亦赋予此习俗"人伦安在，所以寿促而王纲解"的政治意义。由此推论，明太祖提高嫡子、众子为庶母服的丧服等级的原因，背后实蕴藏着明太祖政治思想中的一个重要面向，即视蒙古人在中国的统治是一大历史倒退，而他要将中国从不良影响中解救出来，[2] 所以他不仅要恢复先王前圣之道，在面对"子烝父妾"的乱伦情事，他更要超越古礼以汰尽元俗，提高庶母之服来维持家内应有的人伦纲常，进而促成国家的长治久安。

　　这一套思考逻辑同时亦体现于《大明律》之中。虽然学者曾经指出，明律中的不少条文，是直接吸取或稍加损益元代法律条

---

① 《明太祖实录》，卷26，第10a-10b页，吴元年冬十月丙寅条。
② 范德（Edward L. Farmer）：《朱元璋与中国文化的复兴——明朝皇权专制的意识型态基础》，第381页。

文而来,① 但在某些地方,却清楚可见元明两代统治者的不同态度。在元代,"诸居父母丧欺奸父妾者"将得到"各杖九十七,妇人归宗"的惩罚,② 到了明代则规定若收父祖妾,各斩,③ 此刑罚不但大大重于元朝法律,亦重于明律中和奸的杖八十与强奸的绞刑,④ 并为"亲属相奸"条文中最严重的惩罚。综观而言,可知《孝慈录》嫡子、众子为庶母服齐衰杖期的新规定,并非仅止于对孙贵妃的个人感情,⑤ 恐更与以"孝"促"悌",缓解诸子之间因来自不同生母所产生的隔阂无太大关联,⑥ 而是与明太祖开国以来希望恢复中华文化价值的意念有较紧密的契合。

在子为八母之服的部分,《孝慈录》对《仪礼·丧服》的规定有多处的更动,而且相较于唐代的母服变革,更是全面且剧烈。事实上,在《孝慈录》中,母为子服的规定上亦有不少的变化。《孝慈录》"齐衰不杖期"条载:

> 父母为嫡长子及众子。
>
> 慈母为长子及众子。
>
> 妾为夫之长子及众子。

---

① 杨一凡:《洪武〈大明律〉考》,收于杨一凡编:《中国法制史考证·甲编·第六卷》(北京:中国社会科学出版社,2003),第33页。

② 〔明〕宋濂奉敕修:《元史》(台北:中华书局,1976),卷104,《刑法三》,"奸非"条,第2654页。

③ 黄彰健:《明代律例汇编》,卷六,《户律三·婚姻》,"娶亲属妻妾"条,第936页。

④ 黄彰健:《明代律例汇编》,卷六,《户律三·婚姻》,"和奸"条,第933页。

⑤ 赵克生:《明朝后妃与国家礼制兴革》,《东北师大学报(哲学社会科学版)》,总第229期(吉林,2007),第51页。

⑥ 刘晓东:《以"孝"促"悌"——朱元璋丧制改革述论》,《学习与探索》,5(2008),第210-213页。

嫁母、出母为其子。

继母改嫁为前夫之子从己者。[1]

在《仪礼·丧服》的规定中，父亲为众子服齐衰不杖期，而为嫡长子则因其承宗庙之重为之服斩衰三年，此条文为《孝慈录》以前各代所沿袭，但在《孝慈录》当中，则无视于嫡长子承继先祖正体的身份，使父亲为嫡长子与众子皆服同等的齐衰不杖期。同时也因为"父母等恩"的观念，母亲也同列于此条文中，规定母为嫡长子及众子皆服齐衰不杖期，与过去母为长子服齐衰三年，为众子服齐衰不杖期相比，有很大的改变。日本学者井上彻认为造成这个变革的原因，即根植于滋贺秀三所说的："由家产分割与继承采诸子均分制的社会实况可看出，先秦以后的社会，重视长子的观念已被漠视，而在明清亦被完全摒弃。"因此，在《孝慈录》中父母为嫡长子及众子皆服齐衰不杖期的条文，即代表了这样的社会现实情况。[2] 另一方面，此条文也同时表示着明太祖所主张的是，为子者对父母恩情报以无区别之孝，父母则对每个孩子倾注等量的慈爱的理想家庭。[3] 而从子为父母斩衰三年，而父母为子一律齐衰不杖期的丧服等级差异，也可看到父母之尊的崇高性。

此外，在前述"齐衰不杖期"条中，亦可看到妾为夫之长子亦从《仪礼·丧服》所规定的齐衰三年，改为齐衰不杖期，与妻

---

[1] 〔明〕太祖：《御制孝慈录》，收于〔明〕张卤校刊：《皇明制书》，卷12，第20a-21a页。

[2] 井上彻：《明朝对服制的改定——〈御制孝慈录〉的编纂》，收于钱杭译，井上彻著：《中国的宗族与国家礼制》，第349页。

[3] 井上彻：《明朝对服制的改定——〈御制孝慈录〉的编纂》，收于钱杭译，井上彻著：《中国的宗族与国家礼制》，第351页。

为长子、众子之服相同，显见妾母地位在丧服制度中的提升。而嫁母、出母为其子之条文在《仪礼·丧服》中并无规定，到了唐代《开元礼》才首次出现子为嫁母、出母服齐衰杖期，而嫁母、出母报之的规定，① 也就是说因子为嫁母、出母服齐衰杖期，所以嫁母、出母为其子也投以相同的回报，为子报服齐衰杖期。此条文为《元典章》和《大明令》所接受，但《孝慈录》则将嫁母、出母为其子服降为齐衰不杖期，有可能是比照母为子服齐衰不杖期的规定，亦可能是参考了《文公家礼》的内容。② 但不论原因为何，由《孝慈录》母为子服的相关规定可以知道，母亲无论是妻、是妾，皆为家中所有儿子服齐衰不杖期，若将此条文与子为母必服斩衰三年，庶子不论是否为父后，为其生母皆服斩衰三年，家中众子须为庶母服齐衰杖期三者对比可知，《孝慈录》颁行以后，不会再有古礼母为子服与子为母服同等丧服的时候，更消除了妾母为家中之子比家中之子为妾母的服丧等级还高的情况发生，无疑地肯定女性作为母亲时应有的尊严；同样地，母亲不论是否被出或改嫁，她们也为人子皆服齐衰不杖期，而非《开元礼》规定的齐衰杖期。可知在《孝慈录》中，母亲为子之服并非依循《开元礼》所说的"报服"原则，而是严守着母为尊、子为卑的标准，使子为母之服一定高于母为子之服。换言之，《孝慈录》诸母为子服的条文，在在显示"母尊子卑"在丧服礼制中得到了前所未有的肯定与确认，而之所以能有此一跃进，无疑也是源于明太祖一再强调"父母等恩"，而不满于母服过于降杀的意念。

---

① 〔唐〕萧嵩等撰：《大唐开元礼》，收入于《景印文渊阁四库全书》总 646 册，第 5b–6a 页。

② 〔宋〕朱熹：《家礼》，收于《景印文渊阁四库全书》总 142 册（台北：台湾商务印书馆，1983），卷 4，"不杖期"条，第 12b 页。

三、《孝慈录》中的居丧礼仪

在《孝慈录》的序言中，明太祖谈到古礼中父在为母仅服期年之丧，认为不合人情之礼之后，还有一段与守丧仪节有关的讨论：

> 古不近人情，而太过者有之。若父母新丧，则或五日、三日，或六七日，饮食不入口者，乃是孝。朝抵暮而悲号焉，又三年不语焉，禁令服内勿生子焉，朕览书度意，实非万古不易之法，若果依前式，其孝子之家，为已死者伤见生者，十七八九，则孝礼颓焉，民人则生理罢焉，王家则国事紊焉。①

明太祖在洪武八年（1375）将原来通报系统繁复的丁忧守制规定，改为"百官闻父母丧者，不待报，许即去官"，② 而在洪武二十四年（1391），太祖因朝中有官员不让正处罚役却逢母丧的龙江卫吏回乡守制，而责骂道："虽罚役，天伦不可废，使其母死不居丧，人子之心终身有歉。"③ 可见太祖重视孝道，所以多成全遭逢亲丧的官员尽速回乡守制服丧。尽管明太祖认为为父为母皆应服斩衰三年之重丧，又调整守制政令鼓励守丧尽孝，但并不赞成服丧期间人子哀毁过礼，而认为这种以"已死者伤见生者"的行为实非孝道，亦有害民生国计。在洪武二十七年（1394），发生类似这种因孝伤身的行为，太祖强烈谴责江伯儿为

① 〔明〕太祖：《御制孝慈录》，收于〔明〕张卤校刊，《皇明制书》，卷12，第2b页。
② 《明太祖实录》，卷100，第4b页，洪武八年七月戊辰条。
③ 《明太祖实录》，卷210，第3b页，洪武二十四年七月乙巳条。

医母而杀子祀神的行为，并将江伯儿"杖一百，谪戍海南"，并自此排除割股割肝等孝行于旌表之列。[①] 因此，在《孝慈录》的这段序言中，太祖反对服亲丧的漫长三年期间，"朝抵暮而悲号"、"三年不语"与"禁服内生子"等不近人情的规定，认为此"实非万古不易之法"，而这种想法亦反应在明律之中。若审度明律中有关服丧的条文，即可知明律基本上承袭了唐代以来匿丧、居父母丧释服从吉、作乐、参与筵席以及别籍异财等规定，但明律对这些行为的处罚大为减轻，甚至删除了唐律中的"居丧生子"条，可见太祖在制礼时对古礼"禁服内生子"的反思，影响了明律在沿袭前代法律时所做的增修删减。换言之，太祖朝的孝治、礼治与法治，诚为一体三面，密不可分，不但表现于《孝慈录》一书的制定与颁行过程，亦贯穿了太祖在位三十一年期间的治国理念与政策之中。

小结

李贞德曾在《公主之死》一书中评论武则天的母服改革，指出："自古以来，从统治者到一般平民百姓似乎人人承认母子情深，母恩当报。但若不是女主当朝，以自己作为女性同时也是一位母亲的特殊生命经验出发，父在为母齐衰三年的丧期，恐怕就没有机会在历史上首次成为制度性规范。"[②] 认为女性统治者为母的经验，是母服制度发生变革的关键，但此一说法若放在明代的丧服改革中，则显然失去效用。明太祖在位期间，利用各种方

---

① 《明太祖实录》，卷234，第3a-3b页，洪武二十七年九月乙巳条。
② 李贞德：《公主之死——你所不知道的中国法律史》，第125页。

式宣扬他所认可的孝道观念，在他所御纂的书籍中往往提醒人子同时对父母尽孝，并在"六谕"中一改过去"父慈子孝"的孝道内涵，而以更为大众所接受的"孝顺父母"作为风俗教化的首要原则，无形中强调了母亲的重要性。而此一对双亲尽孝乃为孝之正道的看法，实在洪武七年（1374）因孙贵妃之死而掀起的丧服议礼过程中展露无遗。明太祖虽然未有为人母的经验，但他从身为人子对母亲的诚挚感情出发，强调"父母之恩，一也"，坚持"礼乐制度，出自天子"，使人子为父、为母皆服斩衰三年，突破了先秦以来"家无二尊"的宗法概念，并对过去母服相关礼制进行改革，其程度不论就条文的数量上，抑或服丧等级的变化规模上，都远远超越了唐代的母服改革。最后，明太祖将议礼的成果著成《孝慈录》一书，由礼入律，使母亲的礼法地位得到前所未有的提升，并为清代所接受，成为此后传统中国丧服的定制，影响深巨。

　　由本章的探讨可知，《孝慈录》的成书背景与内容，掺杂了许多明太祖个人对制礼、治国与孝道观的理念，而当这些独具个人特色的理念成为一个与古礼相悖的制度时，其所得到的回响与实践程度，应是饶富意义而有待深究的问题，笔者将于下文进行更进一步的讨论。

表三　《大诰续编·明孝》十六项孝行及其批注表

	孝行类目	批　　注
1	冬温、夏清、晨省、昏定。	冬寒则奉父母以温，夏炎则奉父母以凉，清晨则问父母一宵安否，至暮则候寝方归，斯谓之孝也。
2	饮膳洁净，节之。	父母饮食必要十分精洁，供必以时，且得其中，不使过多，则谓之孝。

	孝行类目	批　注
3	父母有命，善正速行，毋怠命；乖于礼法，则哀告再三。	父母之命，其合理者，则速为奉行，若不合于理者，则哀告再三。若一概奉行，则致父母有殃，安得为孝，虽违命而告至再三，实至孝也。
4	父母已成之业，毋消。	人子承守父母产业者，必使常存，不至典卖及犯法而消废，则谓之孝。
5	父母运蹇家业未成，则当竭力以为之。	父母衰老不能生理，况家业未成，子竭其力以成之，不致父母窘于衣食，则谓之孝。
6	事君以忠。	孝子事君，知无不言，心无奸邪，上补于君，下有益于民，禄奉已亡，见存祖父母父母，是谓大孝。
7	大妇有别。	人家有子、有孙、有兄、有弟、有侄，体先王之要道，别之以大妇，家和户宁，是其孝也。若使混淆，不如禽兽，是谓不孝。
8	长幼有序。	人有长幼，居家则有伯叔兄弟，邻里则有高年少壮。凡人居家无长幼之分，出则无长幼之序，其所被辱者多矣，此其所以不孝也。使其居家有长幼之分，出则有高年之敬，是其孝也。
9	朋友有信。	人不能无朋友，必择可交者，与交使言语可复，皆无虚诈，若事有参差，必能谏正，不至于善交之怨，恶交之陷，故谓之孝。
10	居处端庄。	人于起居动静之际，底仪要肃，则人望而敬之，不敢亵狎，故谓之孝。
11	莅官以敬。	士有禄位者，若能持己以敬，而临乎人则事辑而人爱敬之，必不陷身于罪戾，故谓之孝。

	孝行类目	批　注
12	战陈勇敢。	人之居行伍者，当战陈之时，必奋勇以当先，成功则荣膺名爵，殁身则忠义旌显，垂于千古，故谓之孝。
13	不犯国法。	人皆父母之生，若不谨守法度，至遭罪责，则伤父母之遗体矣，故必保身毋犯，则谓之孝。
14	不损肌肤。	君子爱护其体，为父母之遗体也。设使无藉被人揉辱，肌肤为之伤，是为不孝。
15	闲中不致人之骂詈。	人于闲中，若放肆妄诞，众人骂詈则辱及父母矣，故闲静中必谨言，以保其身，则谓之孝。
16	朝出则告往某方，暮归则告事已成未成。	呜呼！先王之道至孝之哉，所以明所向之方，使父母暮指方而望归，告事成与未成，使父母知其善与不善。至此之际父母无犹豫之忧，乐然而快哉，此其所以孝也。

资料来源：〔明〕太祖撰：《御制大诰续编》，收于《明朝开国文献》第1册，第5b-7a页。

第三章
礼情之间：子为母服的议论与实践

只见天师头戴的三梁冠，身穿的斩衰服，腰系的草麻绦，脚穿的临江板，做个哭哭啼啼之状走进朝来。万岁爷明知其情，故意问他说道："天师，你这重服还是何人的？若论宪纲，除是父母的嫡丧，见朕乞求谕葬、乞求谕祭，方才穿得重服。"

〔明〕罗懋登《三宝太监西洋记通俗演义》，卷3

透过观察明代《孝慈录》的制定过程可知明太祖以现实人情为基础的制礼概念，衍伸出母服制度、守丧规定等方面的改革与新看法，而其中影响最巨的莫过于提高子为母服至斩衰三年，而使齐衰三年服制成为历史陈迹的举措。① 此一断自明太祖宸衷的丧服礼制，不仅是有明一代官方的丧服规定，并且也为清代所承袭，成为明清士人口中的丧服"今制"、"时制"。只是，此一迥异于传统古礼的丧服礼制从士人口中得到什么样的评价，是否得到肯定而普及于社会，仍是一个值得深入探索的问题。本章即集中探讨士人是否了解、同意《孝慈录》为母服斩衰三年的制度及其背后的意义，以探究《孝慈录》条文普及的程度，并说明当

---

① 石磊：《从历代丧服制度观察我国亲属结构的演变》，《"中央研究院"三民主义研究所丛刊（8）》（台北，1981），第90页。

"父母同斩"由书面文字转化为实际作为时可能遇到的困难。

第一节　士人对《孝慈录》的评价

古代中国政权的正当性基础在于得天命，得天命的基础在"德"，即所谓"以德受命"。天子家中祖先的某一人以其德承受天命而为"受命王"，亦即"太祖"。"太祖"的子孙则非直接受命于天者，而是继太祖体的"嗣王"，因此，嗣王之得天命，乃根源于或从属于太祖。太祖以其德受命，成为该政权的基本精神或存在的根本理由，而其德则具体呈现为太祖所保留的传统习俗或创新的法度之中。对嗣君而言，其统治权威的正当性来自于太祖，遵循祖法就是嗣君维持统治正当性的必要程序。[①] 明太祖在明代为"得天受命"之人，他在开国之初所颁布的典章制度，如《皇明祖训》、《诸司职掌》、《大诰》、《大明令》、《大明集礼》、《洪武礼制》、《孝慈录》、《教民榜文》、《大明律》等等，皆为"太祖之德"的具体展现，亦是政权合法性的表征，对明代嗣君乃至臣民而言，是不容批评、质疑且必须奉行的"祖制"。[②] 在这些明太祖所制定的典章制度中，尤以《诸司执掌》所规范的官制和《大明律》所规定的法制最为重要，[③] 而《孝慈录》中的母服制度正是在制定之后，纳入《大明律》颁行天下。换言之，

① 王健文：《奉天承运——古代中国的"国家"概念及其正当性基础》（台北：东大发行；三民总经销，1995），第 98、125 页。

② "祖制"一词，广义来说可包括洪武时代订定的所有典章制度，参见吴智和：《明代祖制定义与功能试论》，《史学集刊》，3（吉林，1991），第 20 - 29 页。关于明代祖制释义、功能以及争议的研究亦可参见萧慧媛：《明代的祖制争议》，台北：中国文化大学史学研究所硕士论文，1999。

③ 吴智和：《明代祖制定义与功能试论》，第 21 页。

《孝慈录》不但是一套规范明代家族中亲属关系亲疏远近的服丧礼仪，亦是明代臣民皆须遵守的"祖制"之一。

《孝慈录》作为祖制的一环，被其后明代君臣尊重的状况，或可从下面英宗朝这段记录得知：

> 辛卯，河南固始县学署训导举人黄俊言："太祖高皇帝《御制孝慈录》已尝颁布天下，今四方学中鲜有存者，乞仍镂印颁布，令士民讲诵，以隆孝道。"上曰："朕观《孝慈录》所论，仰太祖圣见卓冠百王，寔万代不刊之盛典，宜家传而人诵者，礼部亟印颁之。"①

这段对话也收入于《明英宗宝训》之中，② 可知此条上谕的重要性。而由此亦可推断明初《孝慈录》被当作重要的礼书颁行全国地方学校，但在正统年间因发现地方学校所藏的《孝慈录》多已湮灭，而赶紧命礼部重新刊印，可见其重要性。③

《孝慈录》除了是太祖御制的圣典，应为天下臣民知悉以外，其中的孝道概念，也为明代君臣重视。景泰四年（1453），吏科都给事中林聪（1417—1482）有鉴于当时朝中夺情之事似趋于流弊，而希望官员们"有父母丧，悉如例，还家守制，满日起复，不必夺情"，④ 在这份建言中提及：

---

① 《明英宗实录》，卷68，第6b页，正统五年六月辛卯条。
② 《明英宗宝训》，收于《明实录附录》17 册（台北："中央研究院"历史语言研究所，1967），卷1，《遵旧制》，第24b页。
③ 见《明武宗实录》，卷13，第3a页，正德元年五月丙戌条："赐西河王书院额，为勉学颁《孝慈录》、《孝顺事实》二书，从王请也。"
④ 《明英宗实录》，卷226，第8a页，景泰四年二月己酉条。

君亲，人道之大伦；忠孝，臣子之大节。未有忠于君而不能孝于亲，亦未有薄于亲而能厚于君者也。传曰："事亲孝，故忠可移于君"，欲求忠臣岂可不于孝子之门乎？稽之古礼，子有父母之丧，君命三年不过其门，所以劝天下之孝也。我太祖高皇帝以孝治天下，酌古准今，创制立法，父母之丧皆斩衰三年，而冒丧有禁，匿丧有罚，其所以扶植纲常，维持世教者至矣。①

《孝慈录》中为父为母皆服斩衰三年的规定，在林聪眼里是明太祖以孝治天下的证明之一，而《孝慈录》作为祖制的一环，与儒家经典连结，成为明代官员提出建言正当性之后盾。最后，这篇奏疏获得景帝的嘉许接纳，② 可知明太祖《孝慈录》"父母等恩"的孝道概念得到了君臣双方的尊崇。

一、 明代士人对《孝慈录》的推崇

不论是当作倡导孝治天下理念的手段，抑或整顿官员夺情起复的利器，明代君臣皆因《孝慈录》的"祖制"性质而十分肯定其中所蕴含的孝道精神。但若褪去政治考虑并离开庙堂之上君臣的对话场域，一般士人又是如何理解《孝慈录》的意义，并且从何种角度进行评论，进而影响《孝慈录》实践于社会的程度呢？③ 明人陆容（1436—1497）即点出了《孝慈录》的制作过程

① 《明英宗实录》，卷 226，第 8a - 8b 页，景泰四年二月己酉条。
② 《明英宗实录》，卷 226，第 8b 页，景泰四年二月己酉条。
③ 关于明代士人对《孝慈录》的评价，学者何淑宜亦有专门探讨，见氏著：《明代士绅与通俗文化——以丧葬礼俗为例的考察》，第三章第一节，第 145 - 152 页。

与核心精神：

> 本朝子为母服斩衰三年，嫂叔之服小功，皆所谓缘人情
> 而为之者也。然韩退之幼育于嫂，尝为制服，而程子于嫂叔
> 无服，亦尝言："后圣有作，虽制服可也。"母服斩衰，则以
> 儒臣群议不合，高皇断自宸衷曰："礼乐自天子出，此礼当
> 自我始。"①

简短的一段叙述，概括着明人对于为母服斩衰三年的规定，乃出
于明太祖着眼于母子之情、"缘情制礼"且断自圣衷的认识，并
对《孝慈录》采取正面的态度，进而借此彰显明太祖独断制礼的
正确性。

类似的评价不胜枚举。如周琦（成化十七年进士）即赞同明
太祖"父母之恩，一也"的想法而说："至我太祖则又易母服之
齐衰与父之斩衰等焉，盖父母一也，何厚薄之分邪？况母妊子十
月，乳哺三年，劳莫大焉"，并由此认为此次丧服改制乃是"太
祖所以为圣人"的原因。② 敖英（正德十六年进士）则借由比较
古礼与今制母服制度背后精神的差异，阐发他对《孝慈录》的
看法：

> 古制，父丧斩衰三年，父在母死齐衰期，父卒齐衰三
> 年，盖以父母犹天地也，母服不斩不三年者，此天尊地卑之

---

① 〔明〕陆容：《菽园杂记》，收于《丛书集成新编》12 册（台北：新文丰出版公司，
  1985），卷 6，第 63 页。
② 〔明〕周琦：《东溪日谈录》，收于《景印文渊阁四库全书》总 714 册（台北：台湾
  商务印书馆，1983），卷 10，《经传谈中》，第 19a 页。

义也，故厌之也、杀之也。我朝制服，父母皆斩衰三年，无厌也、无杀也，盖以母氏劬劳之苦尤勤也……此圣明所以教天下之孝也，所以达孝子之志也。①

《仪礼·丧服》的母服规定，视父为天，母为地，故有尊卑之别，而使母服因父在而"厌杀"，而明代父母之服却同为斩衰三年，与礼经不符的理由在于对母亲养育之恩的重视，所以母服"无厌无杀"。敖英认为太祖此一母服改制的目的在于，欲借此一方面教导天下臣民孝顺之正道，另一方面，也能符合一般人欲为母亲尽孝的心意。《孝慈录》除了让人子能够报答母亲的养育之劳之外，王文禄（嘉靖十年举人）亦着眼于母亲的生身之恩说道：

圣贤论孝多矣，惟《孝经》云："身体发肤，受之父母"，若切矣，尤未详也。文禄独子，父母爱甚矣，罔能孝，二亲之逝也，痛之极。追昔气盛时，虽生二女，诞时亦不细视也，近逾四十，渐老矣，始静悟人生。在母腹中，脐上一带，生于胞内，胞外一窍通气若瓜蒂，生于子宫，十月始诞，破胞而出，坼副之苦，可胜言哉？成胎之始，虽抱父气，而肉身与胞，皆系母血，况三年之乳亦血也。古礼制服，母齐衰，父斩衰，是父重而母轻，况制礼乃男子，故父重，为己谋私且偏也，非由母胎出乎，不孝甚矣！我明洪武礼制，父母服俱斩衰三年，大圣之见远哉！尽破千古之蔽，

---

① 〔明〕敖英：《东谷赘言》，收于《四库全书存目丛书》子部 102 册（台南：庄严文化，据南京图书馆藏明嘉靖二十八年沈淮刻本影印，1995），上卷，第 11a - 11b 页。

用补礼经之遗。①

王文禄根据他对父母的情感以及自己人生的体悟，娓娓道来他支持"父母同斩"的原因。他认为生命的起源，来自于"父气"与"母血"，胎儿不但与母亲脐带相连十月，使母亲受到生产之苦，出生后更是仰赖母亲三年之乳哺，进而指责那些从"母胎"出世的古代男性制礼者，制定出母齐衰、父斩衰的丧服礼，实是因为谋私于男性，而忘孝于母。此段论述突显了母亲有别于父亲，对人子而言有着怀胎十月的生育之恩，而此段论理生成的背景，除了来自于王文禄一开头的自白以外，也可能是源于他的母亲陆氏（1469—1533）对他从胎儿到成人甚至为宦生涯无微不至的照顾与慈严并济的教导，并在他生命中扮演重要角色有关，② 显见人子与母亲相处的实际经验，亦是《孝慈录》得到支持的原因之一。③ 这种重"情"的言论，也可在顾起元（1565—1628）的回应中见得，他认为《孝慈录》一经立为定制，"自是人子得申其罔极之情，而从来短丧之谬论与拘儒之曲说，可废而不谈矣"，因此《孝慈录》乃为"明天伦、正人纪、顺人情，为万世不易之经也"。④ 类似的看法在明人的言论中屡见不鲜，可见《孝慈录》"父母同斩"被视为"缘情制礼"的典范，而得到多数明代士人

---

① 〔明〕王文禄：《海沂子》，《四库全书存目丛书》子部84册（台南：庄严文化，据涵芬楼影印明隆庆刻百陵学山本影印，1995），卷5，《敦原篇》，第1a-1b页。

② 王文禄与其母的感情与互动，可参见〔明〕黄省曾：《五岳山人集》，收于《四库全书存目丛书》集部94册（台南：庄严文化，据南京图书馆藏明嘉靖刻本影印，1995），卷36，《慈淑儒人王母陆氏传一首》，第9a-14b页。

③ 在这里必须说明的是：批评《孝慈录》者也可能与母亲感情甚深，母子之间的深厚情感，虽有助于《孝慈录》得到认同，但并非士人批评《孝慈录》与否的决定性因素。

④ 〔明〕顾起元：《客座赘语》（北京：中华书局，1987），卷4，《孝慈录》，第123页。

的肯定。

《孝慈录》"父母同斩"的丧服礼制，既违背士人长期研读的儒家经典内容，也大大挑战了父系宗法制度与伦理秩序，明代士人之所以接受其制，或可从《孝慈录》为开国皇帝所制定的"祖制"，致使士人不得不从赞扬的角度来分析之。但从上述言论中，亦可清楚地看见士人实由"人情"的角度，认同《孝慈录》"父母等恩"、重视母子之情的概念。除此之外，明代士人的赞同态度也和当时他们对制礼原则的看法以及对丧服经典的态度有着密切的关系。元末明初出身于金华学派的胡翰（1307—1381）《读丧礼》一文中即指出"后世之言礼者，不以父降其母，而使子得伸其尊，诚不过矣"。同时，他还认为："至尊在，不敢伸其私尊，为母齐衰期者，虽古不必尽从也。"对此，胡翰解释一切的关键即在于"礼以义起而缘乎人情"的原则。[①] 胡翰此语也被何孟春（1474—1536）、张鼎思（1543—1603）等人引用，以说明《孝慈录》的母服改革虽违背古礼，却因"缘乎人情"而"诚不过也"，[②] 可见得明人"礼本人情"而不必尽从古礼的思维，促进了《孝慈录》在明代受到正面评价的可能性。

若再继续深究，此一不必尽从古礼的看法，更隐含着一条延续自宋儒疑经态度的脉络。治经学史的学者指出，宋儒治经的特色之一在于他们时常怀疑经义的不合理，质疑经文的脱简、错简、讹字，亦刻意批评汉儒、否定汉儒传经的贡献，以突显自己

---

① 〔明〕胡翰：《胡仲子集》，收于《景印文渊阁四库全书》总 1229 册（台北：台湾商务印书馆，1983），第 19a - 20b 页。

② 〔明〕何孟春：《余冬序录》，收于《四库全书存目丛书》子部 102 册（台南：庄严文化，据湖南图书馆藏明嘉靖七年郴州家塾刻本影印，1995），卷 34，第 6b - 7a 页；〔清〕徐乾学：《读礼通考》，收于《景印文渊阁四库全书》总 112 册，卷 6，第 36b - 37a 页。

在儒学传承上的最高地位。① 这样的治经特色，为明人所承袭，②
并在士人对于母服制度变革的言论中，可见其影响的范围与程
度。著有《五经疑义》的严天麟（生卒年不详）即说到：

> 《仪礼》亦战国时所作，大抵多杂以春秋僭妄之制，古
> 意或有存焉，但详于礼文器数，而不言礼意，苟求其意，必
> 杂记也。《仪礼》所以不得为古书者，即其服制可疑……父
> 母之丧，《中庸》以为贵贱一也，《孟子》以三年之丧，齐疏
> 馆粥，自天子达于庶人，三代共之。古者通丧三年，以齐疏
> 为常，衰在胸前，特以斩别，岂父斩而母齐之理乎？③

《仪礼·丧服》的母服规定，不论是在唐代武则天改制时，或者
在《孝慈录》的制定过程中，皆是官员阻挡改制最有力的工具。
但明人严天麟却认为《仪礼》的规定不可尽信，尤其是服制的部
分，更可能非古代礼仪之原貌，而既然《仪礼·丧服》不可靠，
也就等于"家无二斩"之丧服原则无遵守的必要。另外，他更举
出《中庸》、《孟子》有关父母之丧的论述，来反对"父斩母齐"
之理，巧合的是，《中庸》记载的孔子曰："三年之丧，达乎天
子。父母之丧，无贵贱，一也"，以及孟子所言："三年之丧，齐

---

① 林庆彰：《明代的汉宋学问题》，收于《明代经学研究论集》（台北：文史哲出版社，
1994），第 1 页。

② 林庆彰将宋至清代汉宋学的竞争关系分为以下四个阶段：（一）北宋中—南宋末：
宋人反汉学（二）元至明中叶：吸收宋学，并加以反省（三）明中叶至康熙年间：
对汉宋优劣提出质疑，并主张汉宋兼采的时期（四）清乾隆、嘉庆年间，是汉学
极盛，宋学起而抗之的时期（五）清道光、咸丰年间至清末，是调和汉宋学的时
期。参见氏著：《明代的汉宋学问题》，收于《明代经学研究论集》，第 10 页。

③〔明〕严天麟：《五经疑义》，收于《续修四库全书》经部 171 册（上海：上海古籍
出版社，据北京图书馆藏明刻本影印，2002），卷 2，《礼义》，第 2b - 3a 页。

疏之服，饘粥之食，自天子达于庶人，三代共之"皆被收入《孝慈录》一书中作为赞成为母服三年之"圣贤定论"。① 究竟是《孝慈录》的内容，影响了严天麟的看法，还是"父母同斩"的概念，早存于严天麟心中，后人无从判断，但却可以清楚看到因为《仪礼·丧服》作者的不可确定，以及"孔孟圣言"模糊地带的存在，促进了《孝慈录》言之成理的程度。严氏此席话亦受到师事于王阳明的季本（1485—1563）之肯定，季本也说到："当以孟子之言为正，子生三年，然后免于父母之怀，其情一也，岂宜有异志乎？"② 可见这类看法并非特立独行，在同时期亦有认同者。

对《仪礼·丧服》真伪的怀疑，使《孝慈录》更易得到明代士人认同的例子，还可从谢肇淛（1567—?）之言中寻得蛛丝马迹：

> 古人丧礼，为父斩衰三年，而父在为母不过齐衰期而已，此虽定天地之分，正阴阳之位，而揆之人子之情，无乃太失其平乎？子之生也三年，然后免于父母之怀，要之，母之劬劳十倍于父也。夫妇敌体，无相压之义，以父之故，而不得伸情于母，岂圣王以孝治天下之心乎？且父母为长子齐衰三年，而子于母反齐衰期，亦倒置之甚矣。此礼三代无明文可考，或出汉儒杜撰未可知也，而举世历代无有非之者，

① 〔明〕太祖撰：《御制孝慈录》，收于〔明〕张卤校刊，《皇明制书》，卷12，第4b页。

② 〔明〕季本：《说理会编》，收于《续修四库全书》子部939册（上海：上海古籍出版社，据清华大学图书馆藏明刻本影印，2002），卷11，《经义二三礼》，第2a-3a页。

至我国家始定制父母皆斩衰三年，即妾之子亦为所生持服，不以嫡故而杀，此圣祖所以顺天理、达人情，自我作古，万世行之，可也。①

谢肇淛支持"父母同斩"的理由，可分为两大部分，一则如前述的士人一般，从"人情"的角度出发，论母亲之辛劳，二则由"夫妻敌体"的观念，②认为母服不应因父在而降服，而且母尊子卑，故母为长子齐衰三年，子为母却只能齐衰一年，实是倒置人伦。三则直接怀疑礼经为汉儒杜撰，实不可信，进而认为明代的丧服规定才是万世可行之制。③直至明末，韩如璜（1593—？）也有雷同的论述："高皇帝《御制孝慈录》序，大哉皇言，真可谓达礼之本者哉！《周礼》、《仪礼》诚多汉儒驳杂之言，即在《礼记》亦然……父母之丧一，故母服期年者，非也。"④可见得《孝慈录》的母服规定能得到明代士人的认同，除了与"祖制"、"母恩"、"缘情制礼"等思维相连结以外，也有明人对于经典的态度与当时经学的主流论述交织其间。

　　明代士人基于上述各种理由而对《孝慈录》母服规定的认同，无疑加深了他们对明太祖赞扬的程度。谈迁（1594—1657）

---

① 〔明〕谢肇淛：《五杂俎》（台北：伟文图书出版社，1977），卷14，第370页。

② "敌体"谓彼此地位相等，无上下尊卑之分。"夫妻敌体"可从《仪礼·丧服》传曰："夫妻一体也，……夫妻胖合也"；《白虎通·嫁娶》："妻者何谓？妻者齐也，与夫齐体，自天子下至庶人，其义一也。妾者接也，以时接见也。"可见其立论根源。日本学者滋贺秀三指出：若从第三者的角度来看，妻等同于夫，应该受到相同的尊敬。另外，相对于夫与妾上下尊卑，与夫一体的身份地位是由妻一人所独有。参见张建国、李力译，滋贺秀三著：《中国家族法原理》，第109、445页。

③ 针对谢肇淛此段论述的解析，亦可见何淑宜：《明代士绅与通俗文化——丧葬文化为例的考察》，第148页。

④ 〔清〕徐乾学：《读礼通考》，收于《景印文渊阁四库全书》总112册，卷6，第37a页。

在《国榷》引郭正域（1554—1612）之言，作为他对明太祖与《孝慈录》的历史评价：

> 古之帝王，以五礼经邦国，而以凶礼哀死丧。衰周之世，半去其籍，孟氏于诸侯之礼未之学也，况其他乎？诗人所为赋庶冠也，然典故之所掌，颛门之所谋，求视他礼，或有存者。《礼记》所载，丧仪居半，《仪礼》有《士丧》、《丧服》、《士虞》、《既夕》诸篇，《汉书》载国恤为详。唐李义府、许敬宗乃以为非臣子所宜言，尽削而不书，国有大事则临时采掇，附比从事，事已讳而不传，是不知送终之为大事也，谀已甚矣，《宋史》园陵丧纪独详。高皇神圣广览，有讳无讳，而《集礼》一书，成于中年，南北不刊之典。至《孝慈录》成，而大义微文，广大精微，无所不至，如父母之制为斩衰也，长子之降为朞年也，三父八母，正宗外族，正服旁服之有杀也，三代圣人未之及也，圣人人伦之至，非高皇莫之能改也。①

此段叙述借由指摘明以前的历代君臣对于丧服礼仪制定的忌讳，导致丧礼仪注长期的晦暗不明，进而突显甫一即位，即制定《明集礼》以成丧服制度的明太祖，② 是可媲美于"以五礼经邦国，而以凶礼哀死丧"的古之帝王，而洪武七年《孝慈录》的制作，

---

① 〔清〕谈迁著，张宗祥点校：《国榷》（北京：中华书局，1958），卷5，第511–512页。

② 《明集礼》为明朝第一部礼制全书，修成于洪武三年（1370）年九月，其中丧服礼的部分，一依《文公家礼》之规定，为母服为齐衰三年。参见〔明〕徐一夔等撰：《明集礼》，收于《景印文渊阁四库全书》总649册（台北：台湾商务印书馆，1983），卷38，《凶礼三》，第15a–16b页。

则更使明太祖达到"三代圣人未之及也"的境界，而如此推崇明太祖的情况比比皆是：

> 或问周公之礼，父在为母杖期，尊无二上也，兄弟之妻无服，推而远之也。后世父在为母齐衰三年，嫂及弟妇皆有服，今制父母皆斩，何如？予曰："父母之恩，一也。《易》称家有严君，父母之谓，亦无尊卑之别，是高皇帝之见，独超万古者也，岂可泥于周公而嫌其或过哉？"①

此段问答出自张元谕（生卒年不详）的《篷底浮谈》，面对将《仪礼·丧服》的母服制度归于周公所创，而对"今制""父母同斩"有疑的问者，张氏将"父母之恩，一也"的孝道内涵视为明太祖超越万古的条件，认为就连长久以来被视为中国礼乐文化开创者的周公亦无法比拟，溢美之辞可见一斑。

二、 明末清初批评声浪的出现

对明太祖及其所制作的《孝慈录》抱持着如此正面态度的看法，到了明末清初，却开始逐渐减少，取而代之的是负面评价的与日俱增。前半生生活于明朝而后仕清的宋征舆（1618—1667），在与友人范子的对话中，对明太祖在《孝慈录》序中非议周公之言颇有微词，② 认为明太祖更改母服制度，不能归咎于周公之非，而应怪罪于今非昔比的现实：

---

① 〔明〕张元谕，《篷底浮谈》，收于《续修四库全书》子部 1126 册（上海：上海古籍出版社，据北京图书馆藏明隆庆四年董原道刻本影印，2002），卷 2，第 8b 页。
② 明太祖非议周公之言，可见本书第二章第三节。

曰："今之人不如古，从周公之说而无其志，必至于忘其母，我不得已而更之，更之乃所以从周公也，则圣人之意见，而天下学士大夫之心厌矣。"今以后王寿短而社稷移为周公咎，则周历八百，明不及三百，又何以处洪熙、泰昌两君也？[1]

与前述郭正域、张元谕将制作《孝慈录》的明太祖置于三代圣王之上截然不同，宋徵舆对《孝慈录》序中批评周公之词不以为然，认为明太祖所建立的明代比不上周代之美好。明太祖提升母服，其稍称正当的原因充其量只能说是因为古人虽为母服期年之丧，却可做到心丧三年的哀戚程度，但今人无法做到此种程度，所以必须硬性规定为母服三年之丧，才得以符合古礼母服最初的制礼意念。言谈之间，可看出士人对明太祖制作《孝慈录》的看法正逐渐发生变化。

明清之际士人对《孝慈录》评价出现转折的原因，或可从王夫之（1619—1692）的一席话得其端倪：

黄帝正婚姻而父子定，周礼父在为母服齐，以体黄帝之精义，而正性以节情，非圣人莫能制也。武氏崇妇以亢夫，而改为斩衰，于是三从之义毁，而宫闱播丑，祸及宗社。开元七年敕五服并从礼传，乃士大夫议论纷起，各从其意，迷先圣之典，逆时王之命，褚无量叹曰："俗情肤浅，一紊其制，谁能正之！"……夫人之用爱也易，而用敬也难；知情

---

① 〔清〕宋徵舆：《林屋文稿》，收于《四库全书存目丛书》集部 215 册（台南：庄严文化，据上海图书馆藏清康熙九钥楼刻本影印，1997），卷 16，《范问》，第 3b 页。

者众，而知性者少；于养也见恩，而于德见惮，皆溺也。而不但此也，出而议礼于大庭，入而谋可否于妻子，于是而父之得与母同其尊亲，亦仅存之法纪使然耳。不然，伸母以抑父，父齐而母斩，又岂非其所可为、所忍为者哉？于是亲继父而薄继母，怙母党以贼本支，茫然几不知为谁氏之子，何知仁义？以享其利者为有德，犹且自诩孝慈以倡率天下，中国之不狄，人之不禽也几何哉？……无量之叹，垂之千年而帝王不能正，士大夫不能行，呜呼！人道之沦亡，吾不知其所终已。①

此段论述见于王夫之《读通鉴论》的《玄宗》篇。王夫之先谈古礼父在为母期的母服规定乃圣人之制，紧接着指责武则天"崇妇以亢夫，而改为斩衰"，认为此乃因为"肤浅的俗情"多用"爱"、"情"、"养"、"恩"等角度来"紊乱"古礼母服的规定，进而毁坏了妇女从夫之义，使得母亲竟与父亲有着相同的地位。王夫之甚至忧心忡忡地担心如果这样下去，甚至会发展到"伸母以抑父，父齐而母斩"父系宗法社会崩溃的地步。但值得注意的是，将母服改为"斩衰"并强调"父母等恩"并非如王夫之所言出于武则天的改制，而实创于明太祖的《孝慈录》，依王夫之被后世称为"清初三大儒"的学养与史识，② 将两者混淆的可能性极低，而若细读至引文的最后，王夫之点出某人"自诩孝慈以倡

---

① 〔清〕王夫之：《读通鉴论》（台北：里仁书局，1985），卷22，《玄宗》，第8条，第765－766页。

② 据学者何冠彪的考察，顾炎武、黄宗羲与王夫之是到了清末才被称为"清初三大儒"，其主要原因，当推三人在光绪三十四年（1908）同时从祀文庙的缘故。参见何冠彪：《顾炎武、黄宗羲、王夫之合称清初三大儒者考——兼说清初四大儒及五大儒之成员》，《故宫学术季刊》，7：4（台北，1990），第71－80页。

率天下"，即可谜底揭晓般地推测出所谓"自诩孝慈"者，指涉的实为制定《孝慈录》的明太祖。[1] 夷夏之防思想浓厚的王夫之对于明太祖将母服提升至与父服同等之举，[2] 所下的评语是"中国之不狄，人之不禽也几何哉?"一方面指责明太祖是使中国文化沦丧的罪魁祸首；另一方面遭逢国变的王夫之也暗示着，明朝之所以灭于"夷狄"清朝，以"肤浅的俗情"而紊乱礼制的明太祖实难辞其咎。

在明清之际反对《孝慈录》的，还有同样被誉为"清初三大儒"的顾炎武（1613—1682）。顾炎武认为"今人三年之丧有过于古人者"有三事，而为母服斩衰三年即其中之一。他首先细述《仪礼》、《礼记》中所规定的母服制服原理，以说明为何父在为母只能服齐衰杖期之丧，[3] 同时也列举了历代诸儒对丧服经典的解释，强调父母之服有别，是因为《丧服传》所言："禽兽知母而不知父。野人曰：'父母何算焉?'都邑之士则知尊祢矣。"接

---

① 清人文廷式亦说到："王船山《读通鉴论》，明本及末知人论世奇伟之书也，其不满于明太祖亦时一见之。……其论父在为母服齐，武氏改为斩衰一条云：'何知仁义，以享其利者为有德，犹且自诩孝慈以倡率天下，中国之不夷狄者几何?'亦并讥明太祖之孝慈录也。"参见〔清〕文廷式：《纯常子枝语》，收于《续修四库全书》子部1165册（上海：上海古籍出版社，2002），卷14，第24b－25a页。

② 杜维运："王氏民族思想之浓厚，在中国史家中，殆无出其右者。……王氏以为天下之防二，夷狄华夏也，君子小人也。春秋严夷夏之防，为古今之通义，万世不易之公理。"参见杜维运：《王夫之与中国史学》，《清代史学与史家》（台北：东大出版社，1984），第69页；林聪舜：《明清之际儒家思想的变迁与发展》（台北：台湾学生书局，2000），第187页。

③ 例如：《仪礼·丧服》："疏衰裳齐，牡麻绖冠，布缨削杖，布带疏屦。期者父在为母。"《传》："何以为期也? 屈也，至尊在不敢伸其私尊也。"《礼记·杂记下》："期之丧，十一月而练，十三月而祥，十五月而禫。"注："此谓父在为母也"。《丧大记》："期终丧，不食肉，不饮酒。父在为母、为妻。"又曰："期居庐终丧，不御于内者，父在为母、为妻"。《丧服四制》："资于事父以事母而爱同，天无二日，土无二王，国无二君，家无二尊，以一治之也。故父在为母齐期者，见无二尊也"。本书在第一章对这些古代丧服礼文已有说明，在此不赘述。

着，循序渐进地说明唐代武则天的母服改革，是当时为母一律服三年的源头，且如同王夫之一样，征引了精通"三礼"的褚无量（646—720）之言："圣人岂不知母恩之厚乎？厌降之礼，所以明尊卑、异戎狄也。俗情肤浅，不知圣人之心，一紊其制，谁能正之？"并举出唐代几个丁母忧却夺情起复的官员，认为唐代将母服从父在为母服齐衰杖期，提升为父在服齐衰三年之举，是"崇其文而废其实矣"。最后，他明言今制父在为母斩衰三年，起因于《孝慈录》的修纂，而对于《孝慈录》他则留下了"此则当时别有所为，而未可为万世常行之道"的评价，[①] 显见其不认同的态度。

从明代士人屡屡赞扬《孝慈录》为万世不易之经，到明末清初顾炎武认为《孝慈录》非"万世常行之道"，《孝慈录》所得到的评价走向了另一个完全相反的方向。究其转变的关键，应是在晚明政治社会的日趋败坏与明清易代剧变对士人在思想上所造成的影响。晚明以来江左王学走向虚玄，招来江右王学、东林学者等人指责其不重礼法纲纪，而导致社会失序的批判，[②] 再加上士人渐渐认为王学已不足以应付晚明频仍的内忧外患，进而促使遵循礼法的看法与日倍增，实学思潮应运而起，[③] 而提倡经学即包含在此思潮之中。[④] 顾炎武堪称清初第一位治《仪礼》的学者，认为矫正宋明以来理学的空疏、禅学化流弊倾向的最佳方式，就

---

① 〔明〕顾炎武撰，〔清〕黄汝成集释：《日知录集释》，卷4，《三年之丧》，第118页。

② 吕妙芬：《阳明学士人社群——历史、思想与实践》（台北："中央研究院"近代史研究所，2003），第391-397页。

③ 王家俭：《晚明的实学思潮》，《汉学研究》，7：2（台北，1989），第299页。

④ 詹海云：《清初学术论文集》（台北：文津出版社，1992），第31-38页。

是以礼自治、治人，并恢复儒礼之制度仪节，使人人行事皆合于礼，① 故致力于礼学的复兴，认为"理学即经学"，并将研究重心转移到经学原典上。② 除此之外，"非我族类"的满人入主中原的刺激，也驱使士人纷纷投入礼学的研究，如王夫之即认为"唯礼可以已乱"，明亡以后，不欲与新朝合作的士人，更是以礼教为己任，希冀借此能保存摇摇欲坠的华夏文明。③ 此一对礼仪学习的殷切与对古典礼经研究兴趣的提升，实深藏着政治宣示的意涵，代表着士人对汉文化的认同，以及更加关心保存"我们的"传统与文化之道的心态，④ 促使清代出现许多针对古典礼仪的研究。⑤ 也就是在这样的背景下，违悖礼经的《孝慈录》得到了王夫之、顾炎武等明末清初大儒的批评与责难。

顾炎武除了如上述在《日知录》中，表达对唐明两代母服改革的不满以外，在他的《与友人论父在为母齐衰期书》中，亦可看到他坚持古礼母服规定以与"今制"抗辩的情况：

> 父在为母服一事，则终不敢舍二礼之明文而从后王之臆制，狥野人之恩而忘严父之义也。夫为父斩衰三年，为母斩衰三年，此从子制之也；父在为母齐衰期，此从夫制之也。《仪礼·丧服》传曰："何以期也，屈也，至尊在，不敢伸其

① 张寿安：《十八世纪礼学考证的思想活力——礼教论争与礼制重省》，第 36‐37 页。
② 邓声国：《清代五服文献概论》（北京：北京大学出版社，2005），第 12 页。
③ 赵园：《明清之际士大夫研究》（北京：北京大学出版社，1999），第 360 页。
④ Kai-wing Chow, *The Rise of Confucian Ritualism in Late Imperial China*：*Ethics*，*Classics*，*and Lineage Discourse*（Stanford, California：Stanford University Press, 1994），pp. 44‐46.
⑤ Kai-wing Chow, *The Rise of Confucian Ritualism in Late Imperial China*：*Ethics*，*Classics*，*and Lineage Discourse*，pp. 50‐51.

私尊也。"《问丧》篇曰："父在不敢杖，尊者在，故也。"
《丧服四制》曰："资于事父以事母而爱同，天无二日，土无
二王，国无二君，家无二尊，以一治之也。故父在为母齐衰
期者，见无二尊也。"所谓三纲者，夫为妻纲，父为子纲。
夫为妻之服除，则子为母之服亦除，此严父而不敢自专之义
也，奈何忘其父为一家制礼之主，而论异同、较厚薄于其子
哉？……若但曰父母之亲同，其爱同，其服同，则孩提之童
无不知之者矣，何待圣人为之制哉？①

　　从顾炎武反复征引《仪礼·丧服》经传和《礼记》的条文，以说
明古典礼经的母服规范与原则，可知他对丧服礼应依循古制的坚
持。另外，他还强调"夫为妻纲，父为子纲"，认为夫妇、父子
之上下尊卑不可倒混，而与前述王夫之所认为的，改母服为斩衰
使"三从之义毁"的说法几乎如出一辙，与前述明人谢肇淛以
"夫妇敌体，无相压之义"的看法则大相径庭，显露了此时期士
人对明末以来社会尊卑上下伦理失序的担忧。②
　　顾炎武"经学即理学"的学术方向，论礼以经典为依归的态
度，在清代学术界成为一个新的"典范"，③ 而他对《孝慈录》
的评价和反对为母服斩衰三年的言论亦常见于清人的礼仪研究专
书，例如在徐乾学（1631—1694）的《读礼通考》、盛世佐（乾
隆年间人）的《仪礼集编》、秦蕙田（1704—1764）的《五礼通

---

① 〔明〕顾炎武：《亭林诗文集》，收于《四部丛刊正编》77 册（台北：台湾商务印书
　 馆，据上海涵芬楼康熙刊本景印，1979），《亭林文集》，卷 3，《与友人论父在为
　 母齐衰期书》，第 5b－7b 页。
② 何淑宜：《明代士绅与通俗文化——丧葬文化为例的考察》，第 51 页。
③ 余英时：《清代思想史的一种新解释》，收于氏著：《历史与思想》（台北：联经出版
　 事业公司出版公司，1976），第 144－145 页。

考》皆可看到。① 进入清代康、雍、乾时期，随着考据学越发兴盛，称许《孝慈录》"缘情制礼"，伸人子对母之情的主张已越见稀少，仅见以古礼为准，责难《孝慈录》变乱礼制的声浪排山倒海而来。如考据学大家阎若璩（1636—1704）就说到：

> 古者男子有五斩，女子止一斩，在室为父，出嫁为夫，当其为夫且降父之服而为期矣，何有于舅？失礼自唐贞元中始也，今也男子除父为长子之服，臣为君之服，斩反有八，盖母加服斩，自明《孝慈录》始也。母既然于是，承重之祖母、所后之母皆然，继母、慈母亦皆然。合数之，男子有八斩，女子服母、继母与父同，是在室有三斩；嫁，服舅姑，并及承重之祖舅、祖姑，所后之舅姑、继姑、慈姑亦皆斩，合数之，女子有九斩焉。何斩之多也，盖服制之变，于是为已极。②

按阎若璩之说法，礼之失可说是从唐代开始，而到了明《孝慈录》实为"失礼之极"。既然《孝慈录》的母服制度不被认同，士人对于明太祖的批判也就更毫无避讳。礼学素养备受清初学界重视的万斯同（1638—1667）即批评"明之《孝慈录》不免武人

---

① 徐乾学：《读礼通考》，收于《景印文渊阁四库全书》总 112 册，卷 6，第 37b - 38a 页；盛世佐：《仪礼集编》，卷 23，《景印文渊阁四库全书》总 111 册，第 10b - 11b 页；秦蕙田：《五礼通考》，卷 253，《凶礼八》，《景印文渊阁四库全书》总 142 册，第 18a - 18b 页。
② 〔清〕阎若璩：《潜邱札记》，收于《景印文渊阁四库全书》总 859 册（台北：台湾商务印书馆，1983），卷 4，第 7b - 8a 页。

为于大君之失"；① 清初理学大家陆陇其（1630—1692）亦说：
"洪武《孝慈录》一书直是师心自用"；② 在乾隆三十六年
（1697）修成的《评鉴阐要》中，也视《孝慈录》"实出于帝之沽
名好古"；③ 沈钦韩（1775—1831）在其《汉书疏证》中亦说
《孝慈录》的母服新规，乃是明太祖"昵其所宠孙贵妃，而妄断
礼制也"。礼学各家或从出身、或从性格讽刺明太祖，与明代士
人笔下完美无瑕、宛如圣人再世的明太祖判若两人。

　　清人对于《孝慈录》的贬抑，符合学者张寿安指出的清初礼
学家"以古礼正今俗"、"以经典为法式"，并且力斥宋明礼学缘
俗性格的治学特色。④ 而这种特色也表现在他们以古礼纠正世俗
居丧风气的努力上。守丧，也称居丧、守制、丁忧，为丧服制度
的一部分，更为人们哀悼死者的具体表现。儒家对守丧制度的系
统阐述始于《礼记》，孔子认为"丧礼，与其哀不足而礼有余也，
不若礼不足而哀有余也"，⑤ 可见丧事分为"礼"与"哀"两部
分，"礼"是在礼仪上给予死者的待遇，而"哀"则是生者在丧
期内对死者所表现的哀戚之情，儒家重视这份哀戚之情甚于礼文
仪节，并为"哀"的表达方式设定一套标准，不论是面容体态、

_____

① 〔清〕陆陇其：《三鱼堂日记》，《续修四库全书》史部 559 册（上海：上海古籍出版
　　社，据中国科学院图书馆藏清同治九年浙江书局刻本影印，2002），卷 8，第 9a
　　页。
② 〔清〕陆陇其：《读礼志疑》，收于《景印文渊阁四库全书》总 129 册（台北：台湾
　　商务印书馆，1983），卷 4，第 1a 页。
③ 〔清〕高宗撰；刘统勋等编：《评鉴阐要》，收于《景印文渊阁四库全书》总 694 册
　　（台北：台湾商务印书馆，1983），卷 10，第 11b－12a 页。
④ 张寿安：《十八世纪礼学考证的思想活力——礼教论争与礼制重省》，第 123 页。
⑤ 〔汉〕郑玄注，〔唐〕孔颖达等正义：《礼记正义》，收于〔清〕阮元校勘：《十三经
　　注疏附校勘记》（台北：艺文印书馆，据清嘉庆二十年江西南昌府学开雕本影印，
　　2001），卷 7，《檀弓上》，第 18b 页。

声音言语、饮食衣服以及平日居处，皆依服丧等级不同而有相异的规范。以子为父母的三年之丧为例，在二十七月的守丧期间，人子面容憔悴枯槁，哭丧时哭得连气都喘不过来，丧期内除了与丧事有关之事，一律不与人交谈，尽可能沉默，且禁食三天，三天后才能喝粥，三月后才能吃粗食，一年以后才能吃菜果。[①] 守丧期间人子必须居于殡宫门外的草棚，以草为床，以石为枕，不得婚嫁，且夫妻不能同房。[②] 由这些规定可看出，孝子在守丧期间的生活必须极其简朴，并杜绝任何娱乐以符合丧亲的锥心之痛。但是明代中叶以后，士人面对社会风气日渐浇薄、丧葬习尚益趋功利，齐衰期年、大小功的丧服不被遵守的现况，开始担忧三年之丧重服是否被切实执行的问题。[③]

　　明末极注重道德与礼的实践，希冀以此矫正俗弊的陈确（1604—1677）认为，[④] 先王制丧，不在乎斩衰、齐衰等丧服外表的"丧之名"，而重视服丧之人内心哀戚之情的"丧之实"，但其身处的年代服丧的实况却与先王制丧之初意相差甚远：

　　　　前古之为母也齐衰杖期，近古之为母也斩衰三年，儒者必又曰："前古之失而近古之为得也……"虽然今儒者之所为三年丧，吾知之矣。书之简曰"孤哀子"而已矣，曰

①〔汉〕郑玄注，〔唐〕孔颖达等正义：《礼记正义》，收于〔清〕阮元校勘：《十三经注疏附校勘记》，卷57，《闲传》，第9a-10b页。

②〔汉〕郑玄注，〔唐〕孔颖达等正义：《礼记正义》，收于〔清〕阮元校勘：《十三经注疏附校勘记》，卷45，《丧大记》，第9a-11b页。

③ 何淑宜：《明代士绅与通俗文化：丧葬文化为例的考察》，第148页。

④ Kai-wing Chow, *The Rise of Confucian Ritualism in Late Imperial China：Ethics, Classics, and Lineage Discourse*, pp. 47-48；赵园，《明清之际士大夫研究》，第360页。

"制"而已矣，曰"泣血稽颡"而已矣，而言笑则晏晏也；睹其外貌则儽然衰冠而已矣，而内皆纤缟也，饮食则厌酒肉也，寝处则安房帏也。夫且腼然晏会而不知耻也，预人闲事匐匐公庭而不知其非也，有三年之名而曾无缌小功之实，而犹欲非且笑天下之人可乎哉？……夫孝者，百行之原，丧死尤孝事之大。一端亏损，百行莫救……何得不求其实而徒骛其名？曰："大夫必三年而后服官，士必三年而后出试。"三年则三年矣，试回思三年之中，服食何如也？居处何如也？有不背汗交流，锥心刺骨，局躬无地者乎？故古之期母而三年父也，非薄于母也，父在则礼然也……然礼虽杀也，而情弥笃矣。今而不然，礼弥隆也，而情则薄矣，故古人之于亲也似薄而实厚，今人之于亲也似厚而实薄。[1]

此段引文节录自陈确的《丧实议》，在文章开头，可以清楚地看到，陈确所说的"近古之为母也斩衰三年"、"今之为生母也亦三年"是根据以《孝慈录》为准的丧服时制，透露了官方母服服制在当时所受到的认同，但陈确却有不同的看法。陈确认为今制虽为母服斩衰三年，但在三年中，人们屡屡做出饮酒食肉、与妻子同房、出席宴席作乐等违反居丧仪节之事，故时人为母所服的斩衰三年之丧事实上只不过是徒有其名而不具其实。因此，他重申古礼为母只服一年之丧，并非要孝子在情感上亏待母亲，实是因父系宗法制度使然，而和古人相比，为母服三年丧却不能谨守居丧仪节的今人，则是看似厚待母亲，实则不孝于母。根据此

---

[1]〔清〕陈确：《陈确集》（北京：中华书局，1979），卷6，《丧实议》，第176-178页。

种注重"丧之实"的看法，陈确在另一篇《丧服妄议》中，即清楚地说到："母服之同父服，非礼也。"① 可见其由注重丧之实、推崇古礼的角度，对《孝慈录》母服规定不以为然。

陈确的思想开启了清初对于礼的看法，② 而他以服丧须名实相符出发批评为母服斩衰三年的说法，亦有其继承者。顾炎武也曾以丧之名实须相符的角度，反对为母服斩衰三年之礼，他引元代理学家吴澄（1249—1333）《服制考详序》之言说明他的看法：

> 吴幼清《服制考详序》曰："凡丧礼制，为斩衰功缌之服者，其文也；不饮酒、不食肉、不处内者，其实也。中有其实而外饰之以文，是为情文之称；徒服其服而无其实，则与不服等。尔虽不服其服，而有其实者，谓之心丧。心丧之实，有隆而无杀，服制之文有杀而有隆，古之道也。"③

顾炎武以吴澄内心哀戚的心丧乃是丧之实的看法为基础，④ 认为古礼"父在为母虽降为期，而心丧之实，未尝不三年也"，⑤

---

① 〔清〕陈确：《陈确集》，卷6，《丧服妄议》，第181页。

② Kai-wing Chow, *The Rise of Confucian Ritualism in Late Imperial China : Ethics, Classics, and Lineage Discourse*, p. 48.

③ 〔明〕顾炎武撰，〔清〕黄汝成集释：《日知录集释》，卷4，《三年之丧》，第121页。

④ 吴澄，字幼清，元代中期之大儒，学问根底由朱学而来，在经学方面用力甚深，其基本介绍可见方旭东：《吴澄评传》，南京：南京大学出版社，2005。另据笔者考察，明人在说明"丧之实"、"丧之文"的差别时常引吴澄的说法来加以解释。可参见〔明〕袁黄：《袁了凡先生两行斋集》（台北："国家图书馆"善本书室藏，明天启4年嘉兴袁氏家刊本），卷3，《丧服辨》，第32b-35a页；〔明〕丘濬：《大学衍义补》，收于《景印文渊阁四库全书》总712册（台北：台湾商务印书馆，1983），卷51，第10a-10b页。

⑤ 〔明〕顾炎武撰，〔清〕黄汝成集释：《日知录集释》，卷4，《三年之丧》，第119页。

"后世有所增改者，皆溺乎其文，昧乎其实，而不究古人制礼之意者也"，① 而 "古人所勉者，丧之实也，自尽于己者也；后世所加者，丧之文也，表暴于人者也，诚伪之"。② 感叹明太祖不明礼意地破坏古礼、提高母服，以为是提升为母之孝道实践，却只是做到表面工夫，而无实质意义。③

这种从批评今人无法遵守居丧礼节而否定明太祖提升母服的看法，自明末清初开始，持续到清乾隆年间，仍可看到周广业（1730—1798）在说明 "父在为母" 之丧服礼时说到：

> 洪武七年著《孝慈录》改为斩衰三年，与父同，迄今仍之，但俗颓礼废，其文弥盛，去实弥远。为妻名期，冠服如常，甚有尸未寒而更娶者矣。子名服斩，有饮酒、食肉、御内，无异平居者矣，齐斩之衰，贫者多代以木棉布，即有力者，亦止于受布启殡之日一用之。而三年之内，唯元冠墨衣而已，谁复知礼意者？愚尝谓："古之期，似轻而寔重；今之三年，似重而寔轻。" 说礼及此，能无浩叹哉？④

周广业的评断："古之期，似而轻寔重；今之三年，似重而寔轻"，与陈确 "古人之于亲也似薄而实厚，今人之于亲也似厚

① 〔明〕顾炎武撰，〔清〕黄汝成集释：《日知录集释》，卷4，《三年之丧》，第121页。
② 〔明〕顾炎武撰，〔清〕黄汝成集释：《日知录集释》，卷4，《三年之丧》，第121页。
③ 对陈确、顾炎武的论述，亦可参见何淑宜：《明代士绅与通俗文化——丧葬文化为例的考察》，第147–148、151页。
④ 〔清〕周广业：《过夏杂录》，收于《续修四库全书》子部1154册（上海：上海古籍出版社，据北京图书馆藏清种松书塾抄本影印，2002），卷1，《父在为母碁》，第26a–26b页。

而实薄"之言宛如双胞，一方面代表着时人无法尽守居丧仪节的现实景况；另一方面，他们利用举目所及可观察到的服丧实况，着眼于"以古礼正今俗"、注重"礼的实践"的层面，时时刻刻关心现行丧服律文与社会中丧礼运行之间的差距，进而评估《孝慈录》提升母服是否有其必要性。面对连一般的居丧礼节都难以确实实践的社会现况，这些士人认为应该更加要求服丧者内心实质的悲戚，而非只是以外在的丧服表征虚应故事，进而使得《孝慈录》的母服改制在他们眼中更加显得大而无当。

由明代开国皇帝打着"父母等恩"旗帜的《孝慈录》，受到多数明代士人的认可。他们以"情"的角度入手，辅以"缘情制礼"与疑经的态度，和明太祖站在同一阵线，强调母亲生养之恩而支持为母斩衰三年的服制，并认为此乃超越百代的孝道政策。但随着明代中叶以后社会风气与明清之际学术思潮的转向，固守古礼的声音渐渐增强，违反古典礼经服制原则的《孝慈录》，因为挑战了明末士人为维护尊卑伦理与儒礼精神所做的努力，亦刺激了面对满人入主中原，担忧华夏文化传统渐失的遗民情感，而遭到前所未有的否定。但值得注意的是，不论是由"礼"或"情"切入的讨论；或是由视《仪礼·丧服》为可疑或可信的丧服经典出发；甚或牵涉"丧之名"与"丧之实"的相互辩证，为母之孝如何在"家无二斩"、"夫为妻纲"的父系宗法社会得到落实，而理想的孝道实践如何可能，无庸置疑的是明清士人自始至终共同追寻的核心目标与价值。

第二节　私修礼书中的母服制度

《孝慈录》作为明代"祖制"，由礼入律，成为明代的丧服制度，并为清代所承袭，而从上节的介绍可知，明清士人对当时母服礼制的评论历经了由褒至贬的渐进转换。明清士人关于母服的讨论不单代表他们个人的意见，也暗示着时代的思潮与学术走向，但明代的褒扬和明清之际兴起的贬抑，是否就各自等于《孝慈录》获得实行和遭到忽视，却还是一个尚待解决的问题。为了寻找此问题的解答，本节拟从明清官方先后颁布的典章制度、士人私修礼书着手，探析《孝慈录》的普及程度，并将其结果与明清士人对《孝慈录》的评价做一对应与比较，以期对明清士人如何感知、论述乃至实践"父母同斩"礼制有一较完整的了解。

一、 明人的丧服知识来源

明代的官方丧服礼制规定曾历经两个阶段。第一阶段的丧服礼制是依照颁行于洪武元年（1368）的《大明令》与洪武三年（1370）的《大明集礼》的内容，[①] 两者在丧服礼制的部分皆以《文公家礼》为所本，将子为母服规定为齐衰三年。[②] 但是洪武版本的《大明集礼》虽修成，却至嘉靖九年（1530）才重新修纂而刊布天下，[③] 而《大明令》虽作为贯穿明代的法典，其效力却因为后出的诸多法令而被修改或废止，且在《大明令》与《大明

---

① 《大明令》成书时间之考证，见内藤乾吉：《大明令解说》，姚荣涛、徐世虹译：《日本学者研究中国史论著选译》（北京：中华书局，1992），第 7 卷，第 382 页。

② 〔明〕太祖撰：《大明令》，收于〔明〕张卤校刊：《皇明制书》，卷 1，第 14b 页。徐一夔等撰：《明集礼》，收于《景印文渊阁四库全书》总 649 册，卷 38，《凶礼三》，第 15a－16b 页。

③ 赵克生：《〈大明集礼〉的初修与刊布》，《史学史研究》（天津，2004），第 65－66 页。

律》并载时依《大明律》科断，① 故至洪武七年《孝慈录》修成并载入《大明律》后，其丧服礼制就取代了《大明令》之条文，而进入了明代官方丧服礼制规定的第二阶段。《大明会典》的叙述，说明了这样的过程：

> 国初《大明令》，依古礼父服斩衰、母齐衰，报服如之。庶母服缌，三殇降等。洪武七年始加折衰，著为《孝慈录》，父母俱斩衰，而减报服、省殇礼，定庶母服以杖期，又列图于律，至今遂为定制。②

《大明会典》所载的此一丧服改制过程，对于曾关心、接触当时丧服礼制的明代士人而言，应不至于太过陌生，如曾任刑部主事的唐枢（1497—1574）谈及《孝慈录》的母服制度时即说：

> 《孝慈录》丧制，发前古所未发，轻重损益，一原至情，所不容已，古今异宜，人情无不自怀，非大圣人乌能主张是哉？高皇帝初即位，礼制未备，《大明令》并《大明集礼》且令暂率朱文公《家礼》行之。及是录定，遂载入《大明律》遵述施行。③

---

① 内藤乾吉：《大明令解说》，姚荣涛、徐世虹译：《日本学者研究中国史论著选译》，第 395 页。
② 〔明〕申时行修：《（万历）大明会典》，卷 102，《丧礼七》，第 562 页。
③ 〔清〕徐乾学：《读礼通考》，收于《景印文渊阁四库全书》总 112 册，卷 6，第 35a 页。

可见唐枢对于《孝慈录》之前的礼制，以及《孝慈录》由礼入律的情况都有所掌握，并且认为《孝慈录》一经载入律令，其位阶即高于此前所出的《大明令》与《大明集礼》，成为明代官民皆必须遵守的丧服礼制。

《孝慈录》虽然在洪武七年以后成为明代丧服定制，但官方却在此之后又颁行了与《孝慈录》丧服礼制相悖的礼书，如永乐十三年（1415）《文公家礼》即被编入《性理大全》颁布于国子监与各地方学校；[①] 而在嘉靖九年，则刊布了补纂过后的《大明集礼》，其丧服礼制仍依照《文公家礼》之条文，而并未依照《孝慈录》加以修改。[②] 再加上《大明令》、《大明律》、《孝慈录》、《性理大全》、《大明集礼》皆是朝廷颁降南北两京国子监、地方学校的书籍，[③] 也就是说，虽然《孝慈录》的丧服条文或收于《大明律》或独成一书颁布学宫，但内含着为母服齐衰三年旧制的书籍也同样为明代学子必读之书，[④] 在同时接收两套由官方所颁布的丧服礼制知识下，是否会造成士人在实行《孝慈录》时的困难？章潢的《图书编》所载的一段问答即反映了此一

① 〔明〕胡广等奉敕撰：《性理大全书》，收于《景印文渊阁四库全书》总 710 册（台北：台湾商务印书馆，1983），卷 18－卷 21。
② 〔明〕徐一夔等撰：《明集礼》，收于《景印文渊阁四库全书》总 649 册，卷 38，《凶礼三》，第 15a－16b 页。
③ 〔明〕黄佐：《南雍志》（台北：伟文图书出版社，1976），卷 17，《经籍考》，第 3a 页、卷 18，《经籍考》，第 3a－3b 页；〔明〕郭鎜等撰：《皇明太学志》（台北："国家图书馆"善本书室藏，明嘉靖三十六年原刊明末迄清顺治间增刊本），卷 2，《典制下》，第 5a、8a 页。地方学校方面，以安徽省天长县为例，亦藏有《大明令》、《大明律》、《孝慈录》、《大明集礼》等书。参见〔明〕王心编撰：《（嘉靖）天长县志》，收于《天一阁藏明代方志选刊》26 册（上海：上海古籍书店，1982），第 51b－52a 页。
④ 在明代，中央官学与地方学校即是采用朝廷颁降的图书、经史、律诰、礼仪等书来教导学生。参见沈俊平：《举业津梁——明中叶以后坊刻制举用书的生产与流通》（台北：台湾学生书局，2009），第 107 页。

疑虑：

> 或问《性理大全》乃当代诸儒所会纂者，其丧服一本诸
> 先代温公、文公《家礼》。是编于今之丧服诸图，皆未之收，
> 何欤？曰："《性理大全》因国朝颁者，而《孝慈录》非圣祖
> 所钦定乎？何父母斩齐之异，一仍乎先儒之旧也？是五服图
> 且与《孝慈录》异矣。"①

《性理大全》中的《家礼》与《孝慈录》两者在丧服礼制的不同
记载，的确在当时造成了人们的疑惑，而求教于曾当过顺天府儒
学训导，并对《周易》、《诗经》、《书经》、《春秋》、《礼记》、《论
语》皆有研究的章潢。② 虽然章潢认为丧服礼制应以《孝慈录》
为依归，但也不能忽略的是，问者对于《大明律》为何没有收入
《家礼》丧服诸图的质问，提示着明代士人对《家礼》的认同，
及《家礼》在明代丧礼实践层面上，透过官方倡导而积累的影
响力。

上段引文中"温公、文公《家礼》"所指的应是司马光的
《书仪》与朱熹的朱子《家礼》或称文公《家礼》。③ 南宋理学家

---

① 〔明〕章潢：《图书编》，收于《景印文渊阁四库全书》总 972 册（台北：台湾商务
　印书馆，1983），卷 110，《古丧服制》，第 51b - 52a 页。
② 参考自台湾"中央图书馆"编：《明人传记数据索引》（台北：台湾"中央图书馆"，
　1978），第 482 页。
③ 《家礼》可说是朱熹的重要礼学著作，但元代至清代都有学者怀疑《家礼》并非朱
　熹所作，引起不少争论。不过经过当代学者的详细考证，原则上相信《家礼》为
　朱熹所撰，但有再经朱熹门人修改而成。参见张文昌：《唐宋礼书研究——从公礼
　到家礼》（台北：台湾大学历史研究所博士论文，2006），第 359 页。

朱熹编定的《家礼》在体例上仿自司马光的《书仪》，[1] 并掺以朱熹能由下而上改革社会的期望，[2] 故在内容上，比司马光的《书仪》更加简省为冠、婚、丧、祭四个士庶通用的家庭常礼，且着意于古礼与今俗的调和，以使礼仪更易于一般人使用，[3] 也正因此举而让儒礼更能深入士庶阶层。再加上朱熹的地位崇高，在门人同道的不断宣扬下，《家礼》到了元代成为国家量定礼制的参考模板，[4] 广为士人接受。时至明代，一方面太祖与成祖先

---

[1] "书仪"原本是指教写书信之范本。目前所见最早的书仪类著作，应是西晋人索靖所撰之《月仪帖》，内容是以月为序，用节气之寒暄问候表达朋友间的情怀，因书信文字优美，故可展现世家大族的文学修养。以"书仪"为名的书信范本至南北朝时期大量出现，内容范畴扩大到吉凶礼仪之文字，而且作者多为南朝的世家大族，显示中古世族为了避免有损门第之身份，不仅着意于家族内的礼法表现，也注重与其他士大夫交往的特性。书仪依据后来的发展在内容上可分为三大类型：第一种为"朋友书仪"，是书仪最原始的形式，内含有与朋友书信往来的范例；第二种是"吉凶书仪"，除了书信范例外，还包括吉凶礼仪之仪注、丧服制度等，内容最为丰富；第三种是"表状笺启书仪"，是详载公私往来应酬的文字模板。北宋司马光的《温公书仪》的第一卷为"书仪"，列有表奏、公文、私书、家书等四类书仪；其他九卷均为礼仪之仪文，包括冠、婚、丧仪，所以"书仪"其实在《温公书仪》中所占之比例甚少，家礼仪文才是其书之重点。《温公书仪》在家礼仪文上虽已从俗就简，但朱熹仍认为仪节过繁，而制作出实用性与当代性更强烈的朱子《家礼》。由此可见从"书仪"发展至"家礼"的时代趋势："书仪"作为"书信模板"，代表着魏晋门第表现教养的工具，但随着唐宋间社会的变革，世家大族逐渐倾颓，新兴的科举士族跃升为社会的主流，为使后世子孙能够晋身仕途，科举士人利用家礼与家规凝聚宗族，因此"书仪"的功能在北宋以大幅降低，《温公书仪》虽然仍有"书仪"色彩，但其主要功能已是吉凶礼仪的部分，而非"书仪"，而至朱子《家礼》则更强调实践性，希望礼仪不只"独善其家"，还能礼下庶人。参见张文昌：《唐宋礼书研究——从公礼到家礼》，第 330－367 页。关于司马光《书仪》，亦可参见黄美华：《司马光〈书仪〉研究》，台中：台湾中兴大学中国文学系硕士论文，2000。

[2] Patricia Buckley Ebrey, *Confucianism and Family Rituals in Imperial China*：*A Social History of Writing about Rites*（New Jersey：Princeton University Press, 1991），p. 142.

[3] 何淑宜：《明代士绅与通俗文化——丧葬文化为例的考察》，第 154 页。

[4] 张文昌：《唐宋礼书研究——从公礼到家礼》，第 367－368 页。

后分别以《家礼》为本制礼，并颁行《家礼》于天下，使得《家礼》在明代国家理念中的地位逐步得到确立；① 另一方面，《家礼》也十分受到明代士人的青睐，常利用《家礼》自我修行、教化乡里，并对《家礼》进行注释、修订、节录的工作，使《家礼》获得前所未有的推广与传播。②

值得注意的是，明代士人之所以需要重新对《家礼》进行注释、修订、节录，乃是由于成书于南宋的《家礼》对于以移风易俗为己任的士人而言，其书中的若干细节已与明代社会实况不尽相合，故士人必须将《家礼》改写成更能迎合当时阅读群众的需求、喜好与社会现况的"家礼书"。③ 而这些"家礼书"也往往比《家礼》更受阅读市场欢迎。换句话说，若有人遇到冠、婚、丧、祭四礼实行上的问题，而想找《家礼》作为行礼指导时，通常会倾向寻找一本"家礼书"，而非由朱熹所写的原版本《家礼》。④ 另外，也因丧礼在四礼中的重要性以及所占篇幅之多，故从明代中后期到清初更出现由"家礼书"衍伸出的丧葬礼和丧祭礼为主题的礼书。⑤ 是故，考察这些明代所流传的"家礼书"、丧葬类或丧祭礼礼书中对于丧服礼的书写，成为探索《孝慈录》母

---

① 梁勇：《明代的〈家礼〉研究》（新加坡：新加坡国立大学中文系博士论文，2006），第 56－63 页；张文昌：《唐宋礼书研究——从公礼到家礼》，第 369－370 页。

② Patricia Buckley Ebrey, *Confucianism and Family Rituals in Imperial China：A Social History of Writing about Rites*, pp. 150－155.

③ 这些对《家礼》进行注释、修订的礼书，Patricia Buckley Ebrey，称之为 "revised versions of the family rituals"，见 Patricia Buckley Ebrey, *Confucianism and Family Rituals in Imperial China：A Social History of Writing about Rites*, p. 167. 何淑宜则称为 "家礼类书籍"，见氏著：《明代士绅与通俗文化：丧葬文化为例的考察》，第 157 页。

④ Patricia Buckley Ebrey, *Confucianism and Family Rituals in Imperial China：A Social History of Writing about Rites*, pp. 167－168.

⑤ 何淑宜：《明代士绅与通俗文化——丧葬文化为例的考察》，第 157 页。

服礼制是否在《家礼》普遍流行的明代社会得到实践的重要凭借。

二、 明代私修礼书中的母服制度

在诸多诠释家礼的版本中，浦江《郑氏家仪》是较特别的史料，其特殊之处在于，既可将此书视为私修礼书，亦可将其归类于族规家训，且因其成书年代较早，所以是观察明初宗族对《家礼》与《孝慈录》如何取舍的重要参照点。浦江郑氏从南宋到明代中叶，共历三代十五世同居共食，在元代受朝廷旌表为"义门郑氏"，明洪武十八年更赐封为"江南第一家"，[①] 而《郑氏家仪》一书则是历经郑氏四代人的努力，最后于洪武十一年（1378）由郑泳（生卒年不详，元末明初人）在宋濂的协助下完成。[②] 郑泳在《郑氏家仪》序中说到："今遵《家礼》而略有损益者，盖时或有所禁，而礼乐之器之文不得不异，吾求其质而已矣"，[③] 而在服制的部分，他则是先完整抄录了《家礼》条文，而在齐衰三年条的最后补充说明："洪武七年，著《孝慈录》，父母俱斩衰，今遵皇制，母并斩衰，母报亦减为期。"[④] 如此写法，可谓与其序言所言"遵《家礼》而略有损益"相符，而《孝慈录》无疑是其损益的重要基准点之一。

洪武十一年修成的《郑氏家仪》能对洪武七年才颁行天下的《孝慈录》如此了解，或许和宋濂参与此书之修纂不无关系。若

---

① 梁勇：《明代的〈家礼〉研究》，第 76 页。
② 梁勇推测洪武十一年（1378）11 月宋濂撰《旌义编引》之时，也应为《郑氏家仪》成书之时。见氏著：《明代的〈家礼〉研究》，第 81 页。
③〔明〕郑泳：《郑氏家仪》，收于《四库全书存目丛书》经部 114 册（台南：庄严文化，据上海图书馆藏清刻本影印，1997），《序》，第 7a–7b 页。
④〔明〕郑泳：《郑氏家仪》，收于《四库全书存目丛书》经部 114 册（台南：庄严文化，据上海图书馆藏清刻本影印，1997），第 30a 页。

观诸同样也是属于明代中期以前的"家礼书"是宣德九年冯善（1387—1465）所写成的《家礼集说》，情况又是如何呢？此书是冯善为先人治丧时所作，曾任无锡县儒学训导的冯善，希望透过他对《家礼》的改写、解释，能让当地的"乡人孺子"、"荒村贫窭"更方便地行礼。[1] 在此书序言中，冯善虽表明此书"一遵《家礼》"的基调，但同时也说到：

> 呜呼！时有古今，礼有损益，修而正之，理若有待，赖我太祖高皇帝御制《孝慈录》等书，实万世不刊之盛典，永宜遵守者。此《家礼》旧文所以不容不少变于今日也，世虽知之，未厘其旧。[2]

可看出冯善虽然是以《家礼》作为他教化乡里的主要书籍，但也强调必须以《孝慈录》的丧服礼制对《家礼》进行修正，所以在《家礼集说》的凡例中，冯善更清楚地说到此书"遵依国朝制度，如丧礼父母，及嫡、继、慈、养母皆斩衰三年……革去《家礼》旧文，悉从时制"，[3] 并在母服部分如实地载入《孝慈录》的制度。[4] 此书在成化十五年（1479）、万历年间再度被刊刻，[5] 可见有一定程度的流传，而其"悉从时制"的

---

① 〔明〕冯善：《家礼集说》（台北："国家图书馆"善本书室藏，明成化十五年刊本），《序》，第1a–5b页。
② 〔明〕冯善：《家礼集说》，《序》，第4b–5a页。
③ 〔明〕冯善：《家礼集说》，《凡例》，第6a页。
④ 〔明〕冯善：《家礼集说》，第84a–85b页。
⑤ 何淑宜已指出今天的"国图"刊本即是明成化十五年的版本，见氏著：《明代士绅与通俗文化——丧葬文化为例的考察》，第159页。经笔者查找，"国家图书馆"另藏有万历年间吴兴钱士完校刊本，只是此版本较为残缺。

态度也势必有助于《孝慈录》丧服礼制的传播。除了冯善《家礼集说》以外，在明代中后期至清代深受士人的欢迎，且不断地被引用、重新刊刻的，还有成化年间出版的丘浚（1421—1495）《文公家礼仪节》，[1] 与冯善礼下庶人的心态不同，丘浚撰写《文公家礼仪节》的主要目的，是希望士人能知道执礼的重要性。尽管设定的读者群有所不同，丘浚仍然在丧礼的部分先抄录了《家礼》的丧服礼之后，再依《孝慈录》条文写下"父母同斩"的内容，[2] 可见不论礼书的预设读者是士人或是庶民，对于礼书作者而言，《孝慈录》皆是不容违背的官方丧服规定。

随着明代中后期社会风气急遽的变化，民间违礼者日多，士人越来越关切如何以礼化俗的问题，促使此时期写成的"家礼书"，更容许在符合孝道与丧礼实质前提下进行礼文的增删，以求提高社会一般大众行儒礼的程度。[3] 例如宋纁（1522—1591）于万历元年（1573）写成的《四礼初稿》就反映了这样的趋势，在此书的丧礼部分，已不录有《家礼》原有的丧服礼条文，而直截了当的代之以《孝慈录》之规定，[4] 符合宋纁撰写此书时希望达到"指途导轨，莫若就简删繁"的初衷。[5] 除此之外，因明中后期社会上丧葬习尚越趋败坏而出现的专门论丧葬、丧祭礼的礼

---

① Patricia Buckley Ebrey, *Confucianism and Family Rituals in Imperial China*: *A Social History of Writing about Rites*, p. 176.

② 〔明〕丘浚：《文公家礼仪节》，收于《四库全书存目丛书》经部 114 册（台南：庄严文化，据北京大学图书馆藏明正德十三年常州府刻本影印，1997），丧礼卷，第 40a - 40b 页；先写斩衰三年的古礼内容，才写"今制"的内容。

③ 何淑宜：《明代士绅与通俗文化——丧葬文化为例的考察》，第 167、169 页。

④ 〔明〕宋纁：《四礼初稿》，收于《四库全书存目丛书》经部 114 册（台南：庄严文化，据上海图书馆藏清康熙四十年宋氏刻本影印，1997），卷 3，第 26a - 33b 页。

⑤ 〔明〕宋纁：《四礼初稿》，收于《四库全书存目丛书》经部 114 册，《序》，第 1a 页。

书，① 也有类似的情况，如王廷相（1474—1544）的《丧礼备纂》即是一例。在《丧礼备纂》的序言里，虽曾表示此书"一本《大明集礼》"，② 但是在丧服礼的部分，亦只录《孝慈录》为母服斩衰三年的规定，而未见收有《大明集礼》为母齐衰三年的条文，③ 并且说到："《御制孝慈录》叙服，盖酌古准今之制，士民之家所宜遵守者，莫备于此，故敬录之。"④ 如此遵循《孝慈录》的倾向，除了表现在《孝慈录》直接替代《家礼》条文的现象外，吕坤（1536—1618）在万历四十四年（1612）编撰的《四礼疑》中，讨论到庶母之服有若干疑义之时，更是利用《孝慈录》的内容来增加自己说法的可信度，他说道："庶母之有子杖期矣，无子无服乎？……考诸礼家所载庶母期，而不分有子无子，《会典》及《孝慈录》更明。"⑤ 吕坤亦在序言中强调："伏读《大明会典》、《孝慈录》，见大圣人之制作，度越千古，至分别品官庶人，彰明较著，臣子钦承，又何容喙？"⑥ 清楚看到，这些礼书虽然是以《家礼》作为著书蓝本，却在丧服的相关内容上展现一遵《孝慈录》的态度。

---

① 何淑宜：《明代士绅与通俗文化——丧葬文化为例的考察》，第 167-168 页。

② 〔明〕王廷相：《王氏家藏集》，收于《四库全书存目丛书》集部 53 册（台南：庄严文化，据王氏家藏集丧礼备纂天津图书馆藏明嘉靖刻清顺治 12 年修补本公移集驳稿集奏议中山大学图书馆藏明嘉靖至隆庆刻本影印，1997），《丧礼备纂序》，第 1b 页。

③ 按前文已说明《大明集礼》是按《家礼》之丧服礼条文。

④ 〔明〕王廷相：《王氏家藏集》，收于《四库全书存目丛书》集部 53 册，《丧礼备纂卷下》，第 16a 页。

⑤ 〔明〕吕坤：《四礼疑》，收于《四库全书存目丛书》经部 115 册（台南：庄严文化，据北京大学图书馆藏明万历刻清同治光绪间补修吕新吾全集本影印，1997），《丧礼》，第 25a 页。

⑥ 〔明〕吕坤：《四礼疑》，收于《四库全书存目丛书》经部 115，《序》，第 5b-6a 页。

除了透过上述礼书的出版刊刻，能使《孝慈录》于明代获得逐渐普及的机会，若将观察的视野扩及与百姓日常生活紧密相关的日用类书，亦不失为探寻《孝慈录》是否实行于社会的一个视角。兹就学者公认在明代内容最完整、最具代表性的《新刻天下四民便览三台万用正宗》而言，①其所收录的丧服图即与《孝慈录》条文相符，②并且编有《律内丧服条款歌》，此歌开宗明义唱道："本宗九服正五服，斩衰三年父母独"，③可说是非常浅白通俗地明示明代的丧服制度精要，而若挟此特性，再加上明中后期经济的蓬勃发展，平民已有能力购买此类书籍，且识字率的提高，亦使平民有足够能力阅读日用类书等背景因素，④无疑地增强了《孝慈录》"父母同斩"观念在明中后期逐渐深入人心的可信度。

综上所述，伴随着明代士人希望儒礼能更顺利推行于民间的殷切期盼，私修礼书撰者更愿意使其书的内容越渐明了清晰，进而反映在私修礼书的丧服礼内容中，从《家礼》、《孝慈录》并列，转而选择删除《家礼》的丧服礼文而独留《孝慈录》的情况。明代私修礼书原来以《家礼》为其所本，在明中后期竟演变为在丧服礼部分《家礼》原文缺席的情况，一方面可说是肇因于《孝慈录》作为洪武七年以后的丧服定制，配合着明代官方对出

---

① 吴蕙芳：《民间日用类书的内容与运用——以明代〈三台万用正宗〉为例》，《明代研究通讯》，3（台北，2000），第 46 页。
② 〔明〕余象斗：《新刻天下四民便览三台万用正宗》，收于《域外汉籍珍本文库》第一辑子部（北京：人民出版社，据日本东京大学东洋文化研究所藏明万历 27 年余氏双峰堂刻本影印，2008），卷 16，《四礼门》，第 13b - 15a 页。
③ 〔明〕余象斗：《新刻天下四民便览三台万用正宗》，收于《域外汉籍珍本文库》第一辑子部，卷 16，《四礼门》，第 12b 页。
④ 吴蕙芳：《万宝全书——明清时期的民间生活实录》（台北：政大历史系，2001），第 39 - 64 页。

版的管制与审查，^① 有其一定的强制力，在阅读书籍的场域中，并未受到官方、士人皆推崇的《家礼》太大的威胁；另一方面，也可说此现象实与明代士人对《孝慈录》"父母同斩"的认可遥相呼应。于是乎，"父母同斩"就在国家典制书籍、私修礼书、类书中都占有一席之地的情况下，随着明代中后期坊刻出版蓬勃的发展，^② 一步步地由上而下地向社会蔓延。

三、 清代私修礼书中对《孝慈录》母服的讨论

《孝慈录》在明清易代之后，其丧服条文依然是官方所规定的"今制"，或被称为"时制"，从《大清会典》、《大清通礼》、《大清律例》中皆可清楚看到子为父母皆服斩衰三年的条文。^③ 而在明末至清初士人所编撰的"家礼书"、丧礼类礼书中也可看

① 迎合时制，也能降低被政府查扣的危险，参见 Patricia Buckley Ebrey, *Confucianism and Family Rituals in Imperial China ：A Social History of Writing about Rites*, p. 168. 关于明代政府对私家著述的管制，另可参见张璉：《明代专制文化下的图书出版情形》，《汉学研究》，10：2（台北，1992），第 366 - 367 页。

② 明中叶以后政治力的松动、白银的使用、匠户的释出与海贸发展、教育文化的提升造就了书籍出版业的发展。明中叶以后书坊出书的种类也非常多元，除了官方所主导的出书种类之外，也包括大量的民间日常用书、通俗文学、科举应试、文集、诗词赋、文字音韵等类型的书籍。其中，民间日常用书更名列书坊出书的前四名。就阅读群来看，明中叶以后也有逐渐从士人扩大到一般民众的趋势。参见郭姿吟：《明代书籍出版研究》（台南：台湾成功大学历史研究所硕士论文，2002），第 69、79、98 - 102 页。

③〔清〕昆冈等敕撰等：《钦定大清会典》（台北：启文出版社出版，据光绪二十五年刻本台湾"中央图书馆"景印，1963），卷 38，第 11b - 15a 页；〔清〕来保、李玉鸣等奉敕撰：《钦定大清通礼》，收于《景印文渊阁四库全书》总 655 册（台北：台湾商务印书馆，1983），卷 50，《品官丧礼》，第 4a - 4b 页；〔清〕徐本、三泰等奉敕纂：《大清律例》，收于《景印文渊阁四库全书》总 672 册（台北：台湾商务印书馆，1983），卷 3，第 1a - 2a 页。

到他们对"时制"的调整和支持，诸如"礼有可行于古，不可行于今者，父在为母期也"，①表明古礼已不再适用于当时社会的言论不绝如缕。因丧子而反复阅读《仪礼》、《家礼》，因而作《读礼问》的吴肃公（1626—1699），在其书中也多处流露了遵行"今制"的态度，而自问自答道："古齐斩之殊也，母则杀父矣……杀继母、慈母养母而齐衰可乎？今制皆斩衰……三年之不齐，如今制，何也？今制三年丧，无齐衰者。"②可看到其所遵循的丧服"今制"即为《孝慈录》"父母同斩"条文的情况。除此之外，吴肃公亦认为"父母之丧之齐也"，虽是"后王之变礼"，但他认为此变礼"仁至而义尽矣，非圣人其孰与于斯？"③赞同《孝慈录》的态度再清楚不过。

事实上，清代因"以经典为法式"的学术趋势，"家礼书"不似明代如此蓬勃发展，占据清代私修礼书之大宗的，是专治"仪礼学"的相关书籍。希望"以礼经世"的清儒，其礼学研究呈现出两种不同的性格，一种是考礼，一种是议礼。前者考证古代的礼制、仪文、宫室、服饰、器物、度数；后者则是议论前代及当代的礼律和礼俗。④若放在丧服的讨论层面上，考丧服礼者坚持汉唐注疏的实学风格，写法多采用笺疏，而少有阐发义理之内容；议丧服礼者，则在解经传条文的基础上，更强调丧服制度

---

① 〔明〕朱朝瑛：《读礼记略记·读三礼略记》，收于《四库全书存目丛书》经部95册（台南：庄严文化，据北京图书馆藏清钞七经略记本影印，1997），《三礼总论》，无版心，第261页。

② 〔清〕吴肃公：《读礼问》，收于〔清〕李幼梅辑：《读礼丛钞》，收于《国学集要》二编（台北：文海出版社，1967），第2b-3a页。

③ 〔清〕吴肃公：《读礼问》，收于〔清〕李幼梅辑：《读礼丛钞》，收于《国学集要》二编，第5b-6a页。

④ 张寿安：《十八世纪礼学考证的思想活力——礼教论争与礼制重省》，第107页。

的实用性考察，体现"礼，时为大"的礼学观念。① 因此，若考察这些议论丧服礼为主题之私修礼书，即可一窥《孝慈录》是否因清代推崇古典礼经的思潮和明清之际以来的批评而在这些礼书中遭到忽略与漠视的答案。

堪称开清代治礼、议礼之先河的毛奇龄（1623—1716），在《西河合集》中的《丧礼吾说篇》详述五服在古今的异制，并时常言及今制之内容，② 而在《丧礼杂说》中，他也解释"时制"子为母服斩衰乃"缘情"；③ 于母丧期间撰写丧礼考证书籍《读礼通考》的徐乾学（1631—1694），在子为母服的部分，除了抄录《孝慈录》，并援引了明清诸多礼学家或褒或贬的评价之外，也指出明以后子为母服斩衰已为定制而清朝因之。④ 而徐本身对《孝慈录》的态度，或可从以下的叙述得知：

> 唐宋以还，代有损益，至明太祖定为《孝慈录》而古制一变，盖后世之人情薄矣，救薄莫若以厚。明祖之谕群臣曰："人情之变无穷，而礼为适变之宜，人心之所安，即天理之所在。"岂非救薄以厚之道哉？由是加母之服上齐于父，使普天率土，人人得伸其三年之爱，而庶子亦遂其私焉……夫岂求异于古，亦曰适其宜而已。夫父母犹天地也，事地不敢同于天者，义也；报地不可异于天者，恩也。先王欲裁夫

① 邓声国：《清代五服文献概论》，第 14 页。
② 〔清〕毛奇龄：《丧礼吾说篇》，收于《续修四库全书》经部 95 册（上海：上海古籍出版社，2002），卷 8，《五服古今异制说》，第 1a-17b 页。
③ 〔清〕毛奇龄：《丧礼杂说》，收于〔清〕李幼梅辑：《读礼丛钞》，收于《国学集要》二编（台北：文海出版社，1967），第 1a-10b 页。
④ 〔清〕徐乾学：《读礼通考》，收于《景印文渊阁四库全书》总 112 册，卷 6，第 31a-38b 页。

情之不可过者，而协之于中，故义胜恩；后王欲引夫情之不及者，而进之于厚，故恩胜义，二者虽殊，其归一也。①

本书上一节曾言及帮助徐乾学完成《读礼通考》的最大功臣万斯同，曾批评《孝慈录》为"武人为于大君之失"，但他却也同时说道："服制当遵时王。"② 这种两面看法势必也影响了徐乾学。从上述引文中，也可推测徐乾学正是在尊"时制"的指导原则下，为依照《孝慈录》的清代官方母服之制，找寻其违背古礼甚深的合理理由，而认为《孝慈录》是明太祖因后世人情浇薄才加厚母服，实为适宜今日社会之改革。从而也反映了清代礼学家在私修礼书中对"父母同斩"礼制的接受，与上一节清初士人对《孝慈录》竭尽所能的批评有着截然不同的走向。

为何在同一时代，会出现批判与接纳《孝慈录》共存的矛盾现象？若由清代政治与学术关系的角度进行观察，清代政府以文字狱的方式禁止士人非议朝政、发表对统治者不敬之言论，③ 势必导致清代士人私修礼书时，多少怀着畏惧的心态而抄录当时的官方丧服制度以示遵循；④ 但另一方面，却也必须注意清代政府此一控制是较富政治性的，而很少涉及思想学术领域，⑤ 也就是

① 〔清〕徐乾学：《读礼通考》，收于《景印文渊阁四库全书》总 112 册，卷 3，《杨信斋仪礼图》，第 12b－13a 页。
② 〔清〕陆陇其：《三鱼堂日记》，《续修四库全书》史部 559 册（上海：上海古籍出版社，据中国科学院图书馆藏清同治九年浙江书局刻本影印，2002）卷 8，第 9a 页。
③ Benjamin A. Elman, *From Philosophy to Philology: Intellectual and Social Aspects of Change in Late Imperial China* (Cambridge: Council on East Asian Studies, Harvard University, 1984), p. 15.
④ 就政府控制出版书籍内容以管制思想此一层面而言，乃为明清政府所共有的特性，而非清代独有。
⑤ Benjamin A. Elman, *From Philosophy to Philology: Intellectual and Social Aspects of Change in Late Imperial China*, p. 15.

说，如果士人是放在礼经研究的脉络下，发表对于母服改制的意见，则是能被当时统治者所接受的。同时，这种现象亦与清代议礼学者本身对礼制的看法有着密不可分的关连。清代礼学家虽然在"以经典为法式"的学术思潮下，坚持古礼"先行之本善"、"制作之精意"，[①] 但另一方面，这些礼学家也同时因其"古今异势，缘情制礼"的信念，[②] 所以还是尊重"时制"地将之纳入私修礼书当中，致使《孝慈录》的母服条文在士人私修礼书中占有一席之地的情况，因为清承明制而得到延续。只是，与明人不同的是，他们不会拿今制批评、怀疑古礼之不是，而是将两者划分得很清楚，且如姚际恒所言：

> 使古非而今是，谓之无用可也；使古是而今非，则是今世失于不用耳，非果古礼之无用也。古礼今虽不能尽俾世从，然为之推详其旨，阐明其义，使后人之人晓然，知先型之本善，悔末流之失，不亦可乎？[③]

清代礼学家是从对古礼礼意的考证与辨析出发，进而去了解古礼与今制的差异，此乃他们治礼最终的核心概念，因此不论"今制"为何，礼学家都认为必须先梳理清楚古礼"先型之本善"，以了解"今制"的缺失，故产生了批评《孝慈录》声音与遵循其母服规定私修礼书看似水火不容，实则一体两面的情况。

这种两面性还有相当多的例子可资证明：朱轼（1665—

---

① 张寿安：《十八世纪礼学考证的思想活力——礼教论争与礼制重省》，第122页。
② 张寿安：《十八世纪礼学考证的思想活力——礼教论争与礼制重省》，第119页。
③〔清〕姚际恒：《仪礼通论》（北京：中国社会科学出版社，2000），卷前，《仪礼论旨》，第10页。

1736）的《仪礼节略》，虽以《仪礼》为名，却也直接写明子为母斩衰三年，并援引上段徐乾学的说词，主张"先王欲裁，夫情之不可过者而协之于中，故义胜恩；后王欲引，夫情之不可及者而进之于厚，故恩胜义，二者虽殊，其归一也"的看法；① 朱建子（生卒年不详）在其《丧服制考》中，虽然对《孝慈录》多有批评，但也不得不承认其所定下的丧服制度"海内士大夫莫不兢兢由之，至于今不易"，② 且由于"清兴以来，七十余年矣，圣天子文谟武烈，超越千古，而丧服大礼，犹因明制"，③ 故在丧服卷中亦见子为父母乃斩衰三年之制；吴廷华（1682—1755）在《仪礼章句》中解释各种服制时，也是先详述《仪礼·丧服》的情况，最后再言及《孝慈录》的内容，并告诉他的读者"今因之"，以便达到"明古法著为宪章，与爱羊爱礼之意不同等"的效果；④ 崔述（1740—1816）的《五服异同汇考》详载了古今母服之演变，仔细解释古典礼经之礼意，并解释道："按经，为父斩衰三年，而为母齐衰三年，非薄母也，乃尊父也"，⑤ 似批判《孝慈录》提高母服是明太祖不理解礼意所造成的结果，但仍清楚呈现清代母服内容，以使读者周知。在这些私修礼书中，皆可看到这些作者在"酌古准今"的原则下，收录"今制"之

---

① 〔清〕朱轼：《仪礼节略》，收于《四库全书存目丛书》经部 110 册（台南：庄严文化，据中国科学院图书馆藏清康熙乾隆间刻朱文端公藏书本影印卷，1997），第 3a－4a 页。

② 〔清〕朱建子：《丧服制考》，收于《四库全书存目丛书》经部 88 册（台南：庄严文化，据南京图书馆藏清钞本影印，1997），第 137 页。

③ 〔清〕朱建子：《丧服制考》，收于《四库全书存目丛书》经部 88 册，第 138 页。

④ 〔清〕吴廷华：《仪礼章句》，收于《景印文渊阁四库全书》总 109 册（台北：台湾商务印书馆，1983），卷 11，第 1b 页。

⑤ 〔清〕崔述：《五服异同汇考》，收于《续修四库全书》经部 95 册（上海：上海古籍出版社，据复旦大学图书馆藏清道光四年陈履和东阳县署刻本影印，2002），卷 1，第 1a－1b 页。

内容，《孝慈录》虽可能因"以古礼为尊"的态度，而受到清人的批评，但也正是因为清人对古典礼经的重视，而激起了诸多研究由古至今丧服礼变化的作品，使得《孝慈录》"为母服斩"丧服条文因为这些礼书的加载，而大大提升了在清代社会的能见度。

在清初兴起的"以古礼正今俗"思潮，如上一节所呈现的，使明末至清初士人对于《孝慈录》的负面评价与日倍增，但这样的思潮因为与"礼，时为大"的思考相伴，故在欲使读者了解历代服制兴革的丧服礼书中，依然可以看到《孝慈录》被收入其中，并因为《大清律》的承袭，而使"父母同斩"之丧服条文被遵行。换言之，虽然明清之际的礼学发展从明代"私家仪注"的"家礼学"转向清代"以经典为法式"的"仪礼学"，出现极大的变化，[①] 但不论是一本《家礼》的明代"家礼书"还是崇奉古礼的清代"仪礼学礼书"，在他们书中的丧服卷部分，都必须参考明清的"时制"，可看出《孝慈录》作为明清两代官方丧服之本，被接纳并成为明清士人丧服知识一部分的过程。

第三节　"父母同斩"的折衷与实行

《孝慈录》母服制度因作为明清社会的"时制"，使士人在私修礼书时，不得不予以尊重而将之收录，从而对《孝慈录》"父母同斩"的能见度与深化社会的程度有所帮助。但由于明清两代关于守丧的法律条文，只有"匿丧"、"居丧释服从吉"、"居丧作乐"、"居丧参与筵席"、"居父母丧别籍异财"、"诈称父母丧"、

---

① 张寿安：《十八世纪礼学考证的思想活力——礼教论争与礼制重省》，第 123 页。

"居丧嫁娶"、"居父母丧从仕"等条,却无明文规定未依官方服制服丧者必须受到何种惩罚;再加上古礼"尊尊"的宗法原则,依然时时刻刻挑战着《孝慈录》的母服规定与"父母等恩"的概念,使"父母同斩"是否被明清时人实践,在实行时可能产生的疑虑为何,而他们如何在古礼与今仪两端取得平衡等问题仍有待解答。

一、"斩衰"抑或"齐衰"?

古代中国人居父、母丧称之为"丁忧",依据传统礼仪,父母死亡子女例应居家守丧三年以尽孝道,在朝为官者,则必须辞官归乡守制二十七个月,称为"丁忧守制"。曾有学者将《孝慈录》的条文纳进明代官员丁忧规定之中,认为明代官员丁母忧应服斩衰三年,[①] 但事实上,从大多数描述官员丁母忧的记录中,往往只能看到某人丁忧守制三年,而无法确定此处的"三年"究竟是斩衰三年还是齐衰三年。与"丁忧守制三年"一样容易有误导作用的,还有"庐墓三年"一事。学者孙中曾曾针对明末大儒刘宗周(1578—1645)为母服丧一事来论述其对礼的实践,而举刘宗周守丧时"亲为庐于中门之外……期而小祥食茶果,又期而大祥食醯酱,泣血三年,未尝见齿"为证,认为刘宗周为母庐墓三年,乃是按照明朝法令规定,为母服斩衰三年。[②] 但庐墓三年

---

① 骆芬美:《明代官员丁忧与夺情》(台北:花木兰文化出版社,2009),第29-32页。
② 孙中曾:《刘宗周的道德世界——从经世、道德命题到道德内省的实践历程》(新竹:台湾清华大学历史研究所硕士论文,2001),第55页。

同样有可能是服齐衰三年，而"小祥"、"大祥"的丧服变除过程，① 更是斩衰三年与齐衰三年所共有的礼仪内涵，因此，除非史料写明刘宗周服"斩衰"之服，否则仍无法确定刘宗周是否真的遵行明代的官方丧服服制而"为母服斩"。另外，从明代方志人物传的书写，也可以看到方志撰者常以居母丧庐墓三年，或寝不离苦次、不入私室、不御酒肉、哀毁骨立逾三年等守丧行为来赞扬传主之孝。这种着重描写传主因丧母而哀戚不已的书写模式，同样只能说明此人遵守古礼中守丧的仪节，至于此人为母服三年，究竟指的是齐衰三年或是斩衰三年，其所尽之丧服礼到底是古礼、流行于明代的《家礼》抑或《孝慈录》的规定，若非文献中有写明其是依"律"、依《孝慈录》行服或直接写服"斩衰"、"齐衰"，则难以推敲出逼近真实的答案。总的来说，虽然描写明清士人居母丧的相关资料多如牛毛，但其中有助于厘清时人为母亲服何种等级丧服的材料却是凤毛麟角。

　　笔者之所以在已得出明清士人私修礼书多数依照"时制"编写母服的心得之后，仍无法斩钉截铁地直指明清士人居母丧"三年"即是服斩衰三年，且对上述学者说法有所质疑，原因在于，在笔者查找的史料当中，依然明示着有一部分的明清士人所执行的母服礼制，仍为齐衰三年之制。如本节一开头所言，可能由于为父母服丧时所穿的丧服，虽有明文规定皆为斩衰，但却没有未依制服丧而进行惩罚的法律条文，故存在着明清时人有不清楚或

---

① 在服丧期限内，逐步递减丧服服制之等级，表明随时间之消逝，哀思随之递减之意，称为"变除"。"变"指的是重服改为轻服；"除"指的是某种丧服服饰去除后，不再有轻服服饰取代。斩衰、齐衰之服，成服后，都要经历既虞卒哭（死后三月）、小祥（一周年）、大祥（两周年）三次变服与禫祭（第二十七月）后的除服。参见丁凌华：《中国丧服制度史》，第88-96页。

者忽略"为母服斩"规定的空间。曾为明成化、弘治、正德、嘉靖四朝之臣，累官至刑部尚书的林俊（1452—1527），在回答丧服相关问题时，即说到："古者父服三年，母期。今制皆三年，以齐衰为杀耳。"[①] 明显不详于"今制"父母皆为斩衰三年或者理解有误。同样曾在刑部任官的魏校（1483—1542）在其《庄渠遗书》所录之"五服图说"中，亦呈现为父斩衰三年，为母齐衰三年的旧制，而未随着"时制"有所更改的情况。[②] 林俊与魏校皆曾为刑部官员，却未能掌握载于《大明律》的母服服制，更遑论一般士人与平民百姓了。时至明末清初，雷演祚（崇祯三年举人）逢母丧亦言："丁母艰齐衰"，可知丁母忧时服齐衰的情形；[③] 又如朱之瑜（1600—1682）在回答"父母在，而有兄丧者，可降一等乎?"的丧服提问时，其答复为："父丧斩衰三年，母丧齐衰三年。兄丧期，服布之生熟、升数不同，无所嫌疑，不必降等。惟父在而为母，则有或降或不降者。"[④] 只见其一本古礼而主张母服因父而降服的态度，未见其对"时制"的调整。就连私修礼书也存在零星的例子，如李文照（1672—1735）《家礼丧祭拾遗》中，仍依《家礼》为母齐衰三年的条文，[⑤] 由此可见，《孝慈录》母服规定并非当时社会人人所遵行之唯一标准。

---

① 〔明〕林俊：《见素集》，收于《景印文渊阁四库全书》总 1257 册（台北：台湾商务印书馆，1983），卷 21，《答方松崖》，第 15b 页。

② 〔明〕魏校：《庄渠遗书》，收于《景印文渊阁四库全书》总 1267 册（台北：台湾商务印书馆，1983），卷 8，《五服图说》，第 2b—5b 页。

③ 〔明〕史惇：《恸余杂记》，收于《四库禁毁书丛刊》史部 72 册（北京：北京出版社，清钞本，2000），《雷演祚》，第 20a 页。

④ 〔明〕朱之瑜：《舜水先生文集》，收于《续修四库全书》集部 1385 册（上海：上海古籍出版社，据天津图书馆藏清康熙五十三年郑玮刻本影印，2002），卷 22，《问父母在而有兄丧者可降一等乎》，第 17b 页。

⑤ 〔清〕李文照：《家礼丧祭拾遗》，收于〔清〕李幼梅辑：《读礼丛钞》，收于《国学集要》二编（台北：文海出版社，1967），第 8a 页。

为何为母服齐衰一说，可以长期存在，并且与官方礼制并行不悖，除了可能与《家礼》在近世以来的流传、未依官方服制规定服丧于明清皆无法可管两大背景有关以外，或亦可从当时士人在古礼与今仪之间的折衷态度中寻求答案。对于熟习于《仪礼》、《礼记》等古典礼经的士人而言，古礼中的丧服原则不仅只是代表服丧时的礼仪，亦是实际生活中亲属间尊卑亲疏关系的表征，虽然《孝慈录》使母服提升至与父服同等，代表着"父母等恩"孝道观而达于人情，易使人接受，但却也同时冲击着男尊女卑、夫为妻纲的父系宗法纽带，而使士人在行礼时有所迟疑。明人金湁（生卒年不详）即说到：

　　　　资于事父以事母而爱同，天无二日，土无二王，国无二君，家无二尊，以一治之也，故父在为母齐衰期者，见无二尊也。今制为母亦斩衰三年，得无二尊之嫌乎？窃尝思之，母之劬劳，有甚于父，居今反古，所不忍也；而忘古狗时，则尊亲之礼，容有未安。必也父在为母齐衰三年，父殁则为母斩衰三年，庶几尊父爱母之义两尽而无憾矣。[1]

金湁虽然了解"今制"为母服斩衰三年，符合人子念及"母之劬劳"的现实，但对照着古礼"家无二尊"的丧服原则，他却同时不安地认为应该在两者寻找妥协之道，提出父在为母齐衰三年，父殁再行斩衰三年之服，以尽尊父与爱母之义，试图兼顾"尊尊"与"亲亲"两大制服原则，并且调和古礼与今制的冲突。对

---

[1] 〔明〕金湁：《读礼日知》，收于《续修四库全书》经部97册（上海：上海古籍出版社，据辽宁省图书馆藏明万历二年冯氏刻本影印，2002），卷下《读丧服四制》，第64a-64b页。

于为母服斩之制，清代礼学家任启运（1670—1744）也认为：
"父母之恩，一也，而家必统于尊，则父在为母齐衰，即伸三
年……父没乃伸斩，可也。"① 同样表现出对"父母等恩"孝道
观的认同，但对于母服却仍考虑父尊的重要性，而保留了父在为
母齐衰，父卒才能为母斩衰的等差。除此之外，更有士人坚持
"家无二斩"，反对为母可服斩衰三年之服，而退而求其次，主张
维持明以前不论父在与否，母服皆为齐衰三年之制。清人朱建子
在其《丧服制考》一书，即认同俞汝言（1614—1679）之言
而说：

> 父母敌体，义难相厌，为父斩衰三年，为母齐衰期年，
> 低昂实甚，况母氏劬劳，有加于父。明太祖均服之制，而人
> 子之心始安，……昔亦尝质之俞渐川先生矣。先生曰：
> "父母一体，均服允宜，但均加斩衰，实无分别。应仍服齐
> 衰，而父在亦终三年，如开元礼可也，不可以为创于武氏而
> 以人废言也。"②

明清士人们虽然能同意"父母等恩"的孝道观念，也认同如此能
达人子之情，但"父尊"的不可侵犯性仍然是他们耿耿于怀之
处，而为母齐衰三年之服的继续存在，也就成为他们处于"今
制"与"古礼"抉择之际，明辨"父尊"与"母亲"之别的重要

---

① 〔清〕任启运：《礼记章句》，收于《续修四库全书》经部99册（上海：上海古籍出
　版社，据北京图书馆藏清乾隆刻本影印，2002），卷6之1，《右第18章》，第34a
　页。
② 〔清〕朱建子：《丧服制考》，收于《四库全书存目丛书》经部88册，第147－148
　页。

象征。笔者认为，这些折衷之论，亦是"为母服齐"何以与官方"为母服斩"规定共存于明清社会的重要原因之一。

二、"为母服斩"的虚构与真实

上述洪武七年《孝慈录》为母服斩衰三年制度颁行之后，为母服齐衰三年的主张与实例，加深了直指为母"服丧三年"、为母"庐墓三年"等史料即为母服斩衰三年的不确定性。而提及为母服丧的数据，往往又是本身具有隐恶扬善而不代表真实特性的墓志铭、行状、传记等史料，此一特性无疑地又使"为母服斩"落实程度的考察雪上加霜。在明初王祎（1322—1373）与其友人丁士梅的对谈中，可看到丁士梅为母服丧的情况：

> 金华王祎还自江右，谒丁士梅氏京师之西郭门。入其户，闻琴焉，和之不和，弹之而不成声，余然曰："此祥琴也，而胡为乎，士梅氏之室也?"士梅出揖，余入其室问其故，士梅泫然流涕言曰："仆东南西北之人也，遭时多艰，有母而弗能以养也，越在外服，盖累年矣，日者讯至，则吾母之没也久，吾于是为位以哭，服斩衰如初丧，今服且释已，而吾之哀弗能释也。"[1]

王祎笔下的丁士梅，亲口说出其为母服"斩衰"之服，看似落实了《孝慈录》"为母服斩"之制，但实情却不然。其首要关

---

[1] 〔明〕王祎：《王忠文公集》，收于《北京图书馆古籍珍本丛刊》集部98册（北京：书目文献出版社，据明嘉靖元年张齐刻本影印，1988），卷10，《著存斋记》，第29a–29b页。

键原因在于，王祎的卒年为洪武六年（1373），《孝慈录》却至少要到洪武七年（1374）之后才颁行天下，可见丁士梅为母服丧之时，应是处于官方规定为母服齐衰的年代，而"为母服斩"若为真，也只能推知他欲借此表达自己的孝母之情深与丧母之痛剧，且由王祎得知丁士梅为母服斩衰而没有表达任何质疑，也可再次说明官方服丧制度在社会上并不具有太大的强制力。再者，若合观王祎对他的评语："余自与士梅交莫逆而无间也，知其为人力于学者也，勇于为义者也，及是又知其心乎孝者也。"① 更可明白，王祎撰写此文的目的在于褒扬传主美好的德行，而此段记录的真实成分恐怕也就必须大打折扣。

　　尽管明清时人为母服齐衰三年之痕迹斑斑可见，"为母服斩"的记录又可能是作传者突显传主孝行的附属品，但若从明清时人基于母子之情而愿意提高母服等级的举措来看，"为母服斩"之制因本身顺应人情的特性，在社会上仍有一定的立足基础，加以《孝慈录》身为官方丧服制度，因多数明清私修礼书作者的遵行，应有一定程度的推广，其落实程度也就不至于太过悲观。例如在李濂（1488—1566）的文集中载："或问父母之丧，斩衰三年，天下之通义也。有服在大僚者，夺情起复礼与？"李濂的回答为："抑情就职，礼之变者也。"② 而未对问者所说的"父母之丧，斩衰三年"提出相左的意见，显见李濂与问者皆认为"父母同斩"为无庸置疑必须遵行的"天下通义"。王恕在《议封赠继母奏状》

---

① 〔明〕王祎，《王忠文公集》，收于《北京图书馆古籍珍本丛刊》集部 98 册，卷 10，《著存斋记》，第 29a - 29b 页。

② 〔明〕李濂：《嵩渚文集》，收于《四库全书存目丛书》集部 71 册（台南：庄严文化，据杭州大学图书馆藏明嘉靖刻本影印，1997），卷 45，《李文达公起复答问》，第 11b 页。

中亦言："子之于继母，礼有斩衰三年之服"，① 这里的"礼"，很明显的并非《仪礼》也非《家礼》，而是《孝慈录》之礼，可见在官员上奏之正式文书中，存在着将丧服"礼"作为《孝慈录》代称，而将为继母服斩衰三年视为理所当然的情况。同样的实例发生在邵宝（1460—1527）面对友人遭逢母丧后，兄弟又去世的话应如何服丧的提问，邵氏的回答是："礼曰：'斩衰之丧，既虞卒哭，遭齐衰之丧，轻者包重者……。'"② 他未谈及古礼、《家礼》等其他礼制，直觉地遵循着《孝慈录》"为母服斩"之制，认为逢母丧即应为母服斩衰三年，而以此为基础，才能开始推论，若遇母丧后，又遇兄弟丧该如何服丧的问题。由种种的例子可知，"为母服斩"一制在明代士人群体之间应有一定的普及程度。

对于长期熟习于古礼的士人而言，如何跨越儒家经典与今制之间的紧张关系，而将丧服礼直接等同于《孝慈录》，或可从李默（正德十六年进士）回答朱芝山为祖母服何丧的说法看出端倪：

> 古礼父在为母服周，谓至尊在，不敢伸其私尊也，祖在为祖母服周，义寔本于此。今制虽重母恩，不问父在与否，均服斩衰，至于祖在为祖母，则明言止服杖期，尝著于《大明令》、《孝慈录》、《大明律》诸书可考也。隆杀之间，皆断自圣祖，纵未协于古礼，臣民犹宜遵用。况准父在为母周，

---

① 〔明〕王恕：《王端毅公奏议》（台北："国家图书馆"善本书室藏，明正德16年三原知县王成章刊本），卷9，《吏部议封赠继母奏状》，第1b页。

② 〔明〕邵宝：《容春堂集》，收于《景印文渊阁四库全书》总1258册（台北：台湾商务印书馆，1983），续集卷17，《复莫蕴卿简》，第9b–10a页。

第三章 礼情之间：子为母服的议论与实践　155

本出于古人制义之精者乎！惟唐世天后请父在为母仍服三年，当时卢履冰、元行冲辈已极言其非。彼于父母恩同罔极，虽弃厌尊之义，未为不可，若持重之服，则固有间矣。矧时制所存，谁得而议之！[①]

　　李默这段话道出了许多讯息。首先，朱芝山在不能确定孙为祖母之服为何的情况下，向李默询问，反映了当时士人依"礼"行服的基本习惯，至于此"礼"为何，则由李默的推衍可探知一二。接着，李默说明了古礼父在为母、祖父在为祖母皆服齐衰杖期，再解释《孝慈录》中虽重视母亲之恩，不论父在与否而提高母服至斩衰，但却未一并提升祖母之服，使得孙为祖母依然必须考虑祖父在世而仍停留在齐衰杖期，造成现行丧服礼制的不协调。由他这么费神地解释一方面可知，《孝慈录》片面地抬高母服，而未就整个五服系统进行改制的缺失，可能造成时人在实践《孝慈录》时的疑虑；另一方面，他将现行的丧服礼制与古礼做比较，并作出"隆杀之间，皆断自圣祖"、"未协于古礼"的论断，批评之意昭然若揭。但即使如此，到最后，李默还是告诉朱芝山，明代臣民还是应该遵用《孝慈录》规定，因为"时制所存，谁得而议之"，展现了《孝慈录》作为官方规定，使得士人依礼行服之"礼"，必须是"今制"的现象。

　　清承明制，《孝慈录》的母服制度成为清代的"今制"、"时制"，亦为《大清律》所载入，而也时常被称为"今律"。清代士人一方面身处于以古礼为尊的思潮当中，一方面又面对清代官方

① 〔明〕李默：《群玉楼稿》，收于《四库全书存目丛书》集部77册（台南：庄严文化，据浙江图书馆藏明万历元年李培刻本影印，1997），卷5，《答朱芝山》，第21b–22a页。

丧服礼制与古礼制服原则相差甚远的现状，其中的矛盾与疑问，在他们的丧服答问中也留下了讨论的痕迹。清初致力于丧服考据的汪琬（1624—1691）即遇到有人问他说："《仪礼》贵妾缌，而律文无之，今之卿大夫宜何从？"[①] 对此，汪琬的回答是：

> 予应之曰："从律。"何以知其宜从律也？古今之制不同，有从重服而改轻服者，有从轻服而改重服者，有从有服而退为无服者，有从无服而进为有服者。自唐以来，损益《仪礼》多矣，而犹欲取久远不可考之文以自附于好古乎？荀卿氏曰："法后王"，是不可不深讲也。今之卿大夫不然，举凡服其余亲，莫不就就令甲而莫之敢越，而独于其妾也，则必秉《周礼》，毋乃昵于所爱乎哉？……今使家长之为大夫者为之服缌，则众子之为士者当如之，所生子为父后者亦当如之，其父在者当为所生母大功。顾已之服其妾也，则从《仪礼》缌，而命众子与所生子，则又从律文或齐衰杖期或斩衰三年，是于古今之制胥失之也。嗟乎！非天子不议礼，若好古而不纯乎古，守今而不纯乎今，是则自创为礼也，吾故曰不可不深讲也。[②]

问者对于夫为妾之服，《仪礼》有服缌麻之文，而今律则无的情况感到困惑，求教于汪琬。汪琬斩钉截铁地说，应从"今律"，也就是说，汪琬认为实践丧服礼时，虽然知道古礼与今礼有所不

---

① 〔清〕汪琬：《尧峰文钞》，收于《四部丛刊正编》80 册（台北：台湾商务印书馆，1979），卷 7，《妾无服辨》，第 5a - 6a 页。

② 〔清〕汪琬：《尧峰文钞》，收于《四部丛刊正编》80 册，卷 7，《妾无服辨》，第 5a - 6a 页。

同，但因为律有明文，故今人就应该遵循之，而不能贪于好古之名而违背"今律"，显见承袭明代丧服制度的清制被遵守的情况。另外，汪琬还痛斥那些自己为妾依《仪礼》服缌，却又令众子为其庶母依今律服齐衰杖期，令妾所生子服斩衰三年的人，除了批评他们这样做根本就是因为出于对于妾之私心昵爱以外，也认为他们造成古今之制的混乱。由此，一方面可以看到时人在不能十分肯定丧服礼如何实行的情况下，就教于礼学家以试图做到依礼行服的倾向；另一方面，亦可确定虽然清代礼学家熟知古礼与历代丧服的递变，但在提出服丧建议时，则持服从"今律"的态度。

清人对"今律"的遵行亦更可从阮元（1764—1849）所作的《江昉传》中得知：

> 江讳昉，元作传云："公讳昉，字旭东，号橙里，又号砚农，鹤亭公同祖弟也。父讳承玠，以户部郎中历知浙江嘉兴台州府事升浙江盐驿道诰授中读大夫，清介多惠政。母宋淑人早卒，簉室万淑人实出公三年而殁，簉室刘淑人教育如己出，观察命公事之为慈母。刘淑人之殁也，公哀毁，行斩衰三年丧，请封于朝。不知礼者，或议之。按《仪礼·丧服》经传曰：'慈母如母，死则三年如母，贵父之命也。'国朝定制：'慈母如母，斩衰三年'，谓所生母死，父令别妾抚育者。吾固曰公知礼制，公之孝也。"[1]

---

① 〔清〕阮元：《淮海英灵集》，收于《续修四库全书》集部 1682 册（上海：上海古籍出版社，据清嘉庆三年小琅嬛仙馆刻本影印，2002），戊集卷 4，第 24a-24b 页。

江昉的亲生母亲为江家小妾万氏，万氏生江昉三年后即去世，江昉的父亲遂命家中另一妾刘氏为其慈母。刘氏死，江昉按"时制"为其服斩衰三年之服，并请求朝廷封赠刘氏，[①] 却遭人以古礼反对之。对此，阮元直指当时按《仪礼·丧服》而发出议论者为"不知礼者"，而为慈母服斩衰三年的江昉，乃是"知礼制"者，并称扬其孝，不但赞同"为母服斩"乃孝母之表现，同时也认为服丧时遵从现行的丧服礼制，而非拘泥于古礼，才是真正的"知礼"。

除了从礼书、丧服答问、传记可看到"父母同斩"渐成为士人遵行的丧服礼制知识以外，还可从袁枚（1716—1797）所写的著名小说《新齐谐》（原名《子不语》）中看出《孝慈录》为母服斩衰三年的痕迹。在《鬼买儿》的故事中，葛荆州在嫡妻周氏死后，续娶李氏，袁枚描述嫡妻周氏因棺柩久停于家中未能下葬，而常常附身于李氏身上，因而发生了许多令人啧啧称奇之神怪故事。后来嫡妻周氏的鬼魂为了能够早日入土为安，就替自己找好一块葬地，还为自己买来一儿之胎让李氏生下，希望由这个庶子在送葬日为她主丧。到了出殡的那天，袁枚描述了如下的情景：

> 葛怜儿甫满月，不胜粗麻，易细麻与着。鬼来骂曰："此系齐衰，孙丧祖之服。我嫡母也，非斩衰不可！"不得

---

① 雍正三年（1725）议准："应封赠母者，嫡母、生母、继母，皆准给予封赠。"其中并不包括慈母，故江昉希望可赠及慈母，而请封于朝。参见〔清〕昆冈等敕撰：《钦定大清会典事例》（台北：启文出版社出版，据光绪二十五年刻本台湾"中央图书馆"景印，1963），卷143，《推封事例》，第7b页，雍正三年条。

已，易而送之。①

　　在袁枚笔下，庶子为嫡母主丧，所著之服符合了《孝慈录》为嫡母服斩衰三年的服制。换言之，使袁枚能替周氏写下"我嫡母也，非斩衰不可！"如此理直气壮的台词的，无疑正是《大清律》所载的丧服制度，而这段故事，亦是"父母同斩"观念逐渐普及的一个强而有力的证明。

　　透过上述的考察可看到，虽然明清法律未存有惩罚违反守丧服制的法律条文，且一般人可能还是对逢母丧应服何服充满困惑，但《孝慈录》的母服制度仍因载入明清两律当中，而获得明清士人一定程度的尊重，且若综观明清士人言及"为母服斩"的语气，亦可看出由明至清越见认同的趋势。同时，我们当然也不能忽略为母服齐衰三年之制与此趋势共存的现象。为母服齐衰三年得以存在于明清社会，与其说是肇因于其为唐至明初的母服规定，或归因于近世以来流传甚广的《文公家礼》之功，不如说是熟习古礼的士人基于赞同明太祖所说的："父在，为母则期年，岂非低昂太甚？"而欲用齐衰三年来缓解古礼丧服"家无二斩"与今制"父母同斩"的冲突所造成的结果。但值得注意的是，士人在行母服之时，不论是怀着一依"时制"的态度，或是因在意"家无二尊"原则而对"父母同斩"惴惴不安，两者皆不经意地流露出对于《孝慈录》所揭橥的"父母等恩"、强调母亲对人子生养之恩孝道观的认同，而也正是此一认同，打造了"为母服斩"得以深入社会的基础。

———————————

① 〔清〕袁枚：《新齐谐》，收于《续修四库全书》集部 1788 册（上海：上海古籍出版社，据清乾隆嘉庆间刻随园三十种本影印，2002），卷 22，《鬼买儿》，第 4a 页。

小结

"父母同斩"之制无视于古礼"家无二斩"的丧服原则，是《孝慈录》与此前的官方丧服规定最显著的不同之处。面对此一丧服变制，明代士人在古礼与人情之间，选择以"情"为优先考虑，支持他们的开国圣君提升母服之改制，故可在明代多数的私修礼书中，看到母服一依"今制"的情况，也可在文集中看到他们实践"为母服斩"的记录。这样的态度与行动，必然增添了"父母同斩"为人周知的程度，也加速了《孝慈录》母服制度深入明中后期社会的脚步。

明清之际政治、社会风气与学术思潮的递嬗，使得此时期的士人在保存、阐扬古礼的执着下，大声挞伐破坏古礼丧服原则甚深的《孝慈录》，批评明太祖擅改母服是未能究明古礼本有的"缘情制礼"与"亲亲"特质，进而侵犯了父系宗法中的"尊尊"原则。但是由于"今律"难违，以及"古礼"与"今制"必须清楚划分的原则，清人依旧将《孝慈录》的母服条文纳入了私修礼书当中并遵循之，促使"父母同斩"在明代所累积的普及范围得以继续拓展下渗。

日本学者井上彻在《明朝对服制的改定——〈孝慈录〉的编纂》文中主张：《孝慈录》并没有在明代民间社会上得到落实，而得迟至清朝才广泛地渗入万民的生活之中。[①] 笔者透过本章的探讨则认为，《孝慈录》的母服制度至少在明代中后期即开始渐入人心并获得一定程度的实行，而在普及于清代的过程中，也实

---

① 井上彻：《明朝对服制的改定——〈孝慈录〉的编纂》，收于钱杭译，井上彻著：《中国的宗族与国家礼制》，第 352 页。

蕴藏着明清士人截然不同的评价与实践时所历经的挣扎，而谱出一段"礼""情"交迭竞逐的精彩乐章。值得注意的是，在明清士人的讨论中，明太祖在《孝慈录》中提出的"父母等恩"孝道内涵，始终未受驳斥，反而是他们各自立论的基础。换言之，"父母之恩，一也"俨然是一道稳定且持续的伏流，随着士人评价、讨论乃至实践"父母同斩"过程的曲折起伏，成为明清士人共有的坚定信念。

第四章
嫡庶之辨：庶子为生母服的落实

> 父丧称孤子，母丧称哀子，果何说也？《仪节》注，俗久难变，姑从亦可，实大有未安者，言不顺由于名不正……又若庶子父殁，嫡母在堂而丧生母，称孤称哀，疑无嫡母，称孤不称哀，不显其生母亡，种种未安甚至滋变纷纷者，如是分别，何如不别为愈耶？尝想父与嫡母并生母，《会典》既齐一斩衰三年，今代因之无分别，此后不拘父母或前或后丧，嫡子众子俱写斩衰子，庶子为所生母死，写斩衰子，嫡子众子为庶母死写杖期子，既合国制，又无嫌疑。
>
> 〔清〕许三礼《读礼偶见》，卷上，《礼拟》

明太祖秉持着"父母之恩，一也"的孝道观，对子为八母之服皆有大小不一的改革，其中最引人注目的焦点，莫过于突破父系独尊的"父母同斩"。其中，在服丧等级方面提升幅度最大的，则是庶子为生母之服。在古典礼经中，庶子为生母服，必须随着父亲爵位高低有所升降，时至唐代，即使为生母服已与一般母服一样齐衰三年，但仍保有庶子若承嗣为父后，须降为缌麻三月的规定，而明代的《孝慈录》则规定庶子不论为父后与否，皆须为庶生母服斩衰三年。

庶子为生母服斩衰三年一制的绝对性，虽然彻底展现了母子之间亲生情感在明代母服改革中所占有的优先位置，但也同时预示着实行此制的艰难。本章拟以嘉靖三十三年（1554）裕王为生母杜氏服丧的争议，与明末庶出士人周之夔（1586—？，崇祯四年进士）为生母服丧的记录为出发点，分别从明代皇室与社会两个场域，探寻庶子为生母服斩衰三年实践的情况及其可能招致的议论，希望能在这些讨论与行动之间，一点一滴地勾勒出其中隐而未显的孝道伦理面貌。①

第一节　康妃杜氏之死

　　明太祖改革母服而制定的《孝慈录》，乃是有明一代不可轻易动摇的祖制，对明太祖之后的嗣君而言，遵循并尊重祖制及其意念无疑是他们保有统治正当性的来源之一。但是《孝慈录》提高母服至斩衰三年的创举是否在皇室的丧服礼中得到实行，却因相关史料的零散与稀少而难窥全貌。本节欲呈现的主轴，即是其中硕果仅存的康妃杜氏之死事件，此中所涉及的讨论，实为探究庶子为生母服实践过程的吉光片羽。

　　在讨论世宗朝康妃杜氏的丧服礼之前，必须先对此前明代皇室为母之服的情况有一概略的认识。按《孝慈录》的规定，人子为父母亲服斩衰三年之丧，但其服丧时间实际上达到二十七个月即可。②

---

① 至于其他诸如子为继母、慈母、出母、嫁母、养母、庶母服丧之相关议论与实践，一方面由于相对来说未成为士人讨论《孝慈录》时的焦点，另一方面亦缺乏具体的史料可供说明其实践的情况，而成为本文暂且搁置不论的部分。

② 儒家"三年之丧"，被墨子与其他学派批评时间太长，遂产生缩短丧期的折衷办法。大致分为王肃的二十五月与郑玄的二十七月两个说法，从王说或从郑说历来争论不断，但在唐代以后，基本上都采用郑玄的二十七月之制。参见马建兴：《丧服制度与传统法律文化》，第 277 - 278 页。

据《大明会典》记载，明太祖薨逝时，"诸王、世子、郡王、王妃、郡王妃、郡主、内使、宫人等，俱服斩衰三年，自闻丧第四日成服为始，二十七月而除。凡临朝视事，素服乌纱帽黑角带，退朝服衰服。"[1] 可见得此规定符合父死为其服斩衰三年的礼制。惟自洪熙元年（1425），按明成祖丧礼遗诏："山陵制度，务从简约"，"用日易月，皆以二十七日释服"，"诸王、世子、郡王及王妃、郡主以下并遵遗诏"，[2] 故往后皇室成员可以二十七日之服，表示三年的二十七月服丧期限。至于皇后的丧礼仪节，众子基本上也是"以日易月，二十七日而除"，皇帝成服后三日听政，"诸王、世子、郡王及王妃、郡王以下，闻讣皆哭尽哀，行五拜三叩头，礼毕，易素服。第四日始衰服，二十七日而除"。[3] "二十七日而除"代表三年的服期，而"衰服"虽未写明是"斩衰"还是"齐衰"，但由嘉靖二十七年（1548）孝烈皇后丧礼"在外亲郡王及世子、王妃以下，闻讣皆哭尽哀，行五拜三叩头礼。毕，易素服。第四日服斩衰服，二十七日而除"[4]，以及万历四十八年（1620）神宗孝端皇后身亡，"上素冠素服，皇太子瑞王等王俱斩衰服"，两者都没有遭到群臣反对，[5] 可推测诸王、世子等人为皇太后、皇后所服的"衰服"应该即是指"斩衰"，也就是说《孝慈录》为嫡母服斩衰的规定基本上在皇室中是被实践的。

但是，皇后能因《孝慈录》的规定得到众皇子斩衰三年之服，并不能直接推导出庶出皇子也能为亲生母亲服斩衰三年的结

① 〔明〕申时行修：《（万历）大明会典》，卷96，《大丧礼》，第542页。
② 〔明〕申时行修：《（万历）大明会典》，卷96，《大丧礼》，第542页。
③ 〔明〕申时行修：《（万历）大明会典》，卷97，《皇太后》，第545页；又可见《明宪宗实录》，卷55，第7a页，成化四年六月甲寅条。
④ 〔明〕申时行修：《（万历）大明会典》，卷97，《皇后》，第548页。
⑤ 《明神宗实录》，卷593，第3b页，万历四十八年四月甲寅条。

果。个中原因在于虽然皇后、妃子同为人母，但皇后位居正嫡，与夫齐体，其他妃子却只是宫廷中的一介庶妾，不但身份较低，且对于庶子而言，生母虽有亲生之恩，但嫡妻才是其法定的母亲，[①] 妻与妾两者的嫡庶之分是否影响庶子为生母服斩衰三年一制的施行，颇耐人寻味。关于皇帝的妾室——贵妃与妃等去世时的丧服礼制，《大明会典》与《明实录》记载阙略，且不同妃子所得到的规制也不尽相同，笔者难以对其中子为母服得出有效的统计数字，以分析《孝慈录》母服服制在妃子丧礼中实践的比例。目前较确定实践《孝慈录》母服的例子，是根据洪武十一年（1378）十一月皇太子妃常氏死时的记载：

> 庚寅，皇太子妃常氏薨。上素服辍朝三日，中宫素服哀临，皇太子服齐衰，葬毕，焚于墓所，常服还内。皇孙服斩衰，置灵座傍，遇祭奠则服之，诸王公主服如制。[②]

皇太子妃常氏死时为洪武十一年，距《孝慈录》制作完成的洪武七年不远，皇太子为皇太子妃常氏服齐衰，符合《孝慈录》夫为妻齐衰杖期的规定，而皇孙服斩衰，则符合《孝慈录》子为母不论父在与否都是服斩衰三年的规定。而在永乐八年（1410），则另有昭献贵妃王氏的例子：

---

① 滋贺秀三："对妾之子享有法定亲权的是妻（嫡母）而不是妾（生母）。"见滋贺秀三著，张建国、李力译：《中国家族法原理》，第455页；林素英："妾所生之子女称呼父之正室为嫡母"，见氏著：《丧服制度的文化意义——以〈仪礼·丧服〉为讨论中心》（台北：文津出版社，2003），第313页；熊秉真："明清时期……一个由妾生的小孩，他正式或法定的母亲，称作嫡母"见氏著：《建构的感情——明清家庭的母子关系》，第256页。
② 《明太祖实录》，卷121，第2a页，洪武十一年十一月庚寅条。

丙子，贵妃王氏薨。妃有贤德，事上及仁孝皇后恭谨，始终处宫闱之内，肃雍有礼，蔼然和厚，综理庶事，丝毫不紊，甚为上所重。上晚年有疾，间或急怒，宫人惧，谴妃委曲调护，盖自皇太子、亲王、公主以下，皆倚赖焉。至是以疾薨，上恸，悼之，辍视朝五日，赐祭，谥昭献。命丧葬悉如洪武中成穆贵妃故事。①

贵妃王氏不论是为妾、为庶母，皆举止合宜，不但得到史官很高的评价，死时明成祖也给予如洪武朝孙贵妃同等的丧葬待遇，故可推测她也可得到皇太子、亲王、公主符合《孝慈录》母服规定的服丧礼制。但必须注意的是，若再比较永乐五年（1407）徐皇后崩，却只得到世子、郡王为之服齐衰不杖期，②既不符合《孝慈录》也比《仪礼·丧服》规定的齐衰杖期低一等级的例子，或可知贵妃王氏势必深得明成祖的欢心，而在永乐朝其他妃子去世时所得到的服制，是否一依《孝慈录》之规定，就必须大大存疑了。

　　至世宗朝，康妃杜氏死后的丧礼争议则清楚地显示《孝慈录》庶子为生母服制度在皇室的实践有被挑战的可能。康妃杜氏嘉靖十年（1531）封康嫔，十五年（1536）进封为妃，③其后生下世宗第三子（裕王），也就是后来明穆宗隆庆皇帝。世宗第一子为阎贵妃于嘉靖十九年（1540）所生，但阎贵妃因此次生产死

---

①《明太宗实录》，卷227，第1a-2a页，永乐十八年七月丙子条。
②《明太宗实录》，卷69，第5b页，永乐五年七月乙卯条。
③〔清〕张廷玉等撰：《明史》，卷114，《世宗孝恪杜太后》，第3533页。

亡,① 其子哀冲太子载基也在生下二月后夭折,② 第二子载壡为皇贵妃王氏所生,立为庄敬太子,却也在嘉靖二十八年（1549）行冠礼后二日去世,③ 其母也在两年后逝世,故在世宗朝两个有子妃死亡时,皆无其亲生子必须为其服何服的疑虑,而直到嘉靖三十三年,康妃杜氏与世长辞,其亲生子裕王为母妃服何种服制的问题才浮上台面。

针对康妃丧礼,礼部尚书欧阳德（1496—1554）建议参照宪宗成化年间淑妃纪氏的丧礼仪注,④ 其主因为成化朝时,先有万贵妃生下一子,不久即亡,接着又有贤妃柏氏所生的朱佑极立为太子,却也在成化八年（1472）去世,使淑妃纪氏所生皇子朱祐樘（后来的明孝宗）伦序居长,也就是说,因为淑妃纪氏的情况和康妃杜氏的情况雷同,故丧礼规模可仿之。⑤ 但因成化十一年（1475）淑妃纪氏去世时,皇子朱祐樘尚幼,而今天裕王则已成人并且成婚,故礼部认为可以让裕王持服主丧送葬出城,而裕王为生母康妃的服制则应依《孝慈录》之规定为斩衰三年。除此之外,也建议明世宗为康妃辍朝五日,比一般皇妃丧辍朝三日多两

① 《明世宗实录》,卷233,第1a页,嘉靖十九年正月乙未条。
② 〔清〕张廷玉等撰:《明史》,卷120,《哀冲太子载基》,第3646页。
③ 〔清〕张廷玉等撰:《明史》,卷120,《庄敬太子载壡》,第3647页。
④ 关于纪氏丧礼相关记载有以下两条:"乙巳,皇子母纪氏薨,追封淑妃谥恭恪庄僖,辍朝三日。上服浅色衣,御奉天门视事,命礼部定丧葬仪注。"见《明宪宗实录》,卷142,第5b页,成化十一年六月乙巳条。"壬寅,葬恭恪庄僖淑妃纪氏于西山,自初丧至发引下葬,上及皇太后中宫,英庙皇妃、皇妃、亲王、公主、皇子各有祭,遣皇子奉祝册行礼,营域葬仪,俱从厚,发引下葬日上俱不视朝,皇亲、公侯、驸马伯、文武百官及命妇送葬设祭,皆如常仪。"见《明宪宗实录》,卷144,第4a-4b页,成化十一年八月壬寅条。
⑤ 《明世宗实录》,卷406,第1b页,嘉靖三十三年正月壬子条。

日，① 并在仪仗上皆有所增加。

这些拟议并没有得到世宗的同意，世宗与大学士严嵩（1480—1567）等人留下了以下的对话：

> 上览之，谓大学士严嵩等曰："部拟用宪庙淑妃例大不同，且裕王不当服斩衰。"嵩等对："宪庙初，有悼恭太子在前，淑妃之子居次，正与康妃今日事体相同，故礼部拟用其例。丧礼必子为主，裕王殿下须服斩衰以执馈奠之事，太祖御制《孝慈录》序文曰：'庶子为其母，斩衰三年'，部议遵用此也。"上复谕嵩："持斩衰服三年，当避君父之尊。"嵩言："臣考洪武七年，贵妃孙氏薨，无子。太祖命吴王橚服慈母服斩衰三年，主丧事，皇太子诸王皆服朞，是年《孝慈录》成，遂为定制，自后久无是事，故未之讲，及兹，当垂训作则于后，伏乞仍命殿下兹日衰杖入哭几筵，其后居府尽三年之制。"上意犹未以为然，乃批部疏曰："辍朝五日不合，一切所拟，俱非礼之正，其考贤妃郑氏例，酌议以闻。"②

在这段对话中，世宗认为宪宗淑妃与康妃杜氏两者的情况不同，虽无明讲其所据为何，但最后考贤妃郑氏例。相形之下，可看出世宗对裕王为母服斩衰一事，较坚持自己反对的意见，并且在严嵩再次申明此规定实遵照明太祖御制的《孝慈录》之后，世宗仍认为即使如此，裕王还是应该"避君父之尊"，因而决定康妃送

① "凡闻皇妃丧、辍朝三日。发引下葬、各免朝一日。"见〔明〕申时行修：《（万历）大明会典》，卷44，《辍朝仪》，第313页。
② 《明世宗实录》，卷406，第1b-2a页，嘉靖三十三年正月壬子条。

葬日时，其亲生子裕王只能穿着"衰杖"之丧服，也就是相当于为生母康妃服齐衰杖期之丧，符合《仪礼·丧服》父在为母齐衰杖期的规定。并在其后推翻礼部辍朝五日的规定，认为应从嘉靖十五年三月贤嫔郑氏的丧葬仪，[①] 辍朝由三日再减为二日，对早已从嫔晋封为妃的杜氏而言，此决定实不合其身份地位且相当减杀。面对世宗的坚持，欧阳德只好遵行，将仪注改为"闻丧自本月十四日起至十五日止辍朝二日"，而裕王为母服丧的部分，则是折衷为"于燕居尽斩衰三年之制，以伸子情"，[②] 算是世宗对《孝慈录》与官员意见的退让。

世宗漠视《孝慈录》的态度，事实上在嘉靖初年的"大礼"之议中即可看出端倪。[③] 由藩王入主的世宗，在即位之后因欲尊崇本生父母并提高其尊号的问题，引起当时朝中的诸多论争。反对世宗此举的官员屡屡拿出《孝慈录》来增加自己主张的合理性而说道："太祖高皇帝制《孝慈录》以教天下，其叙五服之制有曰：'为人后者，为所后父母服三年，为所后祖父母承重，为本生父母降服期年'，即丧服之隆降，则庙制祭法皆可类推矣，伏望陛下恪遵祖训，毋为异论所惑。"[④] 希望借由所后父母与本生

---

① "贤嫔郑氏薨，礼部上丧葬仪宪庙昭妃。上曰：'辍朝当减一日，盖未赐进封，仍次一等耳。'"见《明世宗实录》，卷185，第1b页，嘉靖十五年三月己未条。

② 《明世宗实录》，卷406，第2a页，嘉靖三十三年正月壬子条。

③ 学者朱鸿指出"大礼"之议的起迄时间始于正德十六年（1521）四月，但其结束有三种不同的意见，其一据《明史》的说法，止于嘉靖三年（1524）九月兴献王尊称议定之时；其二为张璁等考献派人士认为的嘉靖七年（1528）七月，此时《明伦大典》修成，皇考、圣母尊号也已确定；其三，则为谷应泰《明史纪事本末》之说法，认为嘉靖十七年（1538）九月，献皇帝称宗祔庙，才是事件的终止，此乃最广义的说法。本文以正德十六年至嘉靖三年九月，为本节探讨的主要时段。参见朱鸿：《"大礼"议与明嘉靖初期的政治》（台北：台湾师范大学历史所硕士论文，1978），第2页。

④ 《明世宗实录》，卷37，第2b-3a页，嘉靖三年三月己巳条。

父母服制的高低等差来制止世宗提高本生父母尊号的行为。但面对官员谨守祖制的要求，世宗则置之不理，听而不闻，甚至在嘉靖三年（1524）同意当时总理粮储都御史吴廷举（成化二十三年进士）提议修正《孝慈录》服制一事，而将此议"下礼部、翰林院、国子监详订是非"，并明令将重新议定《孝慈录》的结果"类编成书，上告天地宗庙社稷，下诏中外华夷臣民"，希望"成我明一经，正前代之谬"而报闻群臣。虽然此事后来因为遭到给事中张原（正德九年进士）、刘祺（正德十二年进士）弹劾吴廷举首鼠两端，阴附邪说，欺罔君上等罪，[①] 间接否定世宗对《孝慈录》的重议而使此事不了了之，[②] 但从《孝慈录》在"大礼"之议中受到的一连串待遇或可知悉，在世宗一步步重塑皇权的态势下，[③]《孝慈录》事实上并非绝对必须遵守的祖制。

嘉靖三十三年，世宗对裕王为亲生母康妃杜氏服斩衰丧的反对，除了可能源于世宗即位之初，官员利用《孝慈录》服制规定对他尊崇本生意愿的阻挠以外，也可非常清楚地看到世宗径以传统礼法中"天无二王，家无二尊"的准则来表示其对《孝慈录》的不尽认同。学者曾经指出，世宗是一个尊崇本生父母，尤其对母亲章圣皇太后尽孝备至的人，[④] 但在自己身为皇帝、身为父亲

① 《明世宗实录》，卷38，第7b页，嘉靖三年四月庚戌条。

② 对于给事中张原、刘祺的弹劾，世宗虽以"不报"回应，但重议《孝慈录》的结果，却再也未见于《实录》的记载之中。此事虽没有下文，但个中原因却饶富深意，笔者推测此事之所以不见《实录》多所着墨，一方面可能是因世宗已知修改《孝慈录》并颁布天下，如此直接、正面地冲撞祖制，势必引来更多纷争，所以作罢；另一方面也可能由于《明世宗实录》编撰者不愿多谈世宗删改《孝慈录》挑战祖制之事，导致此事在史料上的缺乏。

③ 关于世宗朝大礼议与世宗皇权重塑的关系与过程，详见尤淑君：《名分礼秩与皇权重塑：大礼议与嘉靖政治文化》，台北：台湾政治大学历史系，2006。

④ 关于明世宗与其生母蒋妃的母子情感，详见朱鸿《"大礼"议与明嘉靖初期的政治》。

的权威不能受到任何威胁的前提下，世宗则坚持"当避君父之尊"的原则，阻止庶子为生母服斩衰三年的实行，足见《孝慈录》虽然被收入进《大明律》，成为有明一代法律的根本，但仍然时时受到父为至尊概念的侵扰，而不一定为其后世继承者彻底实践。

　　嘉靖皇帝"当避君父之尊"的概念，在此次康妃杜氏的丧礼中亦表现在焚黄仪注的重新议定上。焚黄礼是由皇帝制命妃嫔谥号，写在黄纸谥册上，遣亲王至灵前献祭、宣读祝文、册谥，祭毕即将谥册焚烧的仪式，是妃嫔丧礼仪式中的步骤之一。① 按礼部所上的焚黄程序，应由康妃所生子裕王在拜跪之间献酒、读祝文，宣读皇上所赐予的谥号，以完成整个焚黄仪式，② 然世宗却对此颇有非议，认为："焚黄乃制命，非王可行，其仍以常礼从事"，③ 欧阳德只好顺从圣意，重新拟定焚黄礼节：

> 臣等因思皇妃焚黄礼节一向错误，盖自先朝或所生皇子及亲王行礼，或司礼监官行礼皆拜而献酒，跪而读祝，乃参用上尊谥之仪，而未思赐谥为制命，其祭文称皇帝遣谕，与上尊谥迥然不同也。今既奉前项明旨，其行礼一节，亦当更正，臣等议得赐谥当如赐祭，上香、奠酒、读祝、宣册者皆立，乃于礼制为得。④

看到欧阳德新的拟议，世宗的答复为："可，仍令著为定规……

---

① 朱子彦：《后官制度研究》（上海：华东师范大学出版社，1998），第321页。

②《明世宗实录》，卷406，第2b页，嘉靖三十三年正月壬子条。

③《明世宗实录》，卷406，第3b页，嘉靖三十三年正月壬子条。

④〔明〕欧阳德：《欧阳南野先生文集》，收于《四库全书存目丛书》集部81册（台南：庄严文化，据中国社会科学院文学研究所藏明嘉靖刻本影印，1997），卷12，第12b‐13a页。

遂册谥妃为荣淑康妃。"[1] 有可能是因为之前议定裕王应为康妃服何等丧服时，世宗因此注意到了在丧礼中应更加分辨君父与母妃之间的尊卑高低，进而重新拟定焚黄礼中主祭者上皇帝尊号与赐皇妃谥号时动作的差异，而命裕王应以"立"而非"跪拜"之姿，为其亲生母亲康妃上香、奠酒、读祝、宣册。这个改制的理由在于，世宗认为裕王是代表君父向母妃赐谥，故应以站立之姿行礼以展现世宗之尊，明显地否定裕王与生母康妃之间"母尊子卑"的伦理，而只着眼于裕王母亲妾室的身份远低于父亲世宗为君、为父的至高无上，所以必须有所区隔减降，个中原因与世宗反对裕王依《孝慈录》规定为其亲生母亲服斩衰三年的道理如出一辙。

康妃丧礼等级遭到扼杀一事，连明代文人也不胜唏嘘，在沈德符的笔记中，即曾为皇室中生母天壤之别的命运感叹道：

> 高皇帝贵妃孙氏，以洪武七年薨，上以妃无子主丧，命吴王橚认为慈母治后事，服斩衰三年，一如《孝慈录》中生母之例……如嘉靖三十三年康妃杜氏薨，则穆宗生母也。礼官请复三年丧，上不许，又引孙贵妃故事，亦不从，且以应避至尊不宜重服下谕，大臣遂不敢争，且自穆宗就裕邸后，生不得见，没不得诀，亦可悲矣。[2]

此段记录收于沈德符《万历野获编》中"天家生母大不同"

---

① 《明世宗实录》，卷 406，第 3b-4a 页，嘉靖三十三年正月壬子条。
② 〔明〕沈德符：《万历野获编》（北京：中华书局，1997），卷 3，《官闱》，"天家生母不同"，第 72-73 页。

条，虽然其中也同时提到其他皇室妃子的命运，但沈德符将洪武朝孙贵妃与世宗朝康妃做比较，并在文末说到"人耶！意者运数宜然，特假手至尊耶？"①或许也道出了在皇室中，皇妃是否能得到其亲生子最隆重的服丧之礼，实必须仰赖皇帝的一旨圣意，而非既有典制可以决定的道理。沈德符在另一篇《妃谥》中亦仔细比较了嘉靖朝各妃待遇之隆杀：

> 嘉靖十八年□月，贵妃阎氏薨，赠皇贵妃，谥荣安惠顺端僖，盖仿成化年间万妃之例，以阎为哀冲太子生母也。三十年庄敬太子生母皇贵妃王氏薨，谥端和恭顺□僖，又用阎妃例，可谓恩礼兼备。至三十三年正月，康妃杜氏薨，杜为裕王生母，尚书欧阳德等引先朝淑妃纪氏为比，宜令裕王服斩衰三年，上不从，辅臣严嵩等引太祖《孝慈录》序为证，上复谕当避君父之尊，不当服斩衰三年，欲用贤妃郑氏例，赖德等力争，裕王得于府第燕居终丧，时上辍朝止一日，及议谥号，止用荣淑二字而无赠，且改仪注为赐祭赐谥，行礼之时，差官读祝宣册，皆平立不拜，所以翦抑之者至矣。上意以先有哀冲、庄敬二太子在前，则穆宗为庶第三子，故阎妃当从厚，杜妃则杀其仪耳。②

世宗不遵《孝慈录》一事，沈德符除了"天家生母大不同"条中提及，亦在此条"妃谥"中写到，可见此事对他而言极为特殊，值得一书再书。另外，他不但提及前述焚黄礼仪的改变，也

---

① 〔明〕沈德符：《万历野获编》，卷3，《官闱》，"天家生母不同"，第73页。
② 〔明〕沈德符：《万历野获编》，补遗卷1，《官闱》，"妃谥"，第803页。

将康妃死后所得到的待遇跟明世宗前两妃进行对比，发现康妃既未得封皇贵妃的封赠，也没有获得六字之多的谥号。对于这些莫名的"翦抑"，沈德符推测可能是因为嘉靖末年裕王"动有久待之嫌，因并简礼于所生也"，[1] 暗示着在皇权不可侵犯的政治考虑下，生于皇室的庶子为生母服斩衰三年背后"父母等恩"的孝道精神，只能是敬陪末座的考虑。

嘉靖年间康妃杜氏丧礼中所立下的——庶出皇子为生母服丧"当避君父之尊"原则，成为明代有子妃嫔丧礼的成例之一。万历三十九年（1611），神宗恭妃王氏，亦即光宗朱常洛的生母薨逝，礼部即提及世庙康妃之成例：

> 戊午，礼部奏皇贵妃薨逝，合行事宜奉旨照世庙。皇贵妃沈氏例行，但臣历查我朝皇贵妃薨逝，俱未有诞育东宫。惟宪庙淑妃为孝宗敬皇帝母，世庙康妃为穆宗庄皇帝母，然其薨时皆未封皇贵妃，未经册立东宫，当日礼仪俱拟从厚，况今皇贵妃既膺封典，皇太子册立东宫已久，尤天下臣民观望所系，礼仪更当加隆。[2]

神宗恭妃王氏原是李太后身边的宫女，因神宗一时私幸，不久即有身孕而产下皇长子常洛，于十年四月封恭妃，但神宗因鄙视其宫女的卑下地位，迟迟不愿立常洛为太子，直至万历三十四年（1604）因为皇长孙的诞生，恭妃王氏才被册封为皇贵妃，[3] 足

---

① 〔明〕沈德符：《万历野获编》，补遗卷1，《宫闱》，"妃谥"，第803页。
② 《明神宗实录》：卷487，第8b-9a页，万历三十九年九月戊午条。
③ 〔明〕不著撰人：《万历邸钞》（台北：台湾学生书局，1968），第1365页。

见王氏与其子常洛不受神宗关爱的情况。① 万历三十九年，已晋封皇贵妃的王氏薨逝，神宗本欲引世庙皇贵妃沈氏之例为其辍朝五日即可，② 但礼部却认为王氏为太子之亲生母，又是皇贵妃，所以应在有子皇妃宪宗淑妃纪氏与世宗康妃杜氏丧礼仪节的基础上，再予以加隆。

但即使礼部意图为神宗贵妃王氏拟定更为隆重的丧礼仪节，在这份拟议中却赫然发现嘉靖三十三年世宗反对《孝慈录》父在庶子为生母服斩衰三年意念的再现：

> 钦命皇太子主馈奠之事，皇太子率妃入宫衰服哭尽哀，行四拜礼，视小殓大殓，成服后，朝夕临哭。三日以后，每日一奠通前二十七日而止，其斩衰避君父之尊，止于燕居私尽，以伸子情。③

嘉靖三十三年，世宗认为子为母服应"避君父之尊"，一反明太祖"父母等恩"观念，反对皇长子裕王为母服斩衰之丧，当时与遵守《孝慈录》规定的群臣相持不下，最后只好妥协为裕王"于燕居尽斩衰三年之制，以伸子情"作终。殊不知到了万历年间，特例却成为常例，在礼部官员所上的有子皇贵妃丧礼仪注当中，

---

① 有关恭妃王氏的生平可见〔清〕张廷玉等撰：《明史》，卷114，《神宗孝靖王太后》，第3537页；有关恭妃与光宗常洛不受神宗关爱之因，实与万历朝立太子之争议有关，参见郑冠荣：《从郑贵妃到客氏：晚明政争中的几个宫闱女性》，台北：台湾师范大学历史研究所硕士论文，1998。
② 《明神宗实录》，卷487，第8b页，万历三十九年九月戊午条。世庙皇贵妃沈氏之丧礼相关仪节：世庙皇贵妃沈氏薨，上辍朝五日。见《明神宗实录》，卷117，第3a页，万历九年十月辛丑条。
③ 《明神宗实录》，卷487，第9a页，万历三十九年九月戊午条。

已将皇子为母妃服斩衰必须"避君父之尊"视为理所当然，而不见任何人怀疑"避君父之尊"概念是否违反《孝慈录》规定、"父母等恩"精神的进一步讨论，且为万历皇帝采纳。同样的情况也发生在万历四十七年（1619）皇太子才人王氏丧礼仪节的拟定上。皇太子才人王氏当时已育有皇长孙，即日后的熹宗，在当时礼部所上的丧礼仪注中亦可见到皇长孙主馈奠，为王氏服斩衰三年，但仍"当避君父之尊，止于燕居，私尽以伸子情"的拟议，[①] 可见此一条文已成定例的情况。

值得深入比较的是，相对于世宗、万历朝贵妃、才人等丧礼的减杀，由嘉靖二十七年（1548）孝烈皇后丧礼"在外亲郡王及世子、王妃以下，闻讣皆哭尽哀，行五拜三叩头礼。毕，易素服。第四日服斩衰服，二十七日而除"[②]，以及万历四十八年（1620）皇后王氏崩，而"皇太子、瑞王等王俱斩衰服"的情况可知，[③] 因"避君父之尊"而在子为母服丧的礼制上有所妥协的情况，只发生在等同于天子侧室的妃嫔身上，皇太子、诸王为皇后所服之丧，基本上还是一如本节一开始所述服斩衰之服，而少有因父在而须减降调整的考虑，彰显了身为嫡妻的皇后，在地位上远高于身为庶妾的妃嫔之现实，使得子为嫡后服斩衰三年较能获得施行，而子为庶生妃服斩衰三年则必须因君父尚在世而有所厌降。换言之，虽然《孝慈录》规定不论母亲为妻为妾，皆无须考虑父在或父亡子为母一律服斩衰三年，但传统礼制中妾的低下地位，相对于妻更缺乏正嫡之位的保障，其命运走向更依赖丈夫

---

① 《明神宗实录》，卷580，第21b页，万历四十七年三月丁未条。
② 〔明〕申时行修：《（万历）大明会典》，卷97，《皇后》，第548页。
③ 《明神宗实录》，卷593，第1b页，万历四十八年四月癸丑条。

之好恶等种种现实，① 使得《孝慈录》庶子为生母之服，比一般子为母服一样更容易受到深植人心的父系宗法原则影响，生母低下的礼法身份与父尊的至高无上之间存在的莫大藩篱，使得庶子为生母服丧时必须花更多心力去跨越克服。

透过本节对明代皇室中庶出皇子为亲生母妃服斩衰三年的争论，及嘉靖"避君父之尊"从特例成为定例，再对照皇子为皇后服斩衰的理所当然，可看到虽然在《孝慈录》的服丧规范中，不论妻妾皆可成为人母，享受代表着"父母等恩"的孝道回馈与父在子为母服斩衰三年的回报。但一旦充满理想的条文降至落实层面上，现实中嫡庶尊卑的身份即横亘在中央，如划分楚河汉界一般，一方面包容了子为嫡母服斩衰三年之制，另方面却对庶子为生母服斩衰三年百般刁难，在在显示一个重要的讯息，子为母服斩衰三年以一伸孝心的行动，不仅时时刻刻处于"父至尊"的威胁当中，还须面对庶生母低下的礼法地位如何与父尊相提并论的尖锐考验。

第二节　周之夔的母服经验

明代重要的理学家王廷相（1474—1544）解释《孝慈录》庶子为所生母服斩衰三年一制时说："庶子服斩三年者，为生育之恩，与父均也，故今之制，特为加隆。"② 可见"父母等恩"孝

---

① 赵轶峰在论述 17 世纪的妾制时曾言："每个妾在家庭中的具体地位取决于他对家庭的贡献，他与夫主及正妻的关系。"参见赵轶峰：《十七世纪中国文学中的妾——以〈醒世姻缘传〉为中心》，收于氏著：《明代的变迁》（上海：上海三联书店，2008），第 190 页。

② 〔明〕王廷相：《王氏家藏集》，收于《四库全书存目丛书》集部 53 册，卷 28，《答左卫夫为陈子征问庶孙承重书》，第 8b 页。

道观中的"母"，亦包含庶生母，其"恩"更包括怀胎十月的生育之恩。但由上一节的探讨可知，至少在明代皇室中，庶生母被排除在这样的逻辑之外，而只见嫡母可得到子为其服斩衰三年，而庶子为庶生母仍须考虑父在与否而降低丧服等级。最应遵守祖制而起上行下效作用的明代嗣君，尚且无法彻底实行庶子为生母服斩衰三年一制，让人不禁要问，此制在明代社会发展的图像又为何？

《孝慈录》对庶子为生母服丧的改革，除了将之提升为斩衰三年以外，亦删除了庶子为父后为生母服须降为缌麻三月的规定，也就是说，庶子为生母服一制，自《孝慈录》颁行天下以后，不但不用考虑父亲是否去世，更毋须介意自己是否承嗣为嫡，皆可一并为生母服斩衰三年，彻底消除了父系宗法对庶生母与庶子之间感情的压抑。但是，此一通达亲生母子之情、跨越父妾之卑与父亲之尊的改革，却备受争议。

针对庶子为父后，仍为生母服斩衰三年一制，陈确曾撰《为人后者为生母服议》一文表明支持时制的态度，但同时也不断地提到，时人认为为人后者为生母不降服，实是"徇私情而害公理"之举。[1] 清人陈祖范（1676—1754）也认为在古今服制的各种不同变化中，最让他不安的，并非父在为母升为斩衰三年的变革，而是庶子为父后者仍为母服斩衰三年的服制，将使"正妻若无子，妾有子，方藉妾子以承宗祀，而恝然于其母之丧"的情况出现。[2] 清中期有名的经学家崔述（1740—1816）评论明代以后，不分为父后与否，凡庶子皆可为其母服斩衰三年一制时

---

① 〔清〕陈确：《陈确集》，卷6，《为人后者为生母服议上》，第183-186页。
② 〔清〕陈祖范：《经咫》，收于《景印文渊阁四库全书》总194册（台北：台湾商务印书馆，1983），《妾服议》，第38a页。

说到：

> 庶子既为父后，则与尊者为一体，不敢服其私亲，父为
> 妾缌，故子亦为之服缌也。然特其服然耳，其他一惟人子之
> 所自尽，不禁之也。师无服也，犹可为之心丧三年，况有缌
> 之服乎？然必降之使服缌者，何也？服者，非第所以辨亲疏
> 也，亦所以别尊卑，是以有正服、有加服、有降服。服不皆
> 以情为断也，服者，一家之体公也，人子之所不敢自专者
> 也，明有尊也；哀者，一人之情私也，人子之所得以自尽者
> 也，明有亲也。圣人制礼不以公废私，亦不以私妨公，降之
> 为缌，乃别嫌明微之深意，以坊后世之废公义而重私恩者
> 也。后人不达此意，乃狥情以为服，公私之辨亡矣。①

崔述认为古礼中，庶子为父后，而为生母降服缌麻，其主因
是父为妾服缌麻，为父后者已与尊者一体，故也必须为生母服缌
麻。此为制礼者权衡度量家族公义与母子私情的结果，而《孝慈
录》让庶子为父后仍为其生母服斩衰三年，无疑是"废公义而重
私恩"。接在这段批评之后，崔述还说到，若按现今的丧服规定，
父为妾改为无服，而庶子为父后为生母却又服斩衰三年，乃是
"一家之中各行其意，父自服此，子自服彼，家有二尊，丧有二
主，尊卑不相统属者，体制之意微矣！"② 显见对崔述而言，《孝

---

① 〔清〕崔述：《五服异同汇考》，收于《续修四库全书》经部 95 册（上海：上海古籍
　出版社，据复旦大学图书馆藏清道光四年陈履和东阳县署刻本影印，2002），卷
　1，第 5b-6b 页。
② 〔清〕崔述：《五服异同汇考》，收于《续修四库全书》经部 95 册，卷 1，第 11b-
　12a 页。

慈录》庶子为父后为生母服斩衰三年一制，实扰乱了丧服体系的尊卑秩序。

综观而论，"父亲"是否在世，庶子是否继承父亲之嗣，实为庶子为生母服斩衰三年一制与古礼产生最大冲突之处，而其所遭到的阻挠力道亦可想而知。但是，若剔除维护"父尊"、"父后"的问题，庶子为生母服斩衰之丧是否就能顺利地进行？换言之，在明代，如果一个庶子生母身亡之际，父亲已不在世，而庶子本人也未承嗣，是否就能顺理成章地依照"时制"为生母服斩衰三年之服？关于这个问题的解答，或可从明人周之夔的母服经验推知一二。

周之夔，字章甫，福建闽县人，生于万历十四年（1586），崇祯四年（1631）登进士，① 曾加入复社。周之夔在任职苏州推官时，与归乡的张溥（1602—1641）、张采（1596—1648）等复社成员往来密切，但前后因《国表》的科举选文问题对张溥多有不满，② 再加上崇祯六年（1633）发生的"军储说"事件，③ 使他遭到多方排挤，最后在崇祯八年（1635）弃官归乡，晚年居僧寺以度余生。④ 生前著作可见《弃草文集》、《弃草二集》、《弃草诗集》。

---

① 〔清〕郝玉麟等监修，〔清〕谢道承等编纂：《福建通志》，收于《景印文渊阁四库全书》总 529 册（台北：台湾商务印书馆，据台北故宫博物院藏本影印，1986），卷 43，第 102b 页。

② 复社社员文章能被纳入《国表》选文，表示其撰写制义文章的能力已受到肯定，可借此建立声势地位，因此复社社员对《国表》选文极为积极。周之夔在此次选文当中仅有一篇文章入选，且评无褒语，使其心生怨言。参考翁宏霖：《晚明复社领袖张溥（1602—1641）及其经世思想》，（台南：台湾成功大学历史研究所硕士论文，2006），第 38 页。

③ 参见翁宏霖：《晚明复社领袖张溥（1602—1641）及其经世思想》，第 38－39 页。

④ 〔清〕郝玉麟等监修，〔清〕谢道承等编纂：《福建通志》，收于《景印文渊阁四库全书》总 529 册，卷 43，第 102b 页。

在近人研究中，周之夔通常是在晚明复社相关论文中被提及，对周之夔的叙述多与其和复社领袖交恶，甚而参劾复社成员有直接的关系。① 亦即透过现有的研究成果所能看到的周之夔，主要是他在政治场域上的作为，而关于政治表现以外的研究则付之阙如。笔者透过阅读《弃草文集》、《弃草二集》，发现周之夔曾是一位《孝慈录》母服制度的实践者，不但如此，在他的文集中，也同时可以见到周之夔遵行《孝慈录》规定的过程，以及当时他所面对的质疑声浪。是故，本文拟透过这些数据重现这个饶富深意的过程，一方面期能丰富今人对于周之夔的认识；另一方面，更希望从周之夔的言论一窥庶子为生母服斩衰三年一制在明代社会的实践概况。

周之夔为福建闽县周仕阶（1542—1615）的庶子，② 他的生母吴氏在九岁时，③ 由周之夔的嫡母蔡氏买回周家养育，待吴氏及笄，周仕阶即将之纳为小妾，不久后即生下之夔。周之夔嫡母蔡氏与生母吴氏各生有三男一女。④ 周之夔虽然身为妾子，但从周之夔对生母与嫡母的叙述当中，可以推知他的成长过程多在嫡母的抚育中长大，甚至到了周之夔任苏州推官之时，其嫡母亦常

① 例如：谢国桢：《明清之际党社运动考》（台北：台湾商务印书馆，1967）第167页；胡秋原：《复社及其人物》（台北：学术出版社，1968），第27页；翁宏霖：《晚明复社领袖张溥（1602—1641）及其经世思想》，第26、33、38-39页。

② 〔明〕周仕阶（1542—1615）嘉靖四十三年（1564）以礼经领福建乡荐第五人。其仕宦经历有教职于顺昌县、南雍助教、四川达州守、江西赣州府同知。参见〔明〕周之夔：《弃草文集》，收于《四库禁毁书丛刊》集部113册（北京：北京出版社，据明崇祯刻本，2000），卷8，《先考奉政大夫江西赣州府同知天宁府君行状》，第14a-27a页。

③ 其时约万历四年（1576），参见〔明〕周之夔：《弃草文集》，收于《四库禁毁书丛刊》集部113册，卷8，《生母吴孺人行状》，第29a页。

④ 〔明〕周之夔：《弃草文集》，收于《四库禁毁书丛刊》集部113册，卷8，《先考奉政大夫江西赣州府同知天宁府君行状》，第25b-26a页。

关心他任内的表现：

> 夔以下二弟一妹，宜人抚之，皆如己出，尤钟爱不肖
> 夔，怀携之，教诲之，靡所不至……夔成进士宦姑苏，每戒
> 以无忘祖父清白及素所教诲，乡人往来吴中者，必考治状，
> 每闻全活一人、平反一狱则辄喜。夔有头风夙疾，宜人手制
> 菊枕寄之，虑其劳而伤生或药物之误也。①

对庶子而言，嫡母是礼法上的母亲，周之夔之于嫡母蔡氏，除了
礼法上的母子关系以外，在真实生活中，周之夔自小亦受到嫡母
的悉心照料，而这段密切的关系在周之夔开启仕宦之途之后仍然
持续。周之夔对嫡母慈严并济教诲的书写，既透露了他对嫡母的
感念之情，其内容也符合了明代时人对"母道"、"善教"、"厚爱
妾生子"的要求，② 可见周之夔对其嫡母德行的赞扬。

　　相较之下，周之夔对生母吴氏的描写，则多着重于赞扬其谨
守为人小妾的分际。在周之夔笔下，吴氏从来"无非时之言，无
逾等之服"，且一生致力于侍奉周之夔父亲、嫡母与家务的管理。
至于他自己与生母之间的互动，则表现得较为委婉，仅有"夔在
哺三岁，夔母皆自浣也"以及"其有以夔诶者，则曰：'任渠侬

---

① 〔明〕周之夔：《弃草文集》，收于《四库禁毁书丛刊》集部 112 册（北京：北京出
　版社，据明崇祯刻本，2000），卷 3，《为嫡母蔡宜人九十寿乞言小引》，第 20a、
　21b 页。

② 关于明代士大夫对理想"母道"的要求，参见王光宜：《明代女教书研究》（台北：
　台湾师范大学历史研究所硕士论文，1999），第 118－124 页；明清母亲对其子在
　政治作为上的影响，则参见衣若兰：《"天下之治自妇人始"——试析明清时代的
　母训子政》，收于周愚文、洪仁进主编：《中国传统妇女与家庭教育》（台北：师大
　书苑，2005），第 91－122 页。

底事，吾福薄'，夔累试弗售，无愠色"两句话，[①] 表现出生母
对之夔的生养之恩与关心之情。周之夔与生母互动记录较为简短
也暗示着，对生母吴氏而言，可能因嫡母担任周之夔教育之责的
现实，并且碍于己为人妾的低下身份，未能对周之夔平时的行为
举止有太多的意见；而对周之夔来说，撰写此篇回忆生母吴氏文
章之时，嫡母仍在世，身为庶子的他，亦有敬重嫡母之尊的必
要，进而可能在书写自己与生母的互动时，采取点到为止的策
略。[②] 笔者翻阅周之夔的文集，试图探寻周之夔与生母更多样的
生活样貌，也只能从《祭吴门妹文》中找到一点蛛丝马迹：

> 呜呼！吾不幸。乙卯先人见背，丙辰生母继殁，其年
> 夏，汝适归宁，与生母俱病在吾家。已而讹言寇至，汝迁病
> 城中，生母病笃不能迁，反以念汝之故增剧。吾兄弟彷徨奔
> 走，而吾尤独勤苦，至舍其病妻不顾，割其一女之死不顾，
> 早夜侍生母，而昼日赫烈，辄一走城中，为汝延医煎药归，
> 又以汝之安否慰生母心。如是者四十余日，而生母竟不起，
> 汝幸得生。越二年，而汝举一子，今六龄矣。吾举家为生母
> 悲且为汝喜。悲者，悲吾生母之贤，而不得享一日之养，且

---

① 〔明〕周之夔：《弃草文集》，收于《四库禁毁书丛刊》集部 113 册，卷 8，《生母吴
孺人行状》，第 28a－32b 页。

② 谢葆华指出：作为家中所有孩子的正式法定母亲，嫡妻对妾与妾生子有绝对的处
置权，包括迫妾与妾的亲生子分离。而妾在家中的地下低位，甚至使妾生子鄙视
其亲生母亲，不愿与之为伍。参见 Bao-hua Hsieh, "Female Hierarchy in
Customary Practice: The Status of Concubines in Seventeenth-Century China,"《近
代中国妇女史研究》，期 5（1997. 8），第 76－77 页。关于妾在明代的存在背景、
礼法地位、家内与家外的地位及其变化，另参见 Bao-hua Hsieh, "Concubines in
Chinese Society from the Fourteenth to the Seventeenth Centuries"（Urbana:
University of Illinois at Urbana-Champaign, dissertation, 1992）。

其死实以汝之故也。喜者，喜汝不惟得生，且有子，或可慰生母于地下耳。①

对照描写嫡母教诲与爱护文字数量之繁多，周之夔与生母生活互动写照的罕少，使得上段自白更显珍贵，在这段文字中，周之夔直白地流露出对生母病危的忧心忡忡以及对生母的悉心照料，并且由生母死后，周之夔万分悲痛地说出"生母之贤，而不得享一日之养"的遗憾，也或可窥知庶妾在家中的卑下地位，可能影响了亲生子女奉养之程度。

吴氏溘然长逝于万历四十四年（1616）六月，这时周之夔遇父丧不久，生母又因病去世，对此天人永隔的刹那，周之夔留下了一段珍贵写实的自述：

先是夔母病中，母宜人时敕诸孙及他婢无哗，频呼夔询病势。及卒，夔与二弟奔号母宜人榻前。承所为皇明《孝慈录》载："庶子与嫡母在室，得为其所生母斩衰三年例。"是事异于古，宜人恸哭慰谕曰："善哉！一切哭泣擗踊任汝为之，莫以我在抑汝情也。"②

之夔生母从病重到与世长辞的过程，透过文字历历在目而跃然纸上。而在生母吴氏去世之后，周之夔为其服丧的问题随即浮上台面。对周之夔而言，父亲已去世，为母服丧已不用考虑因"父

---

① 〔明〕周之夔：《弃草文集》，收于《四库禁毁书丛刊》集部113册，卷7，《祭吴门妹文》，第20a-20b页。

② 〔明〕周之夔：《弃草文集》，收于《四库禁毁书丛刊》集部113册，卷8，《生母吴孺人行状》，第31a页。

尊"而厌降的问题，而嫡母所生的周家长子周良屏亦健在，周之夔也不是承父嗣者，所以按理来说，他应该可以无所顾忌地遵照《孝慈录》的规定，为其生母服最高等级的丧服礼——斩衰三年。但细看周之夔与嫡母的对话，却残留着他们行礼前犹豫的痕迹：其一，他们口中的《孝慈录》条文，与原本《孝慈录》的规定不尽相同，在《孝慈录》的规定中，庶子为生母服斩衰三年，既没有考虑"父在"与否，更没有提及"嫡母在"的问题，但对话中却出现"庶子与嫡母在室，得为其所生母斩衰三年"的理解；其二，嫡母蔡氏更要他的庶子为生母服时"莫以我在抑汝情"，两种迹象皆显见对他们而言，父死之后，庶子如欲为生母服斩衰三年，还必须考虑嫡母是否在世的问题。

如此的犹疑并非周家所特有，在周之夔《为嫡母蔡宜人九十寿乞言小引》中，提及旁人见周之夔为生母服丧的反应：

> 夔母吴孺人以丙辰殁，时执古礼者，谓宜人在，夔不当行通丧。宜人素闻我朝礼不同，命夔兄弟参考会典《孝慈录》，得洪武七年高□□□□为父母及庶子为其所生母并斩衰三年。且时有皇妃之丧，高皇帝后尚在也，命妃子通丧，御制序文为据，宜人大以为当遵，且排诸公之泥古者，于是夔得尽所生之恩。闽之知有此礼也，自宜人教夔始也。[①]

这段史料除了赞扬了嫡母蔡氏的才识，表明了嫡母富有教导周之夔的权力与职责以外，更重要的是，也可看到《孝慈录》制作过

---

① 〔明〕周之夔：《弃草文集》，收于《四库禁毁书丛刊》集部112册，卷3，《为嫡母蔡宜人九十寿乞言小引》，第20b-21a页。

程的"文本"颁行天下以后,从"读者"那端得到的不同诠释。周之夔为生母吴氏服丧引来"执古礼者"的质疑,认为嫡母尚存,庶子不能为生母服斩衰三年丧,[1] 但事实上,《仪礼·丧服》与《礼记》等书在叙述庶子为母服丧时,皆未提到"嫡母在"的问题,可见时人对嫡妻庶妾之间尊卑悬殊的强调,影响了他们对母服礼制内容的认识。换言之,至少在周之夔身处的明末,左右庶子为生母服斩衰三年可行与否的因素,不仅仅只是古礼一再强调,而《孝慈录》极力去除其影响的"父亲之尊",还有礼经与《孝慈录》皆未曾提及的"嫡母之尊"。这样的观念也使得蔡氏与周之夔对《孝慈录》的解释产生转化。如本书第二章所述,明太祖与制礼诸臣在洪武七年治孙贵妃之丧时争论的焦点,从来都只落在丧服"斩衰"与"齐衰"的父母之别与现实人情中"父母等恩"的辩论,而未有任何记录曾涉及皇后在世与皇子为母妃服丧之间的连带关系。但从周之夔友人"宜人在,夔不当行通丧"的质疑可知,《孝慈录》由"父母等恩"而直接推导出庶子为生母服斩衰三年的因果推论,到了周之夔欲为庶母服斩衰三年之时,因为明人嫡母尚存,不能为生母服丧的观念,还须自行加上洪武七年"皇妃之丧,高皇帝后尚在也,命妃子通丧"的解释,才能得到众人的信服。

嫡母在世,是否可为生母服丧的疑问,也存于周之夔的同乡董应举(万历二十六年进士)心中,而向周之夔提出疑问:

> 万历丙辰六月,周章甫之生母吴卒,同盟奔吊,章甫与

---

[1] 引文中的"通丧"按文意解释为三年之丧。并参考《论语·阳货》:"夫三年之丧,天下之通丧也。"

三弟斩衰，擗踊号绝，持通丧之礼甚力。或以嫡母蔡宜人在为嫌，予亦疑之。章甫泣曰："是礼也。盖出高皇帝《孝慈录》，录作于洪武七年，高后尚在也，而不以夺皇妃之子之哀。夔敢忘所自生，且夔得请于母宜人矣，母宜人语夔，恣汝所欲自致，勿以吾嫌语诸兄，而无忘吴之功汝、栉汝、浣汝，饮食服勤汝家，其厚为之礼而终之，夔乃敢如此也。"①

曾经位居南京国子博士、南京吏部主事、南京大理丞等要职的董应举，同样对于周之夔嫡母在世而为生母服斩衰三年感到讶异，最后经过周之夔的一番解释才释然。透过周之夔对董应举的解释，可以更完整地看到时人从怀疑到接受非为父后的庶子，在父死嫡母在的情况下为生母服斩衰三年丧的条件。首先，周之夔告诉董应举，他所依循的礼制是《孝慈录》，并再次阐述他对《孝慈录》制作过程的"重新诠释"；其次，他不厌其烦地强调为生母服斩衰三年，乃是经过嫡母允许且鼓励的；最后，周之夔是透过嫡母的角度与话语，来重述生母对自己的生养之恩和对周家的贡献。这三方面都不断暗示着嫡母、庶妾与庶子三者之间微妙的上下权力关系，以及当时"嫡母之尊"不容侵犯的观念，足以促使周之夔在援引《孝慈录》的规定之后，还必须不断地以"嫡母之意"作为自己为生母服斩衰丧的后盾。

　　顺利为生母吴氏服斩衰三年丧的周之夔，在丧期结束之后行经福建顺昌县，注意到了顺昌县县学中，庶出学子服生母丧的情况，并留下了他的"观察报告"：

---

① 〔明〕董应举：《崇相集》，卷14，《周章甫生母吴氏志铭》，收于《四库禁毁书丛刊》集部102册（北京：北京出版社，明崇祯刻本，2000），第21a页。

今夏过顺昌县，有诸生廖元岳者，嫡母已没，而不为其
生母通丧。夔力谏不听，因责善于学官同年郑逢兰。逢兰
曰："其父廖有晖亦教官也，坚禁子服，具详宗师蒙批令服
朞，故吾不敢争耳。"①

周之夔注意到在顺昌县县学中，未遵守《孝慈录》为生母服斩衰
三年丧者大有人在，而且周之夔即使知道嫡母在，亦可为生母服
斩衰三年之丧，但仍逃不出当时的强势观念，将廖元岳嫡母去世
与否的因素，纳入其可否为生母服丧的考虑当中。另外，从学官
郑逢兰（生卒年不详，天启年间举人）的回答，亦再次证实当时
庶子为生母服丧未依官方规定各行其是，而不会得到任何实质惩
罚的情形。周之夔为此忿忿不平，又与闽清县学官刘中藻谈及
此事：

中藻顿足曰："吾实不晓惜学中有罗绮者，亦蒙宗师批
令服朞，奈何！"夫三父八母图中，嫡子尚为庶母服齐衰杖
朞，子为出母嫁母皆服朞矣。今使庶子但为其母服朞，是夷
所生之大恩于出母嫁母，而身侪同嫡兄，天下有无母之子
也，于心安乎？孔子曰："子生三年，然后免于父母之怀。
三年之丧，达乎天子，父母之丧，无贵贱，一也。"孟子曰：
"虽加一日愈于已，谓夫莫之禁而弗为也。"孔孟并不着父母
异服，庶子不服母之文，高皇帝万古一君，与孔孟同德，开
天下后世人子无憾之途矣。今廖元岳、罗绮忍忘所生，廖有

① 〔明〕周之夔：《弃草二集》，收于《四库禁毁书丛刊》集部113册（北京：北京出
版社，据明崇祯刻本，2000），卷1，《上督学吴谔斋文宗公祖论庶子丧服书》，第
78a 页。

晖、郑逢兰、刘中藻巳服官矣，未读《孝慈录》，独不知律
令乎？夔不忍坐视人子陷不孝，而学官蹈生，今反古且上误
老公祖之明也。敢抄《御制孝慈录》序及《大明律例》上呈
台览，伏祈行学改正申饬焉。[1]

周之夔先在强调亲生母子情感的基础上，批评庶子为生母服齐衰
杖期，不但不符合明代的现行规定，且与当时子为八母之服相
比，等于是叫庶子漠视生母的生育之恩做一个"无母之子"，并
且揭露了当时有为数众多的士人，即使已做官，依然不甚了解
《孝慈录》、《大明律》的现行母服规定。因此，周之夔决定为庶
子为生母服斩衰一制的落实做出实际行动，而上书当时的提学御
史吴锷斋（生卒年不详），希望导正当时庶子为生母无服的现况。

　　从周之夔自身的母服经验到他对顺昌县县学的观察，可知
《孝慈录》落实与否的两个相异但共存的答案。一方面，在周之
夔为生母服丧过程的相关记录中，只听到人们对嫡母在世，庶子
可否为生母服斩衰三年的讨论，而未闻子为母服不应与父服齐等
的声音，再次证明了本文上一章认为明中后期"父母同斩"作为
"时制"，已渐次成为士人们母服标准的看法。但另一方面，《孝
慈录》虽然于洪武年间已由礼入律颁行天下学校，理应为士人所
知悉，但从本节的考察可知，不论是县学学生、学官，还是已为
官多年者，对庶子为生母服斩衰一制皆不尽遵守的情况。其中，
"嫡母在，不为生母服丧"的观念，更是官方规定未能落实的主
因，亦代表着《孝慈录》所重视的母子亲生之情在根植人心的

---

[1]〔明〕周之夔：《弃草二集》，收于《四库禁毁书丛刊》集部113册，卷1，《上督学
吴谔斋文宗公祖论庶子丧服书》，第78b-79a页。

"贵嫡贱庶"观念下一败涂地的局面。

第三节　"厌于嫡母"说对庶子为生母服的冲击

　　周之夔为生母服丧经验的曲折故事，揭示了庶子为生母服斩衰三年一制在实践时正面交锋的劲敌——嫡母之尊。这个劲敌不但处于古典丧服礼制"亲亲"、"尊尊"原则之外，恐怕也是明太祖在洪武七年坚守"父母等恩"概念，以提高母服时始料未及的对手。周之夔的母服经验一方面比"康妃杜氏之死"更进一步地解答了此一制度在实行时可能遭受的阻力，一方面却也留下了若干悬而未决的问题。其一，嫡母未亡，庶子不得为生母服丧的说法，是否具有地域特性的只流行于周之夔所处的闽县、顺昌县等地，抑或是明人普遍性的观念？其二，事实上，在《仪礼·丧服》、《礼记》等古典礼经，以及明代以前的官方规定中，皆未有任何明确的条文显示，庶子为生母服丧必须考虑到嫡母在世而有所厌降。除了肇因于传统文化中"嫡庶之别"的观念以外，周之夔的友人们何以如此斩钉截铁地相信，只要嫡母在世，庶子于礼就不能为生母服丧？唯有透过追寻这些问题的解答，才能更加清晰地认识，庶子为生母服斩衰三年一制与明代社会思想背景不断交涉的过程。

一、"嫡母在"不丧生母的风气

　　明人顾起元（1565—1628）于《客座赘语》中解释"生母服"时，摘录了《通典》中的一段话作为解释：

晋解遂问蔡谟曰："庶子丧所生，嫡母尚存，不知制服轻重？"答云："士之妾子服其母，与凡人丧母同。"钟陵胡澹所生母丧，自有嫡兄承统，而嫡母存，疑不得三年，问范宣。答曰："为慈母且犹三年，况亲所生乎？嫡母虽尊，然厌之制，父所不及，妇人无专制之事，岂得引父为比而降支子也。"①

这段论述显示早在魏晋时期，即有庶子因嫡母尚存，而不知是否能为生母服丧的疑惑。② 到了明代，顾起元却仍特地摘录此段问答于"生母服"的段落，以澄清庶子为生母服不因嫡母在世而必须降服一事，恰恰证明了"厌于嫡母"观念在明代流行不坠的趋势。

在明代，严格区分嫡庶之间的上下尊卑，使庶子因嫡母尚存，不得为生母服丧的看法，阻挡了庶子为生母服斩衰三年规定的落实。明初四明士人韩常（生卒年不详）在庶母楼氏死亡后问道："吾弟欲崇重所生，以庶并嫡，于礼经合乎否耶？"所得到的答案是："按《孝慈录》，以庶母之礼丧之。"③ 可见，明代初期，因为庶不可匹嫡的看法，使得《孝慈录》庶子可如同"子为母"一般为生母服斩衰三年的规定，并没有完全被理解，导致最后竟使庶子以庶母之礼丧其生母。曾任南京国子祭酒的黄佐（1490—1566）也说道："吾督学时，有丧生母者，以嫡母在，与假心丧

---

① 〔明〕顾起元：《客座赘语》（北京：中华书局，1987），卷 4，《生母服》，第 122 - 123 页。此段文字在《通典》已见，参见〔唐〕杜佑：《通典》（上海：商务印书馆，1935），卷 94，《士为所生母服议》，第 507 页。

② 另可参见郑雅如，《情感与制度——魏晋时代的母子关系》，第 63 页。

③ 〔明〕郑真：《荥阳外史集》，收于《景印文渊阁四库全书》总 1234 册（台北：台湾商务印书馆，1983），卷 47，《贞一居士传》，第 8b 页。

三年，俾致哀也。"① 显示黄佐认为，嫡母在世，庶子不能丧生母，故以"心丧"以表其哀痛之情，仿佛《孝慈录》庶子为生母服斩衰三年的制定从未发生。

与周之夔为生母服丧时的经验雷同，许多明代庶出士人逢生母之丧时，往往因嫡母仍在世，而被劝告勿为生母服丧。万历年间御史张应扬（1550—1600）遇生母丧时，即有人建议他："礼，嫡母在不丧生母，盍就试以慰尊公？"② 曾任浙江海宁县丞的徐永德（1528—1612）逢"生母卒，请终丧"时，亦遭人劝阻道："嫡母在，于礼可毋丧也。"③ 同样的，在万历年间张以诚（1568—1615）的传记中，也显示了他在逢生母丧时遇到的类似情况：

> 七月，又丧其生母华安人，亲戚皆引压嫡旧制请之封公，恐再误甲午之试，而公怆然以失养为痛，竟服斩衰之服者三年。④

这几个例子都揭示了在明代，许多庶出士人遭逢生母之丧时，旁人劝其以嫡母尚在世，不必为生母服丧的情况。更令人不胜唏嘘的是，明人常常是完全未提母子亲生之情，而径以不影响仕途顺

---

① 〔明〕黄佐：《庸言》，收于《续修四库全书》子部939册（上海：上海古籍出版社，据北京图书馆藏明嘉靖三十一年刻本影印，2002），卷5，第29a页。
② 〔明〕郭正域：《合并黄离草》，收于《四库禁毁书丛刊》集部14册（北京：北京出版社，明万历四十年史记事刻本，2000），卷24，《侍御张公墓志铭》，第58a页。
③ 〔明〕叶向高：《苍霞续草》，收于《四库禁毁书丛刊》集部125册（北京：北京出版社，明万历刻本，2000），卷13，《兰泉徐公偕配邓孺人合葬墓志铭》，第35b页。
④ 〔明〕何三畏：《云间志略》，收于《四库禁毁书丛刊》史部8册（北京：北京出版社，明天启刻本，2000），卷23，《张宫谕瀛海公传》，第24a页。

遂为首要考虑，向庶子提出嫡母在世，不必为生母服丧的意见。因此，当张以诚最后决定为生母服丧时，为其作传者才会以"竟服斩衰之服者三年"一语来表达其惊讶或钦佩之情。而如此语气，也正明示着庶子为生母服斩衰三年，对明人来说是多么罕有的一件奇事。

清初文人李麟（生卒年不详）对庶子为母服丧的记录，更说明了庶子为生母服斩衰一制未普及于士人之间的事实：

> 庶子生母殁，古制适在，以适故不得终丧；今制适在，亦为其母斩衰三年。而此地乃有不丧其生母者，未祥，以赀入太学，张乐受贺。或诮之，乃援古礼以解曰："吾有适母在。"嗟乎！今之变乎古者多矣，未闻有起而复之者，独于所生而薄焉，可乎？且古制不得终丧，亦必心丧三年，处而不仕。未祥，以赀入太学，张乐受贺，吾盖未之前闻也。[1]

由上述可知，即使"今制"已明定不论嫡母是否在世，庶子为其母斩衰三年，但却有为数甚多的士人，持"古制"嫡母在世，不丧生母抵抗之。李麟同时指出，即使不为生母服丧，也须遵守心丧三年之礼，在生母去世未满一年期间，肆无忌惮地"张乐受贺"，实属违礼。此段记录一方面赤裸裸地揭发了明末以来社会风气益趋浇薄的景况；另一方面，也再次反映了嫡母与生母，一者为正妻，一者为庶妾，两人之间礼法地位的天壤之别，造成了庶生母不能得到亲生子为其服丧的无奈。

---

[1] 〔清〕李麟：《虬峰文集》，收于《四库禁毁书丛刊》集部131册（北京：北京出版社，清康熙刻本，2000），卷18，《南沙杂记》，第17a–17b页。

二、"厌于嫡母"观念的由来

对明人而言，庶子生母殁，而因嫡母在世不为生母服丧的观念，来自于"古制"、"古礼"。曾任礼部侍郎，与湛若水（1466—1560）、邹守益（1491—1562）共主讲席三十余年的吕柟（1479—1542），在与门人的问答中也可看出此现象：

> 献芪问："庶子之母死，嫡母在，可终丧否？"先生曰："于古则不敢，于今则无制，终丧是也"。[①]

吕柟一方面十分了解"今制"《孝慈录》庶子为生母可斩衰三年的条文，也认为今人应该遵行"今制"；但另一方面也与问者相同，认为在古礼中，是因"嫡母在"而产生庶子为生母降服的规定。但是，在《仪礼·丧服》的规定中，庶子为生母服的情形，只有当服丧者的父亲尊为天子、诸侯、大夫时，因父亲与为妾的生母地位相差过于悬殊，才必须在服制上有程度不等的厌降，而士阶层的庶子，为生母服则根本不需考虑因父尊降服的问题。换言之，在古礼中，根本未见任何条文显示庶子为生母服，必须"厌于嫡母"的法则。但在明代，却有人如是解释古礼，其中，张履祥（1611—1674）的论述，即是一个很好的观照点：

> 谨按礼经庶子为生母服，有天子、诸侯、卿大夫、士、庶之等焉，有父在父不在之分焉。仪礼注：君卒，庶子为母

---

① 〔明〕吕柟著，赵瑞民点校：《泾野子内篇》，收于《理学丛书》（北京：中华，1992），卷27，《礼部北所语》，第277页。

大功；大夫卒，庶子为母三年；士虽在，庶子为母诸如众人。有为父后不为父后之别焉，有嫡母在与不在之殊焉。礼记注：天子诸侯之庶子，为天子诸侯者为其母缌，若嫡母在，则练冠。《内篇》概云三年，何居？使父在而三年，是无父母之分也。使嫡母在而三年，是无嫡庶之别也。[①]

张履祥义正辞严地认为庶子为生母服，除了分有父尚存、去世与是否为父后的分别外，另亦有"嫡母在与不在之殊"，而说到"若嫡母在，则练冠"，意思是将《仪礼·丧服》传中"公子为其母，练冠、麻、麻衣、縓缘，⋯⋯既葬而除"归因于庶子由于"嫡母在"，所以为生母服降至五服以外的练冠，而且说到如果不那么做，则是"无嫡庶之别"。但是，若按《仪礼·丧服》传的解释，在这里公子为何为其母降服，是因"君之所不服，子亦不敢服"，[②] 并无牵涉到"嫡母之尊"的问题。但张履祥却严厉地批评嫡母在世而为生母服三年丧之举，并且批评吕柟在《泾野子内篇》支持"今制"庶子为生母服斩衰三年的看法，认为吕柟"恐是压于国制，不敢正言极论"。[③]

对此条古礼条文持有同样看法的还有王廷相，他在《答左卫夫为陈子征问庶孙承重书》中说到：

　　《丧服》传曰："公子为其母，练冠、麻衣、縓缘，既葬

① 〔清〕张履祥著，陈祖武点校，《杨园先生全集》（北京：中华书局，2002），卷12，《答张佩葱泾野内篇疑问》，第340页。
② 〔清〕张尔岐，《仪礼郑注句读》，卷11，"记"，第31b页。
③ 〔清〕张履祥著，陈祖武点校，《杨园先生全集》，卷12，《答张佩葱泾野内篇疑问》，第341页。

而除之。"此庶子之母厌于嫡母，而不得服也，故《孟子》
有王子请数月之丧之文。①

王廷相非常明白的指出，公子为其母降服为五服之外的"练冠、
麻衣、縓缘"，是"厌于嫡母"使然。除此之外，更举出《孟
子·尽心上》之典故来证明"厌于嫡母"说的依据。《孟子·尽
心上》言："王子有其母死者，其傅为之请数月之丧。公孙丑曰：
'若此者，何如也？'曰："是欲终之而不可得也。虽加一日愈于
已。……。"②意指：王子之母死，王子依礼不能为母服丧，而王
子的老师请求让王子服丧。孟子对此举的看法为，虽然于礼不能
终丧，但如果可求得多一日的服丧日，总比完全没有来得好。通
段强调王子欲为生母服丧之真诚，而未言生母去世王子不能为之
服丧的因素，但王廷相却同样的将之归因于"厌于嫡母"的
缘故。

　　明人对《仪礼·丧服》中庶子为生母服的理解，显然有误，
对于五服制度颇有钻研的罗虞臣（1501—1545）即指出"厌于嫡
母"说法的谬误：

　　　　或问《大明令》载："妾子为其母期。注云：谓嫡母在
　　室者。"夫嫡母在，降而服期，但不知嫡母所厌在父存时耶？
　　抑在父没之后？原子曰："妇人虽贵，无厌降之义，此小注
　　之误也。若《集礼》所载之条，则无此注。夫妾子服母，据

---

① 〔明〕王廷相：《王氏家藏集》，收于《四库全书存目丛书》集部53册，卷28，《答
　左卫夫为陈子征问庶孙承重书》，第8a页。
② 〔清〕焦循撰，沈文倬点校：《孟子正义》（台北：文津出版社，1988），卷27，第
　940-941页。

其父存亡为制耳，不得系于嫡母也。记曰：'公子为其母练冠、麻衣、縓缘，既葬除之。'注曰：'公子厌于父也，为母不得伸权，制此服，不夺其恩也。'……此庶子之厌于父，载诸经传可考也，未见有为嫡母所厌之文也……子之不厌于嫡母，何也？妇人无专制之义也，嫁则从夫，夫死从子，又何厌之有？……"曰："然则宋儒注王子有母丧章谓：'厌于嫡母'，其说非欤？"曰："此宋儒之谬说也，夫王子，诸侯之妾子也。诸侯于妾无服，父所不服，子亦不敢服，其傅为请，则其父在可知也。父在已厌于父矣，而何必母。"[①]

《大明令》"嫡母在室"的批注困扰着提问者，但问者并非质疑妾子为生母之服是否需要因嫡母而降服，而是不知"厌于嫡母"的时机是在父存或父殁之后，可见问者本来就持着嫡母在，庶子为生母服必须降服的定见。但罗虞臣却根据《仪礼·丧服》记与郑玄之注的解释指出，在古典经传中，凡是子为母服丧，皆是考虑"父尊"而有所厌降，而未见因"厌于嫡母"而降服的情况。而且在父系宗法制度中，"妇人无专制之义"，所以《大明令》的小注是错误的，而许多明人认为"公子为其母练冠"是因"厌于嫡母"的看法，也就不攻自破了。

更重要的是，罗虞臣指出明人对《孟子》王子不得为生母服是因嫡母尚存的解释，是根源于宋儒之注，为读者解开了明人"厌于嫡母"观念何以根深蒂固的谜团。事实上，朱熹《四书集注》对《孟子》此段的批注正是如此：

① 〔明〕罗虞臣：《罗司勋集》，收于《四库全书存目丛书》集部 94 册（台南：庄严文化，据浙江图书馆藏清康熙五十年罗氏刻本影印，1997），文集卷八下，《五服章》，"庶子为其母服议"，第 12a - 13b 页。

王子有其母死者，其傅为之请数月之丧，公孙丑曰：
"若此者，何如也？"……陈氏［陈耆卿，1180—1237］曰：
"王子所生之母死，厌于嫡母而不敢终丧，其傅为请于王，
欲使得行数月之丧也。时又适有此事，丑问如此者，是非何
如？按《仪礼》，公子为其母，练冠、麻衣、縓缘，既葬除
之，疑当时此礼已废，或既葬而未忍即除，故请之也。"①

朱熹《四书集注》乃是明代士人科举应试必读之书，其影响与主
导思想的力量之大可想而知。② 而在《四书集注》的《孟子·尽
心上》王子母丧章中，主要采取的是宋儒陈耆卿的解释。陈耆卿
将王子不能为母服丧，以及《仪礼·丧服》为庶子为母服"练
冠、麻衣、縓缘，既葬除之"的丧制，全部归因于"厌于嫡母"
之缘故。此一说法后来成为明代士人势必触及的科举定式，也就
无怪乎庶子因"厌于嫡母"而不为生母服的观念甚嚣尘上，进而
增加了《孝慈录》庶子为生母服斩衰三年的困难度。

关于"厌于嫡母"说法的历史渊源，清儒阎若璩（1636—
1704）则将之推到更久远的汉代：

王子所生之母死，厌于嫡母而不敢终丧，误亦有自来赵
岐注《孟子》王之庶夫人死，迫于嫡夫人，不得行其丧亲之
数。当岐同时，康成亦注《孟子》，未知其解云何。要《丧

① 〔宋〕朱熹：《四书章句集注》，收于《景印文渊阁四库全书》总197册（台北：台
湾商务印书馆，1983），卷7，第14b页。
② 永乐年间所敕撰《四书大全》、《五经大全》二书，其主要依据是朱子学者的著述。
基本上，明代士人只要熟读政府所制定的《四书大全》、《五经大全》，即可合格及
第。参见安井小太郎等著，连清吉、林庆彰译：《经学史》（台北：万卷楼发行；三
民总经销，1996），第177、182页。

服记》："公子为其母服练冠、麻衣、縓缘，既葬除之。"康成注曰："诸侯之妾子厌于父，为母不得伸权，为制此服，不夺其恩也。"传曰："何以不在五服之中？君之所不服，子亦不敢服也。"盖诸侯尊，绝旁期已下，何有于妾公子被厌，不敢私服其母，父卒犹有先君余尊，所厌亦不过服大功，其严如此。晋胡澹所生母丧，嫡母尚存，疑不得三年，以问范宣，宣答曰："嫡母虽贵，然厌降之制，父所不及，妇人无专制之事，岂得引父为比而屈降支子也。"说与郑注合，不知何缘，孔颖达疏戴记，多有厌适母之说，流传至宋，阑入《集注》，朱子亦有取去，此遂成不刊之典。[1]

阎若璩指出"王子所生之母死，厌于嫡母而不敢终丧"之说，最早出于汉儒赵岐（108—201）注《孟子》之时，其后又被唐代孔颖达《五经正义》接受、宋代朱熹纳入《四书集注》，直至明代因《四书集注》成为科举定本，而影响甚巨。换言之，当《孝慈录》庶子为生母服斩衰三年欲落实于社会之时，必须对抗的"厌于嫡母"之说，是自汉代即存在，经过唐、宋、元的积聚乃至明代经由科举考试定为一尊的概念，其形成的阻挠力量也就不言可喻。

在明代，"厌于嫡母"观念盛行，除了与明人对古典礼经的解释有关以外，明代《大明令》、封赠制度中所阐明的"贵嫡贱庶"原则与《孝慈录》所产生的冲突，亦是不容小觑的因素。在官方制度中，庶子为生母服须顾及"嫡母之尊"观念，首见于洪

①〔清〕阎若璩：《潜邱札记》，收于《景印文渊阁四库全书》总859册（台北：台湾商务印书馆，1983），卷4，《丧服翼注》，第1a-2a页。

武七年以前的《大明令》条文。《孝慈录》颁行以前，《大明令》中所载的丧服制度乃是当时官方所承认的丧服礼仪，其内容主要是根据唐《开元礼》至元代的官方制度，以及《家礼》丧服礼制定而成。在唐《开元礼》、宋、元三代的母服制度中，并无特立庶子为生母服一条，应是将其视为与子为母服无异，故不另外写明，而在《家礼》中则特别写明庶子为生母之服乃为齐衰三年，以求清楚明了，使人有所依循。

时至明初，《大明令》在母服礼制方面，基本上延续了唐代《开元礼》以降子为母服齐衰三年的规定，但对于庶子为生母之服期，却有显著的变化——在齐衰期年（齐衰不杖期）一栏中，出现了："庶子为其母，谓嫡母在室"的条文，意味着《大明令》并非单纯继承了前代庶子为生母为齐衰三年的规定而已，它在此条文中还另外增加了一个但书，也就是如果嫡母在世，庶子为生母之服就必须从齐衰三年降服为齐衰不杖期的限制。虽然《大明令》的丧服制度在洪武七年即被《孝慈录》取代，但是，却能由此项条文的出现推测，关于庶子为生母服丧须考虑嫡母在世与否的思维，确实存在于明初制礼官员群体的心中，并欲以此改变唐至宋代相沿已久的制度。而由前述罗虞臣的论述中，也可见到时人曾以"《大明令》载：'妾子为其母期。注云：谓嫡母在室者。'"作为行服依据，而使得明人对于未写明是否须考虑嫡母在世的《孝慈录》感到疑惑。

除了《大明令》以外，还有一个官方制度，可能使明代士人庶子为生母服丧之前，导向必须视嫡母在世与否的考虑。明人陆楫（1515—1552）的论说即显现了时人对这项官方制度与丧服制度的连结思考：

丧制，古者父在而母服齐衰杖期，父死然后为母如父服，此严祖敬宗之大义也。至唐武后与政时，上便宜十二条，其一欲令父在为母服齐衰三年，为罔极之恩，一也。虽制与父同，然犹不敢服斩衰，沿于宋元不废，犹知有大义也。至本朝则父母之服，不分存亡，俱服斩衰矣……庶子以官秩受封，嫡母在者，止封嫡母，生母不得受封，此亦厌于嫡母之义也。至于嫡母在而生母亡，又仍服斩衰，与嫡母同，于义乖矣！①

陆楫对于明朝的母服制度颇有微言，先是论述父服与母服之间应该有所区分，以彰显父系宗法大义。其次言及尽管明代在母服方面有了崭新的规定，但他仍然坚持嫡母与生母之服须有等差，直指嫡母在世之时，庶子为生母服斩衰三年，是不合于礼的行为。而陆楫之所以持如此的看法，实源于他对当时封赠制度的理解。明代庶子为官封赠其母的相关规定，源于洪武二十六年（1393）所订定的条例："凡诸子应封父母。嫡母在，所生之母不得封。嫡母亡，得并封。"② 意指庶子为官的这份荣耀，在嫡母死亡之前，都不能封及他的亲生母亲，而必须等到嫡母死亡之后，生母才能得到封赠。明人孙存（1491—1548）曾阐释他对此规定的理解：

　　嫡母在，则停生母之封者，以二母俱存，嫌于耦嫡，故

---

① 〔明〕陆楫：《蒹葭堂稿》，收于《续修四库全书》集部 1354 册（上海：上海古籍出版社，据清华大学图书馆藏明嘉靖四十五年陆郏刻本影印，2002），卷7，第2a-3b 页。

② 〔明〕申时行修：《（万历）大明会典》，卷6，《文官封赠》，第31页。

停之，以严嫡庶之分也。若生母殁而嫡母存，则封其嫡与赠其所生，要似无嫌而可伸人子风木之恨。①

嫡贵于庶的礼法凌驾于母子亲生之情，是封赠制度嫡母在，不得封赠生母规定背后的精神，同时也是陆楫挑战《孝慈录》庶子为生母服斩衰三年的基准，他所着意的并非"父母同斩"是否可行，而是身份卑下的生母不可与嫡母在礼法上处于同等地位的问题。不只是陆楫，查继佐（1601—1676）在论及丧礼时亦将明代丧服制度与封赠制度相较，而有类似的批评，他说："庶子受秩，封嫡母不及庶，或以妻封移，及此特恩非例。至于嫡母在而庶亡亦服斩衰，则大乖矣。"② 显见两个明代官方制度中，因隐含着不甚相符的概念所造成的疑义。

三、"厌于嫡母"脉络下的《孝慈录》评价

只着重强调"父母等恩"的《孝慈录》，在提升母服至与父服同等的原则下，将庶子为生母之服一并提升至斩衰三年，揭开与父尊对抗的大纛。只是，此制在落实于社会时，却面临"生母之卑"是否能从"嫡母之尊"的压抑中得到解放的问题。而"厌于嫡母"观念，也就时时左右着明人对《孝慈录》的看法，成为他们评价《孝慈录》的重要判准元素之一。

①〔明〕焦竑：《国朝献征录》，收于《四库全书存目丛书》史部105 册（台南：庄严文化，据中国史学丛书影印明万历四十四年徐象橒曼山馆刻本影印，1996），卷92，《河南左布政使孙公存行状》，第24b 页。
②〔清〕查继佐：《罪惟录》，收于《续修四库全书》史部321 册（上海：上海古籍出版社，据民国二十五年四部丛刊三编影印稿本影印，2002），卷7，《丧礼》，第50a‐50b 页。

博引古事加以论证考断，著有《金罍子》的陈绛（1513—1587）认为，《孝慈录》的母服改革的主要突破有二：一是子为母斩衰三年，二是庶子为生母服斩衰三年，其原因叙述如下：

> 庶子为其所生母，按《大明令》齐衰期年，而注谓嫡母在室，意嫡母不在室，则齐衰者三年也。然是时，子为母虽三年而亦齐衰，盖是书颁行于开国之元年，正当庶事草创，礼乐未遑之际，而《孝慈录》成于洪武七年，始断自宸衷，著为定制。子为母虽父在，庶子为其母虽母在，皆得以终丧三年，盖以天子之制而伸人子之情，则父固不得压其子，母亦不得而压其庶子也。此亦当于天理而惬于人心，所以破百代沿承之陋，而立万世常行之典者至矣。[1]

陈绛的分析暗示着，"子为母"与"庶子为生母"服斩衰三年，是解决了不同障碍，而且伸张了人子对生母的感念之情。子为母服斩衰三年是不必虑及父亲，庶子为生母服斩衰三年则是毋须介意嫡母健在与否，透露了在庶子为生母服须"厌于嫡母"的强势观念下，陈绛认为庶子为生母服斩衰三年的最大贡献，并非以亲生母子之情力抗父系宗法制度的侵扰，而是阻挡了"嫡母之尊"的压制。谢肇淛对《孝慈录》的赞誉也再次彰显了同样的特点，他说到："我国家始定制父母皆斩衰三年，即妾之子亦为所生持服，不以嫡故而杀。"显见只明言"父母等恩"，而未提及嫡母与庶生母关系的《孝慈录》，在颁布天下后，与明代士人心中原本

---

① 〔明〕陈绛：《金罍子》，收于《续修四库全书》子部1124册（上海：上海古籍出版社，据明万历三十四年陈昱刻本影印，2002），中篇卷22，第11b-12a页。

持有的嫡尊庶卑，乃至"嫡母在，庶子为生母不得服"的观念重新进行整合，促使庶子为生母服斩衰三年一条，从原本是明太祖强调"父母等恩"的载体，在进入士人的议论和实践层面之后，变成突破"嫡母之尊"，使妻与妾若成为母亲，都可从亲生子身上得到相同回报的一个重要礼制变革。

根据这样的看法来赞扬《孝慈录》"缘情制礼"的言论一直延续至清初。毛奇龄曾说："古妾生之子，为生母服都无斩三年之服，今制得服斩衰三年，即父与适母在堂亦然"、① "庶子之生母死，则无论父与嫡母在否，得服斩衰三年，此时制也，以缘情也"；② 张文嘉也认为"庶子为其所生母，从来谓厌于嫡母而不敢终丧"，而今《孝慈录》的规定是符合了"礼贵申情"的原则；③ 袁栋（清乾隆年间人）亦言：

> 礼制之行，有古无明文而世俗变通，颇有合乎道者录之……古妾生之子为生母服，都无斩衰三年之服，今制得服斩三年，即父与嫡母在堂，亦不夺其情也。④

在这些清代士人的言论中，可看到对他们而言，父系宗法制度与嫡庶之别都是古礼中压抑庶子与生母之间情感的重要元素，因而

---

① 〔清〕毛奇龄：《丧礼杂说》，收于〔清〕李幼梅辑，《读礼丛钞》，收于《国学集要》二编（台北：文海出版社，1967），第 2b 页。

② 〔清〕毛奇龄：《丧礼杂说》，收于〔清〕李幼梅辑，《读礼丛钞》，收于《国学集要》二编，第 3b 页。

③ 〔清〕张文嘉：《齐家宝要》，收于《四库全书存目丛书》经部 115 册（台南：庄严文化，据北京图书馆分馆藏清康熙刻本影印，1997），第 73b‑75a 页。

④ 〔清〕袁栋：《书隐丛说》，收于《续修四库全书》子部 1137 册（上海：上海古籍出版社，据上海师范大学图书馆藏清乾隆刻本影印，2002），卷 18，《礼制变通》，第 13a‑13b 页。

赞同"今制"一并去除源于父亲与嫡母的厌降原则。

但是，除了正面的响应以外，反对庶子忽视父亲与嫡母之尊，而为生母服斩衰三年的声音也是此起彼落，甚至有人认为庶子为生母服斩衰三年一制乃是明太祖"一时误定之制"。① 探讨丧服礼制多所用心的陈确，也毫无讳言地批评道："母服之同父服，非礼也；生母之同适母，本注谓庶子为所生母，即于夷矣。"② 并且清楚说明了他极力反对的理由：

> 《春秋》之义，甚严嫡庶。盖君臣、父子、夫妇之伦于是焉，系嫡庶乱则君臣、父子、夫妇、兄弟之伦亦乱，故明主重之，迨乎后王全以私情绌公义，推己及物，俾大夫、士、庶并得为生母行三年丧，至于今不易，不亦异哉！夫私情之不可以绌公义久矣，故以情则生母之恩远过嫡母，岂惟同焉而已；以分则嫡母之尊远过生母，岂惟不同焉而已。故庶母谓嫡母"主母"，谓父"主君"，尊卑之分截然，今而同之，乱伦蔑理，莫此为甚。必欲遵时王之制，为生母行三年之丧者，确亦有说以处此，曰："可行之于身，不可行之于家，虽可行之于家（谓庶长子而无父与嫡母者），不可行之于乡党（死不讣葬、不告期、不当开丧如父与嫡母之丧）。"③

严嫡庶、重尊卑，是陈确批评庶子为生母服斩衰三年最主要的立

---

① 〔清〕徐乾学：《读礼通考》收于《景印文渊阁四库全书》总 112 册，卷 28，《丧期二十八·通论中》，第 30a 页。
② 〔清〕陈确：《陈确集》，卷 6，《丧服妄议》，第 181 页。
③ 〔清〕陈确：《陈确集》，卷 6，《嫡庶丧服议》，第 187 页。

论基础。他认为以"情感"的角度来说，生母之恩固然重于嫡母，但以"分际"规范来看，则"嫡母之尊"有绝对的优势，不能受到一丝损害。庶子若坚持不顾嫡母在世与否，而为生母服斩衰三年，则无疑是坚持"私情"而放弃"公义"的紊乱嫡庶伦理。而在此"贵嫡贱庶"的信念，与必须遵从"时制"的矛盾下，陈确只好想出一个折衷的办法，认为若父在、嫡母在，庶子只能行心丧三年；若父与嫡母不在世，则可行丧服礼于家，但不可以通知家人以外的人知道。陈确的种种退让，只是更彰显了其对《孝慈录》的无法认同，并且与明人因嫡母尚存，不为生母服丧的实例，一同证明了庶子为生母服斩衰三年一制，不只牵涉到父与母在父系宗法社会中的性别对抗，并且也和贵嫡贱庶的观念交缠难解，导致此制于明代社会的窒碍难行。

小结

郑雅如在《情感与制度：魏晋时代的母子关系》中指出：在《仪礼·丧服》中的母服制度里，最容易受到尊卑贵贱影响的，莫过于庶子为生母之服，故在统治阶层也就特别容易成为聚议风暴的中心。[1] 但是时至东晋，因母以子贵观念的盛行，庶子为生母已渐有服重的风气，连皇帝也顺着时代无可逆向的潮流依士礼而行。[2] 若将郑氏对魏晋时代庶子为生母服的观察与本章的探讨相对照，庶子为生母服在制度与落实面上的历史变迁兴味将油然而生。

---

① 郑雅如：《情感与制度——魏晋时代的母子关系》，第 65 页。
② 郑雅如：《情感与制度——魏晋时代的母子关系》，第 81 页。

比起魏晋时期，身在明代的庶子，不论是否为父后，为母服重至斩衰三年，已因《孝慈录》的出现在制度面上得到完成。但是，由"康妃杜氏之死"一事却可见到，在明代的统治阶层，皇帝既为君又为父的至高无上，仍然是庶子为生母服重服的最大阻力。面对自己的庶妾——康妃之死，即使已有"祖制"规定庶子裕王可服斩衰三年，世宗依然坚持紧握着古礼中的父系宗法原则，认为裕王"当避君父之尊"。世宗此次的反对本应为特例，但却被其后明代嗣君所遵行，再对比明代皇后往往能得到诸王为其行斩衰三年之服的情况，在在说明了母亲的嫡庶礼法身份，依旧是人子能否借由为母服丧报答其生养之恩的首要条件。

　　庶子为生母服斩衰三年在明代皇室的顿挫，是否等同于此制在明代社会的施行情况？郑雅如在其书中同时指出：自秦汉以降的庶民社会，所通行的应为"士礼"，生于皇室、公侯以外的庶子，为生母服不必因父厌降，但是，却出现了礼经从未言说的"厌于嫡母"说法。[1] 从本章的探讨可知，魏晋时期有关于"厌于嫡母"的"疑问"延续至明代之世，几乎已发展成深植人心的"定论"。庶子为生母服本应如子为母服一般，顺利地提升至斩衰三年，但士人却往往援引他们对《仪礼·丧服》"公子为庶母礼"、《孟子》"王子丧母章"的诠释，坚持庶出士人为生母之服，必须因嫡母尚存而厌降至无服。雪上加霜的是，明代《大明令》与封赠制度中对嫡母的尊崇，更加强了嫡母压抑庶生母的说法，而庶出士人援引此说而不为生母服丧，亦怀有着仕途免于中断的现实考虑。种种因素皆牵引着明代士人对《孝慈录》庶子为生母服斩衰三年一制存有疑惑，使得此一制度在社会上的落实程度更

---

① 郑雅如：《情感与制度——魏晋时代的母子关系》，第63页。

加艰难，也意味着本已突破唯父独尊、强调母亲与父亲可分庭抗礼的《孝慈录》，始料未及地在"贵嫡贱庶"的观念面前一筹莫展的窘况。

▌结论

　　昌平产猿，陨毛若金丝闪闪可观。猿子尤奇，性可驯，然不离母。母黠不可致，猎人以毒傅矢，伺母闲射之，母度不能生，洒乳于林饮子，洒已气绝。猎人取母皮，向子鞭之，子即悲鸣而下，敛手就制，每夕必寝皮乃安，甚者，辄抱皮跳掷而毙。嗟夫！猿且知有母，不爱其死，况人也耶？

〔明〕宋濂《宋文宪公全集》，卷44，《猿说》

　　子曰："子生三年，然后免于父母之怀。夫三年之丧，天下之达丧也。"在亲情上，父亲与母亲皆为孩子的重要他人，而母亲对儿子而言，除了有养育之恩以外，更有怀胎十月脐带相连的亲生之情。熊秉真在《明清家庭中的母子关系——性别、感情及其他》一文中，栩栩如生地呈现了中国明清时代的母子，借由共度生活中的美好时光与痛苦磨难而建立的深厚情感，并指出正是儒家的孝道观，使人子必须在感情与实际行动上终生感念母亲的牺牲与奉献。[①] 而为母服三年之丧，即是儿子在母亲死后表现对其无限怀念与感谢的重要方式。

　　但是立基于儒家伦理秩序的先秦古礼，却未必能如实反映人

---

① 熊秉真：《明清家庭中的母子关系——性别、感情及其他》，收于李小江等主编：《性别与中国》，第514页。

子对于母亲生养的感激之情。根据《仪礼·丧服》的规定，父亲死亡，人子为父服最隆重的丧服礼斩衰三年，若母亲去世，人子为母服丧则必须考虑父亲是否在世而有所调整，若父卒，为母服齐衰三年；若父在，则为母服降为齐衰杖期。父母同为人子孝顺的对象，但"父服"和"母服"却有"斩衰"、"齐衰"的差异，母服的年限亦因父亲在世而再降为一年之丧。究其原因，在于丧服制度是以父系宗法制度为其核心，基于"天无二日，土无二王，国无二君，家无二尊，以一治之也"的原则，人子只能为母亲服低斩衰一等的齐衰服。对于人子而言，父亲是"至尊"，母亲则只是"私尊"，所以如果母亲死亡，"至尊"尚在世，为母亲服丧的时间也必须从三年屈降至一年。除此之外，母亲的出身若是礼法地位低下的庶妾，人子为其服丧的等级，更随着父亲的爵位高低而有所减降。简言之，古典礼经中的母服制度，在在彰显了"尊尊"凌驾于"亲亲"原则的父系宗法特色。

先秦古礼中母服规范与母子情感的落差，随着汉代以降封建社会的崩解越见明显，"缘情制礼"的呼声也不断出现，洪武七年（1374）因孙贵妃之死而产生的母服争议即是明证之一。在讨论孙贵妃丧礼的过程中，面对官员们所持的"父在，为母服一年"的母服规范，明太祖认为"父母等恩"，母服与父服相比如此屈降实不合现实人情，遂下令今后子为母、庶子为生母之服须与为父服齐等，皆为斩衰三年，突破了先秦以来"家无二尊"的宗法概念。此类"父母等恩"的概念，在明太祖的政策中也处处可见。明太祖在位期间所宣扬的孝道观念，实时时提醒人子同时对父母尽孝，不但在洪武十二年（1379）改革郊祀礼时，主张"人子事亲，曷敢异处"而行天地合祀，并在"六谕"中一改过去"父慈子孝"的孝道内涵，而以更为大众所接受的"孝顺父母"作为风俗教化的首要原则，无形中强调了母亲的重要性。此一对双亲尽孝乃为孝之正道的看法，在洪武七年孙贵妃之死而引发的丧服议礼过程中展露无遗，并使太祖进而制作了《孝慈录》以作为明代丧服制度的定本，从其书名"孝慈"二字即可知其制作的动机，是为了发扬"孝顺母亲"这样一个意念而来。透过此书，明太祖重新规划了他心中理想的亲属服丧关系，并由礼入律，将之纳入《大明律》之首，成为有明一代的丧服定制，并为清代所承袭，可谓影响深巨。

事实上，《孝慈录》的制定并非先秦以来第一次母服的重大变革，早在唐上元元年（674），武则天即认为父在为母服齐衰一年不足以报答母亲的鞠育之恩，而提出"父在为母服齐衰三年"的建议，以期缩小母服屈降的程度。此议因为撼动了"父至尊"、"母亚尊"的壁垒，因而在唐代掀起一番激烈的讨论，最后终在唐开元二十年（732）为《大唐开元礼》接受，成为迄明洪武七年以前的母服定制。比较唐明两代的母服改革，可发现《孝慈录》在丧服礼制史上的重大意义。就改革的发起者而论，不同于唐代是由女性以自身的经验为母服发出不平之鸣，在明代，是由明太祖此一男性以"父母等恩"的概念为基础，凭借着"礼乐自天子出"的权威断自圣裁地对母服进行改制。由此可知，母服改革的出现并非必定借由女性统治者从自身经验出发才可成形，传统孝道中对报答父母生养之恩的重视，人子与母亲最直接的情感亦是母服改革过程中的重要推手，而倡议者所掌握的权力，更是提升母服主张能否迅速成为一代定制的关键。在改革的内容方面，相较于唐《开元礼》"父在为母服齐衰三年"仍是在不跨出父系的框架下，维护着"父斩衰"、"母齐衰"的位阶，《孝慈录》则是直接突破了宗法制度的"尊尊"原则，将"父母等恩"、"孝顺父母"等父母并重的概念付诸实行，使母服提升至斩衰三年，与父服完全等同，无任何屈降之意，其改革程度之剧烈，无疑是《开元礼》所不能及。

　　《孝慈录》"父母同斩"的丧服礼制，不但冲击了千年来父系宗法制度与伦理秩序，也远远悖离了士人长期研读的儒家经典内容，但却在颁行天下后，得到许多明代士人的接受与赞扬。士人之所以接受此制，或可从《孝慈录》为开国皇帝所制定的"祖制"，致使他们不得不赞扬的角度来理解，但亦不可忽略多数明代士人实是以自身与母亲的生命连结出发，强调"礼缘人情"，认同《孝慈录》"父母等恩"、重视母子之情的观念，并配合着明代士人对古典礼经的怀疑态度，使得"家无二斩"原则失去了遵守的必要。但是，对《孝慈录》的褒扬到了明末清初，却因晚明政治社会的败坏与明清易代的剧变而出现转变。如何保持理想的社会秩序与汉文化传统，成为士人最关心的议题，而"以经典为法式"、"以古礼正今俗"，即为当时公认最好的因应之道。在此学术风气下，《孝慈录》被指摘为出于"一介武人"，在未能明白"礼之精义"的情况下，擅自破坏古典礼经制服原则的作品。除此之外，明末清初士人也注重"礼"在社会的实践性问题，认为应从要求服丧者内心实质的悲戚进行改革，而非只是以外在的丧服表征虚应故事，从而指涉"为母服斩"的大而无当。从《孝慈录》评价由褒多至贬增的过程可知，在完成理想的"为母之孝"之前，士人如何平衡"礼"与"情"的拉扯，实与其身处的时空背景与学术思潮有着千丝万缕的交错关系。

　　明代至清初士人既无法逃脱学术的思潮的影响，更无法自他们所处的政治环境抽离。《孝慈录》的母服内容为清代所承袭，是明清两代的"时制"、"今制"、"今律"。在"家礼学"兴盛的明代，子为母服斩衰三年一制以"今制"之姿，渐次取代了《家礼》的母服条文，成为士人私修"家礼书"中必定出现的内容，而在崇奉古礼的清初"仪礼学礼书"中，亦因酌古准今的要求，在他们书中的丧服卷部分，参考了清代的"时制"，并呼吁读者尊崇。这些证据都显示了《孝慈录》作为明清两代官方丧服之本，对私修礼书有着不可忽视的强势性，并随着明中后期以降坊刻市场的蓬勃发展，逐渐深入人心，促使"为母服斩"成为明清士人回答为母服丧相关问题时的标准答案。

明太祖"父母等恩"的理念，虽然在子为母服斩衰三年一制中，渐次落实于社会，但同样被写在《孝慈录》序言中的庶子为生母服斩衰三年之制，在实行时却没有这么顺畅。发生于世宗朝的康妃杜氏丧服礼争议，即明示着与嫡后能获得皇子为其服斩衰三年丧相比，出身庶妾的妃子，在成为母亲之后，其子为亲母服丧，依旧难以逃脱父系宗法原则的束缚而有所减降。即使"父尊"不复存在，明人对于古典礼经的解释与对官方封赠制度的理解，都使"嫡母在世，不丧生母"的观念流行于社会，造成庶子为生母服斩衰三年，除了必须对抗父亲之尊以外，亦必须考虑嫡母之尊。而明末庶出士人周之夔为生母服斩衰三年所引起的疑窦，更是此制并未如同子为母服斩衰三年一般被普遍接受的最有力证据。由此可见，强调父亲母亲同等重要的《孝慈录》，虽然可能以母子情感为盾牌，战胜宗法秩序中"父尊母卑"的观念，但却还是无法跨越"嫡尊庶卑"的鸿沟，使得明代同为母亲的嫡妻与庶妾，在丧服礼上得到截然不同的待遇。

清末驻使中国的一位英国翻译员汤玛士·泰勒·迈多士（Thomas Taylor Meadows），曾提及他对中国妇女地位的印象，说到："中国人极少将极熟识的朋友介绍给自己的妻子，这并不是一种恭维的举动；而介绍给母亲却很常见。"进而归结出他的结论："中国妇女仍较盎格鲁·萨克逊人更为男子的奴隶，但由于儒家孝顺父母的原则，缓和了这种奴隶性质。"① 熊秉真则说："母亲……不但是活在儿子生命中的母亲，同时也是活在男人生命中的女人——在传统的中国社会，这是男人和女人打破性别界线的一种最强有力的超越。"② 两者的言论皆指向了一个事实：在讲求孝道的传统中国，女性唯有在扮演起母亲的角色时，才有机会凭借着她对儿子的含辛茹苦与彼此之间深厚的情感连结，撼动男尊女卑的伦常秩序，进而提高自己的地位，得到一位男性——她的儿子穷尽一生竭尽心力的养生与送死。《孝慈录》揭示的"父母等恩"观念与"为母服斩"制度，即是以此为基础而生发，并随着官方定制的强制力与士人对"礼缘人情"的认同，获得与父齐等的丧服礼制地位。但是，中国家庭内部成员的权力关系，却从来不是单纯以性别来决定的。在庶子为生母服斩衰三年一制的实践过程中，比起父亲之尊的难以跨越，母亲群体内部嫡尊庶卑的阶级关系，更是"为母之孝"如何不再受到任何压抑的关键。由此可见，明代《孝慈录》的制定与实践，透过父与母、礼与情、嫡与庶的不断交涉与对话，无疑地向我们诉说了中国丧服礼制史上最复杂深刻的孝道故事。

---

① Thomas Taylor Meadows，*The Chinese and the Rebellions with an Essay on Civilisation and its Present State in the East and West*（Shannon：Irish University Press，1972），pp. 634－635. 转引自杨联陞，《国史上的女主》，收于氏著：《国史探微》（台北：联经出版事业公司，1983），第 91－92 页。

② 熊秉真：《明清家庭中的母子关系——性别、感情及其他》，收于李小江等主编：《性别与中国》，第 535 页。

▌征引书目

壹、古籍史料

一、政书典籍

〔汉〕何休注，〔唐〕徐彦疏：《春秋公羊传》，收于〔清〕阮元校勘：《十三
　　经注疏附校勘记》，台北：艺文印书馆，嘉庆二十年重刊宋本，2001。

〔汉〕赵岐注，〔宋〕孙奭疏：《孟子注疏》，收于〔清〕阮元校勘：《十三经
　　注疏》，台北：艺文印书馆，据清嘉庆二十年江西南昌府学开雕本影印，
　　2001。

〔汉〕郑元注，〔唐〕贾公彦疏：《仪礼注疏》收于〔清〕阮元校勘：《十三经
　　注疏附校勘记》，台北：艺文印书馆，嘉庆二十年重刊宋本，2001。

〔汉〕郑玄注，〔唐〕孔颖达等正义：《礼记正义》，收于〔清〕阮元校勘：
　　《十三经注疏附校勘记》，台北：艺文印书馆，据清嘉庆二十年江西南昌
　　府学开雕本影印，2001。

〔汉〕戴德：《大戴礼记》，台北：台湾商务印书馆，据上海涵芬楼借野竹斋
　　沈氏藏明刊本景印，1979。

〔汉〕班固撰，〔清〕陈立疏：《白虎通义》，收于王云五主编：《国学基本丛
　　书》，台北：台湾商务印书馆，1968。

〔魏〕王肃：《孔子家语》，台北：台湾商务印书馆，据上海涵芬楼借江南书
　　馆藏明翻宋本景印本影印，1979。

〔唐〕孔颖达：《礼记正义》，收于杨家骆主编：《十三经注疏补正（七）》，
　　台北：世界书局，1971。

〔唐〕杜佑：《通典》，台北：台湾商务印书馆，1935。

〔唐〕萧嵩等：《大唐开元礼》，收于《景印文渊阁四库全书》总 646 册，台

北：台湾商务印书馆，1983。

〔五代〕刘昫：《旧唐书》，北京：中华书局，1975。

〔宋〕王溥：《唐会要》，收于杨家骆编：《历代会要第一期书第六册》，台北：
世界书局，1963。

〔宋〕朱熹：《四书章句集注》，收于《景印文渊阁四库全书》总 197 册，台
北：台湾商务印书馆，1983。

〔元〕不著撰者：《大元圣政国朝典章》，台北：文海出版社，据光绪戊申年
夏修订法律馆以杭州丁氏藏本重校本影印，1964。

《明太宗实录》，台北："中央研究院"历史语言研究所，1967。

《明世宗实录》，台北："中央研究院"历史语言研究所，1967。

《明英宗实录》，台北："中央研究院"历史语言研究所，1967。

《明英宗宝训》，收于《明实录附录》17 册，台北："中央研究院"历史语言
研究所，1967。

《明神宗实录》，台北："中央研究院"历史语言研究所，1967。

《明宪宗实录》，台北："中央研究院"历史语言研究所，1967。

〔明〕不著撰人：《万历邸钞》，台北：台湾学生书局，1968。

〔明〕太祖敕撰：《大明令》，收于〔明〕张卤校刊：《皇明制书》，台北：成
文出版社，据明万历年间刻本影印，1969。

〔明〕太祖敕撰：《大明律》，收于〔明〕张卤校刊：《皇明制书》，台北：成
文出版社，据明万历年间刻本影印，1969

〔明〕太祖敕撰：《明律集解附例》，台北：成文出版社，据清光绪二十四年
重刊本影印，1969。

〔明〕太祖：《孝慈录》，收于（明）张卤校刊：《皇明制书》，台北：成文出
版社，据明万历年间刻本影印，1969。

〔明〕太祖：《资世通训》，收于〔明〕张卤校刊：《皇明制书》，台北：成文
出版社，据明万历年间刻本影印，1969。

〔明〕太祖：《御制大诰》，收于《明朝开国文献》第 1 册，台北：台湾学生
书局，1966。

〔明〕太祖：《御制大诰续编》，收于《明朝开国文献》第 1 册，台北：台湾
学生书局，1966。

〔明〕太祖:《御制贤臣传》,收于《明朝开国文献》第 2 册,台北:台湾学生书局,1966。

〔明〕太祖:《教民榜文》,收于〔明〕张卤校刊:《皇明制书》,台北:成文出版社,据明万历年间刻本影印,1969。

〔明〕太祖:《明太祖御制文集》,台北:台湾学生书局,1965。

〔明〕吕本等辑:《皇明宝训》,收于《四库全书存目丛书》史部 53 册,台南:庄严文化,据故宫博物院图书馆藏明万历三十年秣陵周氏大有堂刻本影印,1996。

〔明〕申时行修:《(万历)大明会典》,北京:中华书局,1989。

〔明〕宋濂等:《元史》,台北:中华书局,1976。

〔明〕胡广等:《性理大全书》,收于《景印文渊阁四库全书》总 710 册,台北:台湾商务印书馆,1983。

〔明〕徐一夔等:《明集礼》,收于《景印文渊阁四库全书》总 649 册,台北:台湾商务印书馆,1983。

〔清〕来保、李玉鸣等:《钦定大清通礼》,收于《景印文渊阁四库全书》总 655 册,台北:台湾商务印书馆,1983。

〔清〕徐本、三泰等:《大清律例》,收于《景印文渊阁四库全书》总 672 册,台北:台湾商务印书馆,1983。

〔清〕高宗敕撰:《续通典》,台北:台湾商务印书馆,1987。

〔清〕高宗撰,刘统勋等编:《评鉴阐要》,收于《景印文渊阁四库全书》总 694 册,台北:台湾商务印书馆,1983。

〔清〕昆冈等敕撰:《钦定大清会典》,台北:启文出版社,据光绪二十五年刻本台湾"中央图书馆"景印,1963。

〔清〕昆冈等敕撰:《钦定大清会典事例》,台北:启文出版社,据光绪二十五年刻本台湾"中央图书馆"景印,1963。

〔清〕张廷玉:《明史》,北京:中华书局,1966。

〔清〕张尔岐:《仪礼郑注句读》,台北:学海出版社,1978。

黄彰健:《明代律例汇编》,台北:"中央研究院"历史语言研究所,1979。

二、 地方志

〔明〕王心编撰:《(嘉靖)天长县志》,收于《天一阁藏明代方志选刊》26

册，上海：上海古籍书店，1982。

〔清〕郝玉麟等监修，〔清〕谢道承等编纂：《福建通志》，收于《景印文渊阁四库全书》总 529 册，台北：台湾商务印书馆，据台北故宫博物院藏本影印，1986。

三、 文集、笔记、小说及其他

〔宋〕朱熹：《家礼》，收于《景印文渊阁四库全书》总 142 册，台北：台湾商务印书馆，1983。

〔元〕敖继公：《仪礼集说》，收入于《景印文渊阁四库全书》总 105 册，台北：台湾商务印书馆，1983。

〔元〕郑泳：《郑氏家仪》，收于《四库全书存目丛书》经部 114 册，台南：庄严文化，据上海图书馆藏清刻本影印，1997。

〔明〕王文禄：《海沂子》，《四库全书存目丛书》子部 84 册，台南：庄严文化，据涵芬楼影印明隆庆刻百陵学山本影印，1995。

〔明〕王廷相：《王氏家藏集》，收于《四库全书存目丛书》集部 53 册，台南：庄严文化，据王氏家藏集丧礼备纂天津图书馆藏明嘉靖刻清顺治十二年修补本公移集驳稿集奏议中山大学图书馆藏明嘉靖至隆庆刻本影印，1995。

〔明〕王恕：《王端毅公奏议》，台北："国家图书馆"善本书室藏，明正德十六年三原知县王成章刊本。

〔明〕王鸣鹤：《登坛必究》，收于《续修四库全书》子部 960 册，上海：上海古籍出版社，据北京大学图书馆清刻本影印，2002。

〔明〕王祎：《王忠文公集》，收于《北京图书馆古籍珍本丛刊》集部 98 册，北京：书目文献出版社，据明嘉靖元年张齐刻本影印，1988。

〔明〕丘浚：《大学衍义补》，收于《景印文渊阁四库全书》总 712 册，台北：台湾商务印书馆，1983。

〔明〕丘浚：《文公家礼仪节》，收于《四库全书存目丛书》经部 114 册，台南：庄严文化，据北京大学图书馆藏明正德 13 年常州府刻本影印，1997。

〔明〕史惇：《恸余杂记》，收于《四库禁毁书丛刊》史部 72 册，北京：北京出版社，清钞本，2000。

〔明〕吕柟著，赵瑞民点校：《泾野子内篇》，收于《理学丛书》，北京：中华
　　书局，1992。

〔明〕吕维祺：《孝经大全》，收于《续修四库全书》经部151册，上海：上
　　海古籍出版社，据天津图书馆藏清康熙二年吕兆璜等刻本影印，2002。

〔明〕朱之瑜：《舜水先生文集》，收于《续修四库全书》集部1385册，上
　　海：上海古籍出版社，据天津图书馆藏清康熙五十三年郑玫刻本影印，
　　2002。

〔明〕朱朝瑛：《读礼记略记·读三礼略记》，收于《四库全书存目丛书》经
　　部95册，台南：庄严文化，据北京图书馆藏清钞七经略记本影印，1997。

〔明〕朱鸿：《孝经总类》，收于《续修四库全书》经部151册，上海：上海
　　古籍出版社，据北京图书馆藏明抄本影印，2002。

〔明〕何三畏：《云间志略》，收于《四库禁毁书丛刊》史部8册，北京：北
　　京出版社，明天启刻本，2000。

〔明〕何孟春：《余冬序录》，收于《四库全书存目丛书》子部102册，台南：
　　庄严文化，据湖南图书馆藏明嘉靖七年郴州家塾刻本影印，1995。

〔明〕余象斗：《新刻天下四民便览三台万用正宗》，收于《域外汉籍珍本文
　　库》第一辑子部，北京：人民出版社，据日本东京大学东洋文化研究所
　　藏明万历二十七年余氏双峰堂刻本影印，2008。

〔明〕吕坤：《四礼疑》，收于《四库全书存目丛书》经部115册，台南：庄
　　严文化，据北京大学图书馆藏明万历刻清同治光绪间补修吕新吾全集本
　　影印，1997。

〔明〕宋濂：《宋文宪公全集》第三册，收于《四部备要集部》，台湾：中华
　　书局，据严荣校刻足本校刊，1965。

〔明〕宋纁：《四礼初稿》，收于《四库全书存目丛书》经部114册，台南：
　　庄严文化，据上海图书馆藏清康熙四十年宋氏刻本影印，1997。

〔明〕李濂：《嵩渚文集》，收于《四库全书存目丛书》集部71册，台南：庄
　　严文化：据杭州大学图书馆藏明嘉靖刻本影印，1997。

〔明〕李默：《群玉楼稿》，收于《四库全书存目丛书》集部77册，台南：庄
　　严文化，据浙江图书馆藏明万历元年李培刻本影印，1997。

〔明〕沈德符：《万历野获编》，北京：中华书局，1997。

〔明〕周之夔：《弃草二集》，收于《四库禁毁书丛刊》集部 113 册，北京：北京出版社，据明崇祯刻本，2000。

〔明〕周之夔：《弃草文集》，收于《四库禁毁书丛刊》集部 112—113 册，北京：北京出版社，据明崇祯刻本，2000。

〔明〕周琦：《东溪日谈录》，收于《景印文渊阁四库全书》总 714 册，台北：台湾商务印书馆，1983。

〔明〕季本：《说理会编》，收于《续修四库全书》子部 939 册，上海：上海古籍出版社，据清华大学图书馆藏明刻本影印，2002。

〔明〕林俊：《见素集》，收于《景印文渊阁四库全书》总 1257 册，台北：台湾商务印书馆，1983。

〔明〕邵宝：《容春堂集》，收于《景印文渊阁四库全书》总 1258 册，台北：台湾商务印书馆，1983。

〔明〕金涧：《读礼日知》，收于《续修四库全书》经部 97 册，上海：上海古籍出版社，据辽宁省图书馆藏明万历二年冯氏刻本影印，2002。

〔明〕胡翰：《胡仲子集》，收于《景印文渊阁四库全书》总 1229 册，台北：台湾商务印书馆，1983。

〔明〕徐祯卿：《剪胜野闻》，收于〔明〕邓士龙辑：《国朝典故》，北京：北京大学出版社，1993。

〔明〕袁黄：《袁了凡先生两行斋集》，台北："国家图书馆"善本书室藏，明天启四年嘉兴袁氏家刊本。

〔明〕郝敬：《仪礼节解》，收于《四库全书存目丛书》经部 87 册，台南：庄严文化，据湖北省图书馆藏明万历四十三年郝千秋郝千石刻郝氏九经解本，1997。

〔明〕高攀龙：《高子遗书》，收于《景印文渊阁四库全书》总 1292 册，台北：台湾商务印书馆，1983。

〔明〕张元谕：《篷底浮谈》，收于《续修四库全书》子部 1126 册，上海：上海古籍出版社，据北京图书馆藏明隆庆四年董原道刻本影印，2002。

〔明〕敖英：《东谷赘言》，收于《四库全书存目丛书》子部 102 册，台南：庄严文化，据南京图书馆藏明嘉靖二十八年沈淮刻本影印，1995。

〔明〕章潢：《图书编》，收于《景印文渊阁四库全书》总 972 册，台北：台湾商务印书馆，1983。

〔明〕郭正域：《合并黄离草》，收于《四库禁毁书丛刊》集部 14 册，北京：北京出版社，明万历四十年史记事刻本，2000。

〔明〕郭鎜等：《皇明太学志》，台北："国家图书馆"善本书室藏，明嘉靖三十六年原刊明末迄清顺治间增刊本。

〔明〕陈绛：《金罍子》，收于《续修四库全书》子部 1124 册，上海：上海古籍出版社，据明万历三十四年陈昱刻本影印，2002。

〔明〕陆容：《菽园杂记》，收于《丛书集成新编》12 册，台北：新文丰出版公司，1985。

〔明〕陆楫：《兼葭堂稿》，收于《续修四库全书》集部 1354 册，上海：上海古籍出版社，据清华大学图书馆藏明嘉靖四十五年陆郊刻本影印，2002。

〔明〕黄佐：《泰泉乡礼》，收于《景印文渊阁四库全书》总 142 册，台北：台湾商务印书馆，1983。

〔明〕黄佐：《庸言》，收于《续修四库全书》子部 939 册，上海：上海古籍出版社，据北京图书馆藏明嘉靖三十一年刻本影印，2002。

〔明〕焦竑：《国朝献征录》，收于《四库全书存目丛书》史部 105 册，台南县：庄严文化，据中国史学丛书影印明万历四十四年徐象橒曼山馆刻本影印，1996。

〔明〕冯善：《家礼集说》，台北："国家图书馆"善本书室藏，明成化十五年刊本。

〔明〕黄佐：《南雍志》，台北：伟文图书出版社，1976。

〔明〕黄省曾：《五岳山人集》，收于《四库全书存目丛书》集部 94 册，台南：庄严文化，据南京图书馆藏明嘉靖刻本影印，1995。

〔明〕叶向高：《苍霞续草》，收于《四库禁毁书丛刊》集部 125 册，北京：北京出版社，明万历刻本，2000。

〔明〕董应举：《崇相集》，收于《四库禁毁书丛刊》集部 102 册，北京：北京出版社，明崇祯刻本，2000。

〔明〕欧阳德：《欧阳南野先生文集》，收于《四库全书存目丛书》集部 81 册，台南：庄严文化，据中国社会科学院文学研究所藏明嘉靖刻本影印，

1997。

〔明〕郑真：《荥阳外史集》，收于《景印文渊阁四库全书》总 1234 册，台北：台湾商务印书馆，1983。

〔明〕谢肇淛：《五杂俎》，台北：伟文图书出版社，1977。

〔明〕魏校：《庄渠遗书》，收于《景印文渊阁四库全书》总 1267 册，台北：台湾商务印书馆，1983。

〔明〕罗虞臣：《罗司勋集》，收于《四库全书存目丛书》集部 94 册，台南县：庄严文化，据浙江图书馆藏清康熙五十年罗氏刻本影印，1997。

〔明〕罗懋登：《三宝太监西洋记通俗演义》，上海：上海古籍出版社，1985。

〔明〕严天麟：《五经疑义》，收于《续修四库全书》经部 171 册，上海：上海古籍出版社，据北京图书馆藏明刻本影印，2002。

〔明〕顾炎武：《亭林诗文集》，收于《四部丛刊正编》77 册，台北：台湾商务印书馆，据上海涵芬楼康熙刊本景印，1979。

〔明〕顾炎武撰，〔清〕黄汝成校记：《日知录集释》，台北：国泰文化事业有限公司，1980。

〔明〕顾起元：《客座赘语》，北京：中华书局，1987。

〔清〕文廷式：《纯常子枝语》，收于《续修四库全书》子部 1165 册，上海：上海古籍出版社，据民国三十二年刻本影印，2002。

〔清〕毛奇龄：《丧礼吾说篇》，收于《续修四库全书》经部 95 册，上海：上海古籍出版社，2002。

〔清〕毛奇龄：《丧礼杂说》，收于《国学集要》二编，台北：文海出版社，1967。

〔清〕王夫之：《读通鉴论》，台北：里仁书局，1985。

〔清〕任启运：《礼记章句》，收于《续修四库全书》经部 99 册，上海：上海古籍出版社，据北京图书馆藏清乾隆刻本影印，2002。

〔清〕朱建子：《丧服制考》，收于《四库全书存目丛书》经部 88 册，台南：庄严文化，据南京图书馆藏清钞本影印，1997。

〔清〕朱轼：《仪礼节略》，收于《四库全书存目丛书》经部 110 册，台南：庄严文化，据中国科学院图书馆藏清康熙乾隆间刻朱文端公藏书本影印卷，1997。

〔清〕吴廷华：《仪礼章句》，收于《景印文渊阁四库全书》总 109 册，台北：台湾商务印书馆，1983。

〔清〕吴肃公：《读礼问》，收于《国学集要》二编，台北：文海出版社，1967。

〔清〕宋征舆：《林屋文稿》，收于《四库全书存目丛书》集部 215 册，台南：庄严文化，据上海图书馆藏清康熙九钥楼刻本影印，1997。

〔清〕李文照：《家礼丧祭拾遗》，收于《国学集要》二编，台北：文海出版社，1967。

〔清〕李海观：《歧路灯》，台北，新文丰出版社，1983。

〔清〕李骥：《虬峰文集》，收于《四库禁毁书丛刊》集部 131 册，北京：北京出版社，清康熙刻本，2000。

〔清〕汪琬：《尧峰文钞》，收于《四部丛刊正编》80 册，台北：台湾商务印书馆，1979。

〔清〕阮元：《淮海英灵集》，收于《续修四库全书》集部 1682 册，上海：上海古籍出版社，据清嘉庆三年小琅嬛仙馆刻本影印，2002。

〔清〕周广业：《过夏杂录》，收于《续修四库全书》子部 1154 册，上海：上海古籍出版社，据北京图书馆藏清种松书塾抄本影印，2002。

〔清〕姚际恒：《仪礼通论》，北京：中国社会科学出版社，2000。

〔清〕查继佐：《罪惟录》，收于《续修四库全书》史部 321 册，上海：上海古籍出版社，据民国二十五年四部丛刊三编影印稿本影印，2002。

〔清〕胡培翚：《仪礼正义》，收于王云五主编：《国学基本丛书》，台北：台湾商务印书馆，1968。

〔清〕夏燮：《明通鉴》，收于《续修四库全书》史部 364 册，上海：上海古籍出版社，据上海图书馆藏清同治十二年黄官廨刻本影印，2002。

〔清〕徐乾学：《读礼通考》，收于《景印文渊阁四库全书》总 112 册，台北：台湾商务印书馆，1983。

〔清〕袁枚：《新齐谐》，收于《续修四库全书》集部 1788 册，上海：上海古籍出版社，据清乾隆嘉庆间刻随园三十种本影印，2002。

〔清〕袁栋：《书隐丛说》，收于《续修四库全书》子部 1137 册，上海：上海古籍出版社，据上海师范大学图书馆藏清乾隆刻本影印，2002。

〔清〕崔述：《五服异同汇考》，收于《续修四库全书》经部 95 册，上海：上海古籍出版社，据复旦大学图书馆藏清道光四年陈履和东阳县署刻本影印，2002。

〔清〕张文嘉：《齐家宝要》，收于《四库全书存目丛书》经部 115 册，台南：庄严文化，据北京图书馆分馆藏清康熙刻本影印，1997。

〔清〕张履祥著，陈祖武点校：《杨园先生全集》，北京：中华书局，2002。

〔清〕许三礼：《读礼偶见》，收于《四库全书存目丛书》经部 115 册，台南：庄严文化，据北京图书馆藏清康熙刻本影印，1997。

〔清〕陈祖范：《经咫》，收于《景印文渊阁四库全书》总 194 册，台北：台湾商务印书馆，1983。

〔清〕陈确：《陈确集》，北京：中华书局，1979。

〔清〕陆陇其：《三鱼堂日记》，《续修四库全书》史部 559 册，上海：上海古籍出版社，据中国科学院图书馆藏清同治九年浙江书局刻本影印，2002。

〔清〕陆陇其：《读礼志疑》，收于《景印文渊阁四库全书》总 129 册，台北：台湾商务印书馆，1983。

〔清〕焦循撰，沈文倬点校：《孟子正义》，台北：文津出版社，1988。

〔清〕程瑶田：《仪礼丧服文足征记》，收于《续修四库全书》经部 95 册，上海：上海古籍，2002。

〔清〕谈迁著，张宗祥点校：《国榷》，北京：中华书局，1958。

〔清〕阎若璩：《潜邱札记》，收于《景印文渊阁四库全书》总 859 册，台北：台湾商务印书馆，1983。

贰、 今人论著

一、 中文专著

丁凌华：《中国丧服制度史》，上海：上海人民出版社，2000。

丁鼎：《〈仪礼·丧服〉考论》，北京：社会科学文献出版社，2003。

王健文：《奉天承运：古代中国的“国家”概念及其正当性基础》，台北：东大发行；三民总经销，1995。

尤淑君：《名分礼秩与皇权重塑：大礼议与嘉靖政治文化》，台北：政治大学历史系，2006。

朱子彦：《后宫制度研究》，上海：华东师范大学出版社，1998。

安井小太郎等著，连清吉、林庆彰译：《经学史》，台北：万卷楼发行；三民总经销，1996。

何淑宜：《明代士绅与通俗文化——丧葬文化为例的考察》，台北：台湾师范大学历史研究所专刊（30），2000。

吴蕙芳：《万宝全书：明清时期的民间生活实录》，台北：政大历史系，2001。

吴丽娱：《唐礼摭遗——中古书仪研究》，北京：商务印书馆，2002。

吕妙芬：《孝治天下：〈孝经〉与近世中国的政治与文化》，台北：联经出版事业公司，2011。

吕妙芬：《阳明学士人社群——历史、思想与实践》，台北："中央研究院"近代史研究所，2003。

李贞德：《公主之死——你所不知道的中国法律史》，台北：三民书局，2006。

沈俊平：《举业津梁——明中叶以后坊刻制举用书的生产与流通》，台北：台湾学生书局，2009。

林素英：《丧服制度的文化意义——以〈仪礼·丧服〉为讨论中心》，台北：文津出版社，2003。

林聪舜：《明清之际儒家思想的变迁与发展》，台北：台湾学生书局，2000。

段塔丽：《唐代妇女地位》，北京：人民出版社，2000。

胡秋原：《复社及其人物》，台北：学术出版社，1968。

马建兴：《丧服制度与传统法律文化》，北京：知识产权出版社，2005。

常建华：《明代宗族研究》，上海：上海人民出版社，2005。

康学伟：《先秦孝道研究》，台北：文津出版社，1992。

张建国、李力译，滋贺秀三著：《中国家族法原理》，北京：法律出版社，2002。

张寿安：《十八世纪礼学考证的思想活力——礼教论争与礼制重省》，台北：

“中央研究院”近代史研究所，2001。

章景明：《先秦丧服制度考》，台北：中华书局，1986。

陈戍国：《中国礼制史·元明清卷》，长沙：湖南教育出版社，2002。

詹海云：《清初学术论文集》，台北：文津出版社，1992。

廖宜方：《唐代的母子关系》，台北：稻乡出版社，2009。

熊秉真：《童年忆往——中国孩子的历史》，台北：麦田出版社，2000。

赵园：《明清之际士大夫研究》，北京：北京大学出版社，1999。

邓声国：《清代五服文献概论》，北京：北京大学出版社，2005。

郑雅如：《情感与制度——魏晋时代的母子关系》，台北：台大出版委员为出版，台大文学院发行，2001。后修改收于王明荪主编：《古代历史与文化研究辑刊·初编第四册》，台北：花木兰文化出版社，2009。

骆芬美：《明代官员丁忧与夺情之研究》，收于王明荪主编：《古代历史文化研究辑刊·二编第二十四册》，台北：花木兰文化出版社，2009。

谢国桢：《明清之际党社运动考》，台北：台湾商务印书馆，1967。

罗冬阳：《明太祖礼法之治研究》，北京：高等教育出版社，1998。

王光宜：《明代女教书研究》，台北：台湾师范大学历史研究所硕士论文，1999。

朱鸿：《“大礼”议与明嘉靖初期的政治》，台北：台湾师范大学历史所硕士论文，1978。

林燕如：《明人的奉亲怡养——孝道社会生活实践的一个历史侧面》，台北：中国文化大学史学研究所硕士论文，2004。

邱仲麟：《隋唐以来割股疗亲现象的社会史考察》，台北：台湾大学历史学系博士论文，1996。

唐惠美：《元明之际士人出处之研究——以宋濂为例》，新竹：台湾清华大学历史研究所硕士论文，2000。

孙中曾：《刘宗周的道德世界——从经世、道德命题到道德内省的实践历程》，新竹：台湾清华大学历史研究所硕士论文，2001。

徐嘉惠：《明代庶出文人研究》，桃园：台湾中央大学历史研究所硕士论文，2008。

翁宏霖：《晚明复社领袖张溥（1602—1641）及其经世思想》，台南：台湾成功大学历史研究所硕士论文，2006。

张文昌：《唐代礼典的编纂与传承——以〈大唐开元礼〉为中心》，台北：台湾大学历史研究所硕士论文，1997。

张文昌：《唐宋礼书研究——从公礼到家礼》，台北：台湾大学历史研究所博士论文，2006。

黄美华：《司马光〈书仪〉研究》，台中：台湾中兴大学中国文学系硕士论文，2000。

杨庸兰：《唐代的孤儿与寡母》，台中：台湾中兴大学历史研究所硕士论文，2003。

萧慧媛：《明代的祖制争议》，台北：台湾中国文化大学史学研究所硕士论文，1999。

阎鸿中：《周秦汉时代家族伦理的变迁》，台北：台湾大学历史学研究所博士论文，1997。

二、 中文论文

大泽显浩：《明代出版文化中"二十四孝"——论孝子形象的建立与发展》，《明代研究通讯》，5（台北，2002），第 11 - 33 页。

井上彻：《明朝对服制的改定——〈孝慈录〉的编纂》，收于钱杭译，井上彻著：《中国的宗族与国家礼制》，上海：上海书店，2008，第 346 - 347 页。

内藤乾吉：《大明令解说》，收于《日本学者研究中国史论著选译》，北京：中华书局，1992 页。

王家俭：《晚明的实学思潮》，《汉学研究》，7：2（台北，1989），第 279 - 302 页。

王璋、高成新：《明太祖孝治政策初探》，《中共山西省委党校学报》，31：6（2008），第 106 - 108 页。

田夫（邢义田）：《从〈列女传〉看中国式母爱的流露》，收于《中国妇女史论集三集》，台北：稻乡出版社，1993，第 19 - 27 页。

石磊：《从历代丧服制度观察我国亲属结构的演变》，《"中央研究院"三民主义研究所丛刊（8）》（台北，1981），第 73－94 页。

石磊：《仪礼丧服篇所表现的亲属结构》，《"中央研究院"民族学研究所集刊》，53（台北，1982），第 1－43 页。

朱鸿：《明代的周公——论朱元璋的效法成周为治》（略稿），收于陈怀仁、夏玉润主编：《洪武六百年祭》，海口：南方出版社，2001，第 105－114 页。

衣若兰：《"天下之治自妇人始"——试析明清时代的母训子政》，收于周愚文、洪仁进主编：《中国传统妇女与家庭教育》，台北：师大书苑，2005，第 91－122 页。

何冠彪：《顾炎武、黄宗羲、王夫之合称清初三大儒者考——兼说清初四大儒及五大儒之成员》，《故宫学术季刊》，7：4（台北，1990），第 71－80 页。

何淑宜：《皇权与礼制——明嘉靖朝的郊祀礼改革》，《中央史论》，22，（韩国，2005），第 71－98 页。

余英时：《名教危机与魏晋士风的演变》，收于氏著：《中国知识阶层史论（古代篇）》，台北：联经出版事业公司，1980，第 329－372 页。

余英时：《清代思想史的一种新解释》，收于氏著：《历史与思想》，台北：联经出版事业公司，1976，第 121－156 页。

余新忠：《明清时期孝行的文本解读——以江南方志记载为中心》，《中国社会历史评论》，7（天津，2006），第 33－59 页。

吴智和：《明代祖制定义与功能试论》，《史学集刊》，3（吉林，1991），第 20－29 页。

吴蕙芳：《民间日用类书的内容与运用——以明代〈三台万用正宗〉为例》，《明代研究通讯》，3（台北，2000），第 45－56 页。

吕妙芬：《〈西铭〉为〈孝经〉之正传？——论晚明仁孝关系的新意涵》，《中国文哲研究集刊》，33 期（台北，2008），第 139－172 页。

吕妙芬：《明清中国万里寻亲的文化实践》，《"中央研究院"历史语言研究所集刊》，78：2（台北，2007.6），第 359－406 页。

吕妙芬：《做为蒙学与女教读本的〈孝经〉——兼论其文本定位的历史变化》，《台大历史学报》，41（台北，2008.6），第 1－64 页。

吕妙芬：《做为仪式性文本的〈孝经〉——明清士人〈孝经〉实践的个案研究》，《"中央研究院"近代史研究所集刊》，60（台北，2008. 6），第1-42页。

吕妙芬：《晚明〈孝经〉论述的宗教性意涵——虞淳熙的孝论及其文化脉络》，《"中央研究院"近代史研究所集刊》，48（台北，2005. 6），第1-46页。

吕妙芬：《晚明士人论〈孝经〉与政治教化》，《台大文史哲学报》，61（台北，2004. 11），第223-260页。

李贞德：《超越父系家族的藩篱——台湾地区"中国妇女史研究"（1945—1995）》，《新史学》，7：2（台北，1996. 6），第148-149页。

李飞：《中国古代妇女孝行史考论》，《中国史研究》，3（北京，1994. 3），第73-82页。

李晋华：《明成祖生母问题汇证》，《历史语言研究所集刊》，第六本第一分（台北，1936. 3），第71-75页。

杜正胜：《五服制的族群结构与伦理》，收于《古代社会与国家》，台北：允晨出版，黎明总经销，1992，第857-876页。

杜正胜：《古典的慈母鲁季敬姜》，收于《古代社会与国家》，台北：允晨出版，黎明总经销，1992，第940-946页。

杜正胜：《传统家族结构的典型》，收于《古代社会与国家》，台北：允晨出版，黎明总经销，1992，第781-853页。

杜维运：《王夫之与中国史学》，《清代史学与史家》，台北：东大出版社，1984页。第15-93页。

周桂林：《论朱元璋兴孝以行养老之政》，《河南大学学报（哲学社会科学版）》，4（河南，1988），第74 75页。

周婉窈：《清代桐城学者与妇女的极端道德行为》，《大陆杂志》，87：4（台北，1993. 10），第13-38页。

林庆彰：《明代的汉宋学问题》，收于《明代经学研究论集》，台北：文史哲出版社，1994，第1-31页。

林丽月：《孝道与妇道——明代孝妇的文化史考察》，《近代中国妇女史研究》，6（台北，1998. 8），第3-29页。

段塔丽：《"从子"说与中国古代寡母的权力和地位——以唐代家庭寡母生活为例》，《妇女研究论丛》，6（2001），第 42 - 45 页。

段塔丽：《唐代女性家庭角色及其地位》，《中国文化研究》，春之卷（2002），第 141 - 149 页。

范德（Edward L. Farmer）：《朱元璋与中国文化的复兴——明朝皇权专制的意识型态基础》，收于张中政主编：《明史论文集》，合肥：黄山书社，1993，第 379 - 389 页。

徐泓：《明代家庭的权力结构及其成员间的关系》，《辅仁历史学报》，5（台北，1993. 12），第 197 - 198 页。

徐复观：《中国孝道思想的形成、演变，及其在历史中的诸问题》，收于《中国思想史论集》，台北：台湾学生书局，1975，第 155 - 200 页。

高明士：《唐代礼律规范下的妇女地位——以武则天时期为例》，《文史》，4（北京，2008），第 115 - 132 页。

张文昌：《服制、亲属与国家——唐宋礼法之丧服规范》，台师大历史系等编：《新史料·新观点·新视角——天圣令论集（下）》，台北：元照出版公司，2011，第 199 - 243 页。

张璉：《明代专制文化下的图书出版情形》，《汉学研究》，10：2（台北，1992）第 366 - 367 页。

梁勇：《明代的〈家礼〉研究》，新加坡：新加坡国立大学中文系博士论文，2006 页。

郭姿吟：《明代书籍出版研究》，台南：台湾成功大学历史研究所硕士论文，2002 页。

陈弱水：《初唐政治中的女性意识》，收于《隐蔽的光景：唐代的妇女文化与家庭生活》（桂林：广西师范大学出版社，2009），第 165 - 203；另收于氏著：《唐代的妇女文化与家庭生活》（台北：允晨文化，2007），第 199 - 241 页。

陶希圣：《服制的构成》，《食货月刊》，复刊 1：9（台北，1971），第 10 - 24 页。

黄玫茵：《唐代三父八母的法律地位》，收于《唐代身份法制研究——以唐律名例律为中心》，台北：五南出版社，2003，第 89 - 118 页。

杨一凡：《洪武〈大明律〉考》，收于杨一凡编：《中国法制史考证·甲编·第六卷·历代法制考·明代法制考》，北京：中国社会科学出版社，2003，第 1－53 页。

杨联陞：《国史上的女主》，收于氏著：《国史探微》，台北：联经出版事业公司，1983，第 91－108 页。

詹康：《明代的教化思想》，台北：台湾大学政治学研究所硕士论文，1993。

熊秉真：《明清家庭中的母子关系——性别、感情及其他》，收于李小江等主编：《性别与中国》，北京：三联书店，1994，第 514－544 页。

熊秉真：《建构的感情——明清家庭的母子关系》，收于卢建荣主编：《性别、政治与集体心态：中国新文化史》，台北：麦田出版社，2001，第 255－280 页。

熊秉真：《试窥明清幼儿的人事环境与情感世界》，《本土心理研究》，2（台北，1993），第 251－276 页。

赵克生：《〈大明集礼〉的初修与刊布》，《史学史研究》（天津，2004），第 65－66 页。

赵克生：《明代丁忧制度述论》，《中国史研究》，2（北京，1997），第 115－128 页。

赵克生：《明朝后妃与国家礼制兴革》，《东北师大学报（哲学社会科学版）》，总第 229 期（吉林，2007），第 50－51 页。

赵克生：《略论明代文官的夺情起复》，《西南师范大学学报（社会科学版）》，32：5（吉林，2006），第 48－52 页。

赵轶峰：《十七世纪中国文学中的妾——以〈醒世姻缘传〉为中心》，收于《明代的变迁》（上海：上海三联书店，2008），第 177－190 页。

郑雅如：《中古时期的母子关系——性别与汉唐之间的家庭史研究》，收于李贞德主编：《中国史新论·性别史分册》，台北："中央研究院"·联经出版公司，2009，第 135－190 页。

刘晓东：《以"孝"促"悌"——朱元璋丧制改革述论》，《学习与探索》，5（长春，2008），第 210－213 页。

刘燕俪：《唐律中的母子关系》，收于高明士编：《东亚传统家礼、教育与国法（二）家内秩序与国法》，台北：台湾大学出版中心，2005，第 125－

144 页。

戴彼得 (Peter Ditmanson):《洪武年间的道德谏诤》，收于朱鸿林编:《明太祖的治国理念及其实践》，香港：香港中文大学，2010，第 63－94 页。

罗仲辉:《论明初议礼》，收于王春瑜:《明史论丛》，北京：中国社会科学出版社，1997，第 74－91 页。

罗彤华:《唐代官人的父母丧制——以〈假宁令〉"诸丧解官"条为中心》，台师大历史系等编:《新史料·新观点·新视角——天圣令论集（下）》，台北：元照出版公司，2011，第 9－42 页。

三、外文论著

Cole，Alan. *Mothers and Sons in Chinese Buddhism*. Stanford：Stanford University Press，1998.

Chow，Kai-wing. *The Rise of Confucian Ritualism in Late Imperial China：Ethics，Classics，and Lineage Discourse*. Stanford：Stanford University Press，1994.

Ebrey，Patricia Buckley. *Confucianism and Family Rituals in Imperial China：A Social History of Writing about Rites*. Princeton：Princeton University Press，1991.

Elman，Benjamin A. *From Philosophy to Philology：Intellectual and Social Aspects of Change in Late Imperial China*. Cambridge：Council on East Asian Studies，Harvard University，1984.

Farmer，Edward L. *Zhu Yuanzhang & Early Ming Legislation*，Leiden；New York：E. J. Brill，1995.

Meadows，Thomas Taylor. *The Chinese and the Rebellions with an Essay on Civilisation and its Present State in the East and West*. Shannon：Irish University Press，1972.

Hsieh，Bao-hua. *Female Hierarchy in Customary Practice：The Status of Concubines in Seventeenth-Century China*，《近代中国妇女史研究》，期 5 （1997. 8）。

Hsieh, Bao-hua. *Concubines in Chinese Society from the Fourteenth to the Seventeenth Centuries.* Urbana: University of Illinois at Urbana-Champaign, dissertation, 1992.

Wolf, Margery. *Women and the Family in Rural Taiwan.* Stanford: Stanford University press, 1972.

下見隆雄:《儒教社會と母性母性の威力の觀點でみる漢魏晋中國女性史》,東京:研文出版,1994。

下見隆雄:《孝と母性のメカニズム:中國女性史的の視座》,東京:研文出版,1997。

下見隆雄:《母性依存の思想——"二十四孝"から考える母子一體觀念と孝》,東京:研文出版,2002。

酒井忠夫:《中國善書の研究(增補版)》,東京都:國書刊行會,1999 - 2000。

藤川正數:《唐代における母親主義的服紀改制について》,《東方學》,16 (1958. 04),第 35 - 57 頁。

附录
历代母服相关规定一览表

子为母服

		先秦	唐	北宋	南宋	元	明洪武七年前	明洪武七年后	
		《仪礼·丧服》	《开元礼》	《天圣令》	《文公家礼》		《大明令》	《孝慈录》	《大明律》
1	父在为母	齐衰杖期	齐衰三年	齐衰三年	齐衰三年	齐衰三年	齐衰三年	斩衰三年	斩衰三年
2	父卒为母	齐衰三年	齐衰三年	齐衰三年	齐衰三年	齐衰三年	齐衰三年	斩衰三年	斩衰三年
3	为继母	如母	齐衰三年	齐衰三年	齐衰三年	齐衰三年	齐衰三年	斩衰三年	斩衰三年
4	为所后母	如母	齐衰三年	齐衰三年	齐衰三年	齐衰三年	齐衰三年	斩衰三年	斩衰三年
5	为所生母	齐衰不杖期	齐衰不杖期	齐衰不杖期	×	×	齐衰不杖期	齐衰不杖期	齐衰不杖期
6	庶子为生母	◎大功九月（公之庶昆弟父卒、大夫之庶子父在）◎练冠、麻、麻衣、縓缘	齐衰三年	齐衰三年	齐衰三年	齐衰三年	齐衰三年（若嫡母在室，则齐衰不杖期。）	斩衰三年	斩衰三年

		先秦	唐	北宋	南宋	元	明洪武七年前	明洪武七年后	
		《仪礼·丧服》	《开元礼》	《天圣令》	《文公家礼》		《大明令》	《孝慈录》	《大明律》
		(公之庶昆弟父在)◎如母（士）							
7	庶子为父后为其母	缌麻三月	缌麻三月	缌麻三月	缌麻三月	×	缌麻三月	×	×
8	为庶母（父妾有子者）	◎缌麻三月（士）◎无服（大夫以上）	缌麻三月	缌麻三月	缌麻三月	缌麻三月	缌麻三月	齐衰杖期	齐衰杖期
9	为庶母慈己者	小功五月	小功五月	小功五月	小功五月	×	小功五月	×	×
10	为慈母（庶子无母父命无子之妾慈己者）	如母◎父卒，齐衰三年◎父在，齐衰期（士）；大功九月（大夫）	齐衰三年	齐衰三年	齐衰三年	齐衰三年	齐衰三年	斩衰三年	斩衰三年
11	为出母	齐衰杖期	齐衰杖期	齐衰杖期	齐衰杖期	齐衰杖期	齐衰杖期	齐衰杖期	齐衰杖期
12	为父后者为出母	无服	无服	无服	无服	×	×	×	×

		先秦	唐	北宋	南宋	元	明洪武七年前	明洪武七年后	
		《仪礼·丧服》	《开元礼》	《天圣令》	《文公家礼》		《大明令》	《孝慈录》	《大明律》
13	子从继母嫁者，为嫁继母服	齐衰杖期	齐衰杖期	齐衰杖期	齐衰杖期	齐衰杖期	齐衰杖期	齐衰杖期	齐衰杖期
14	乳母	缌麻三月	缌麻三月	缌麻三月	缌麻三月	缌麻三月	缌麻三月	缌麻三月	缌麻三月
15	为出继母	×	无服	无服	无服	无服	×	×	×
16	为嫁母	×	齐衰杖期	齐衰杖期	齐衰杖期	齐衰杖期	齐衰杖期	齐衰杖期	齐衰杖期
17	为父后者为嫁母	×	无服	无服	无服	×	×	×	×
18	养母	×	×	×	齐衰三年（养同宗及遗弃子同亲母）	×	斩衰三年（自幼过房与人）	斩衰三年（自幼过房与人者，即为人后者之所后母也）	
19	父卒，为归宗之嫡继慈养母	×	×	×	×	×	齐衰杖期	×	×

		先秦	唐	北宋	南宋	元	明洪武七年前	明洪武七年后	
		《仪礼·丧服》	《开元礼》	《天圣令》	《文公家礼》		《大明令》	《孝慈录》	《大明律》
20	子从慈养母改嫁为之服	×	×	×	×	×	齐衰杖期	×	×

母为子服

		先秦	唐	北宋	南宋	元	明洪武七年前	明洪武七年后	
		《仪礼·丧服》	《开元礼》	《天圣令》	《文公家礼》	《元典章》	《大明令》	《孝慈录》	《大明律》
1	母为长子	齐衰三年	齐衰三年	齐衰三年	齐衰三年	齐衰三年	齐衰三年	齐衰不杖期	齐衰不杖期
2	母为众子	齐衰不杖期	齐衰不杖期	齐衰不杖期	齐衰不杖期	齐衰杖期	齐衰不杖期	齐衰不杖期	齐衰不杖期
3	妾为其子	齐衰不杖期	齐衰不杖期	齐衰不杖期	齐衰不杖期	×	齐衰不杖期	齐衰不杖期	齐衰不杖期
4	妾为君之长子	齐衰三年	齐衰三年	齐衰三年	齐衰三年	×	齐衰三年	齐衰不杖期	齐衰不杖期
5	妾为君之庶子	◎大功九月（大夫之妾）◎齐衰不杖期（士之妾）	齐衰不杖期	齐衰不杖期	齐衰不杖期	×	齐衰不杖期	齐衰不杖期	齐衰不杖期
6	嫁继母为从己之子	齐衰杖期	齐衰杖期	齐衰杖期	齐衰不杖期	×	齐衰杖期	齐衰不杖期	×

		先秦	唐	北宋	南宋	元	明洪武七年前	明洪武七年后	
		《仪礼·丧服》	《开元礼》	《天圣令》	《文公家礼》	《元典章》	《大明令》	《孝慈录》	《大明律》
7	继母为长子	×	齐衰三年	齐衰三年	齐衰三年	×	齐衰三年	齐衰不杖期	齐衰不杖期
8	出母为其子	×	齐衰杖期（子为父后者犹服）	齐衰杖期	齐衰不杖期	齐衰不杖期	齐衰杖期	齐衰不杖期	×
9	嫁母为其子服	×	齐衰杖期（子为父后者犹服）	齐衰杖期	齐衰不杖期	齐衰不杖期	齐衰杖期	齐衰不杖期	×
10	嫁母为前夫之子从己者	×	×	×	齐衰不杖期	×	齐衰杖期	齐衰不杖期	×
11	慈养母改嫁为从己之子	×	×	×	×	×	齐衰杖期	×	×
12	继母为众子	×	×	×	×	×	×	齐衰不杖期	齐衰不杖期
13	慈母为长子及众子	×	×	×	×	×	×	齐衰不杖期	×

说明：表中"×"表示该书没有记载该条丧服条文。

资料来源

《仪礼·丧服》，参见〔清〕张尔岐：《仪礼郑注句读》（台北：学海出版社，1978），卷11，第7b - 37b页。

《开元礼》，参见〔唐〕萧嵩等：《大唐开元礼》，收于《景印文渊阁四库全书》总646册（台湾：台湾商务印书馆，1983），第1a-19b页。

《天圣令》，参见天一阁博物馆、中国社会科学院历史研究所天圣令整理课题组：《天一阁藏明钞本天圣令校证：附唐令复原研究（上）》（北京：中华书局，2006），第211-225页。

《文公家礼》，参见〔宋〕朱熹：《文公家礼》，收于《景印文渊阁四库全书》总142册（台北：台湾商务印书馆，1983），卷4，第10b-14b页。

《元典章》，参见〔元〕不著撰者：《大元圣政国朝典章》（台北：文海出版社，据光绪戊申年夏修订法律馆以杭州丁氏藏本重校本影印，1964），《典章三十·礼部卷三》，第5a-8b页。

《大明令》，参见〔明〕太祖敕撰：《大明令》，收于〔明〕张卤校刊：《皇明制书》（台北：成文出版社，据明万历年间刻本影印，1969），卷1，第13a-22b页。

《孝慈录》，参见〔明〕太祖敕撰：《孝慈录》，收于〔明〕张卤校刊：《皇明制书》，卷12，第11a-32b页。

《大明律》，参见〔明〕太祖敕撰：《大明律》，收于〔明〕张卤校刊：《皇明制书》，卷13，第11b-15b页；〔明〕太祖敕撰：《明律集解附例》，（台北：成文出版社，据清光绪二十四年重刊本影印，1969），第13b-24b页。

胭砚计划（按出版时间顺序）：

《天命与剑：帝制时代的合法性焦虑》，张明扬著

《送你一颗子弹》，刘瑜著

《暴走军国：近代日本的战争记忆》，沙青青著

《一茶，猫与四季》，小林一茶著

《摩登中华：从帝国到民国》，贾葭著

《说吧，医生1》，吕洛衿著

《说吧，医生2》，吕洛衿著

《我爱问连岳6》，连岳著

《国家根本与皇帝世仆——清代旗人的法律地位》，鹿智钧著

《父母等恩：〈孝慈录〉与明代母服的理念及其实践》，萧琪著

《故事新编》，刘以鬯著

图书在版编目（CIP）数据

父母等恩：《孝慈录》与明代母服的理念及其实践 /
萧琪著. –– 上海：东方出版中心, 2019.8
（胭砚计划）
ISBN 978-7-5473-1511-8

Ⅰ. ①父… Ⅱ. ①萧… Ⅲ. ①祭礼–丧葬服装–制度
–研究–中国–明代 Ⅳ. ①K892.98

中国版本图书馆CIP数据核字(2019)第143819号

统筹策划：彭毅文　蔡伟杰
责任编辑：肖　月
封面统筹：一本好书

父母等恩：《孝慈录》与明代母服的理念及其实践

出版发行：东方出版中心
地　　址：上海市仙霞路345号
电　　话：（021）62417400
邮政编码：200336
印　　刷：上海万卷印刷股份有限公司
开　　本：890mm*1240mm 1/32
字　　数：183千字
印　　张：7.875
插　　页：4
版　　次：2019年8月第1版第1次印刷
ISBN 978-7-5473-1511-8
定　　价：52.00元